사교육 대신 제주살이

**자존감과 창의력이 쑥쑥,
교사맘의 리얼 공감육아**

사교육 대신 제주살이
자존감과 창의력이 쑥쑥, 교사맘의 리얼 공감육아

초판 1쇄 발행 2023년 3월 31일   지은이. 이은아
       펴낸이. 김태영

       홈페이지. www.tsbook.co.kr
씽크스마트   블로그. blog.naver.com/ts0651
서울특별시 마포구 토정로 222   페이스북. @official.thinksmart
한국출판콘텐츠센터 401호   인스타그램. @thinksmart.official
전화. 02-323-5609   이메일. thinksmart@kakao.com

ISBN 978-89-6529-340-8 (03590)
ⓒ 2023 이은아

이 책에 수록된 내용, 디자인, 이미지, 편집 구성의 저작권은 해당 저자와 출판사에게 있습니다. 전체 또는 일부분이라도 사용할 때는 저자와 발행처 양쪽의 서면으로 된 동의서가 필요합니다.

• **씽크스마트** - 더 큰 생각으로 통하는 길
'더 큰 생각으로 통하는 길' 위에서 삶의 지혜를 모아 '인문교양, 자기계발, 자녀교육, 어린이 교양·학습, 정치사회, 취미생활' 등 다양한 분야의 도서를 출간합니다. 바람직한 교육관을 세우고 나다움의 힘을 기르며, 세상에서 소외된 부분을 바라봅니다. 첫 원고부터 책의 완성까지 늘 시대를 읽는 기획으로 책을 만들어, 넓고 깊은 생각으로 세상을 살아갈 수 있는 힘을 드리고자 합니다.

• **도서출판 사이다** - 사람과 사람을 이어주는 다리
사이다는 '사람과 사람을 이어주는 다리'의 줄임말로, 서로가 서로의 삶을 채워주고, 세워주는 세상을 만드는 데 기여하고자 하는 씽크스마트의 임프린트입니다.

자신만의 생각이나 이야기를 펼치고 싶은 당신.
책으로 사람들에게 전하고 싶은 아이디어나 원고를 메일(thinksmart@kakao.com)로 보내주세요.
씽크스마트는 당신의 소중한 원고를 기다리고 있습니다.

사교육 대신 제주살이

이은아 지음

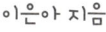

prologue

'행복한 아이'를 만드는 '네 가지 선물'을 주려고, 제주 일년살이에 도전하다.

공감육아를 꿈꾸며 제주에 오다

'반짝이는 바다와 고운 모래, 그걸 온종일 만지며 자유를 만끽할 우리, 원시림이 선사할 치유의 산림욕! 수백 가지 볼거리가 내게 오라고 손짓하면, 선심 쓰듯 골라 누리는 특별한 일상, 아, 제주에 살면 얼마나 좋을까요?'

많은 분들이 제주살이를 버킷리스트로 꼽더라고요. 저도 그랬어요. 때 묻지 않은 바다와 숲, 다채로운 관광지, 100곳이 넘는 박물관과 미술관, 동화 같은 카페까지 제주는 어른, 아이 모두를 만족시키는 환상적인 종합선물세트에요. 게다가 교통체증 없이 10분만 달리면 특별한 파라다이스가 곳곳에서 펼쳐지니, 누구나 평생에 한 번쯤은 꼭 살고 싶은 곳이죠.

똑똑한 아이보다 행복한 아이로 키우고 싶었어요. 아는 지식이 많고, 수학과 영어 실력이 남보다 앞선 것보다, 자연에서 마음껏 상상하고 웃고 뛰놀기를 바랐어요. 요즘 과도한 입시 경쟁, 부모와 소통 부재, 선정적이고 폭력적인 영상물로 인해 마음이 멍든 아이가 많아요. 이제 아이들에게 욕과 혐오 표현은 일상어가 됐어요. 폭력과 왕따로 학교는 몸살을 앓고요. 불안과 좌절감을 견디지 못해 게임 중독과 공격 행동을 보이는 아이를 보면 가슴이 너무 아파요. 그러니 저는 세상을 살아가는 진짜 실력은 눈앞의 성적표와 대학 이름이 아니라 자존감 즉 정서적 안정감이라고 확신합니다. 또 미래 인재의 핵심 역량은 공감력, 창의력, 자기주도력이에요. 하지만 이것을 길러주는 학원은 없어요. 공감력은 부모와 친밀하게 소통하는 경험에서 길러지고, 창의력은 호기심 어린 체험 속에서 제 관심분야를 찾아 꾸준히 탐구해야 길러지고요. 자기주도력은 지속적인 선택 기회와 성공 경험을 갖는 게 관건이에요.

결국 초등까지는 공감육아로 자존감과 공감력, 창의력을 기르는 게 중요해요. 사전에서 '공감'은 '다른 사람의 상황이나 감정을 같이 느끼는 능력'이고, 육아는 '만 10세 이하의 어린아이를 기르는 일'이에요. 즉 공감육아는 부모가 아이의 상황이나 감정을 같이 느끼고 친밀하게 소통하는 육아법이죠. 아이 몸이 작다고 해서, 생각이나 감정까지 하찮은 건 아니에요. 아이를 소중한 인격체로 인정하고, 존중하는 것이 공감육아의 첫 단추입니다. 나아가 사랑하는 부모와 함께 독서하고, 체험하며 세상을 즐겁게 배우면 아이는 긍정적인 공부정서도 갖게 되죠.

하지만 아이와 공감하려면 우선 부모의 몸과 마음이 건강하고 여유 있어야 해요. 저도 지금까지 워킹맘으로 쉼 없이 달려왔어요. 결국 번아웃이 왔고, 포도막염(눈에 오는 자가면역질환)과 두통을 달고 살았죠. 몸이 아프면 마음도 덩달아 우울해져요. 아이를 위해서라도 건강해지고 싶었어요. 결국 남편은 경기도에 둔 채 아홉 살 다솔과, 여섯 살 온유를 데리고 제주에 왔어요. 저는 행복한 엄마가 되고, 아이는 행복한 미래 인재가 되길 꿈꾸면서요. 학원과 과외비, 방대한 전집 등 사교육비 일체를 제주집 연세비로 대체했어요. 앞마당에 환상적인 함덕 바다가 펼쳐지고, 서우봉은 산책로가 됐어요. 숲마다 산 노루가 튀어나오고, 바다에선 돌고래가 재롱을 피웠고요. 한결 맑아진 심신 덕분에 아이와 가슴으로 소통하며 신나게 공감육아를 누릴 수 있었습니다.

공감육아, 마음이 단단하고 배움을 즐기는 아이로 키우는 지름길

20년 남짓, 현직에서 많은 중고등학생을 만났어요. 그 세월만큼 공감의 진가를 절감했고요. 주변 엄마들은 종종 제게 이렇게 질문해요.

"교사로서, 어떤 학생을 볼 때 '참 잘 컸구나.'라는 생각이 들어요?"

그럴 때, 전 이렇게 대답하죠.

"전 마음이 단단하고, 배움을 즐기는 아이를 만나면 설레요. 똑똑한 아이는 많아요. 하지만 표정이 안정되고, 남을 배려하는 아이, 호기심을 갖고 즐겁게 배우려는 태도를 가진 아이는 만나기 드물거든요. 그런 아이를 보면, 내심 부러워요. 저도 자녀를 그렇게 키우고 싶고요."

비법을 찾으려고 오래 지켜봤습니다. 답은 역시 '공감'이었어요. 부모는 자녀를 존중했고, 신중하게 말하며 행동했어요. 조급함을 내려놓고, 선택 기회를 주며 아이를 기다렸고요. 함께 독서했고, 특별한 체험을 위해 종종 여행을 떠났죠. 어릴 때부터 좋은 추억을 차곡차곡 쌓아서일까요? 아이는 여전히 부모를 신뢰했고, 마음이 단단하고 배움을 즐기는 청소년이 됐어요. 그들은 과도한 또래 집착과 게임 중독을 소신껏 이겼고, 젊음의 에너지를 '방황'보다 '성장'에 쏟았어요. 저에겐 공감육아를 통해 아이에게 꼭 주고 싶은 선물 네 가지가 있었어요. 제주 덕분에 그 바람은 현실이 됐습니다.

선물 하나, 정성(시간과 노력)을 들여 특별한 추억을 만들었어요. 아이와 신뢰 관계가 보다 단단해졌죠. 유년의 아이에게 부모가 해야 할 최고의 투자는 학원비가 아니에요. 단 10분이라도 공감하고, 놀아주는 부모의 정성이 훨씬 더 중요합니다. 애쓰며 쌓은 부모와의 추억이 아이의 단단한 자존감이 되니까요. 또 아이는 힘들 때마다 그 추억을 꺼내보며 다시 힘을 내겠죠? 특별한 추억은 험한 세상을 헤쳐 나가도록 돕는 평생의 응원가입니다. 제주에 살면서 추억부자가 됐어요. 온 천지가 천국처럼 아름다웠기에, 절로 흥취가 올라 마음껏 웃으며, 뛰놀았어요.

둘, 행복하고 건강한 엄마를 선물했어요. 엄마가 행복해야 비로소 아이도 행복할 수 있어요. 사람은 본래 자신에게 없는 걸 타인에게 줄 수 없거든요. 깊은 바다에 마음속 곪은 상처를 꺼냈고, 완전히 떠나보냈어요. 매일 만 보씩 걸었고, 자연식품과 해독주스를 챙겨 먹었더니 자가면역질환이 회복됐고요. 건강해진 덕분에 실컷 읽고 쓰면서, 좋은 나로 살 수 있었죠. 어쩌면 아이보다 제가 더 행복했네요. 자식은 부모의 가치관과 태도, 습관, 감정을 그대로 닮는 무서운 거울이라죠? 뿌연 거울이 반짝반짝 해졌으니, 이보다 더 좋은 선물이 또 어디 있을까요?

셋, 배움을 즐기는 경험을 선물했어요. 성장하고 배우려는 자세는 활력있는 삶을 위해 평생 지녀야 할 태도에요. 이것은 어릴 때부터 사랑하는 부모와 자주 대화하고, 함께 책 읽고, 체험하면서 공부를 놀이처럼 즐겨야 길러집니다. 미래에는 창의력과 공감력, 자기주도력이 필수 생존 능력이잖아요. 경쟁적인 입시 때문에 확 와 닿진 않지만, 변화는 분명 올 거예요. 나날이 스펙보다 콘텐츠가, 타인의 평가보다 자기만족이 중요해지고 있어요. 볼거리, 체험거리 넘치는 제주에서 저는 아이와 신나게 놀면서, 즐겁게 배울 수 있었습니다.

넷, 세상을 살아가는 진짜 실력인 정서적 안정감을 선물했어요. 험한 세상을 살아가려면, 마음이 단단해야 해요. 회복탄력성이 강해야 실패를 두려워하지 않고, 계속 도전하면서 한계를 극복하니까요. 삶의 기준점을 바깥에 찍지 않고, 자신에게 둬야 매사 당당한 태도를 유지할 수 있죠. 하지만 안정감이 없으면 실패할까봐 불안하고, 타인의 평가에 계속 연연하며 자책하는 삶을 살아요. 어쩌면 중독이란 현실에서 충족되지 않은 안정감을 엉뚱한 데서 찾아 채우려는 현상이에요. 게임중독, 또래중독, 성(性)중독 모두 마찬가지죠. 부모가 아이의 안정감이 되고, 꿈을 찾는

동기가 된다면, 중독을 예방할 수 있습니다. 수시로 감정을 읽어주고 마음껏 사랑을 표현해야죠. 내 의지로 안 된다면, 아름다운 자연의 힘을 빌려서라도요.

사람마다 개성과 기질, 상황이 다르니 육아에 정답이란 없어요. 하지만 중요한 진실, 한 가지는 있어요. 아이는 좋을 때나 싫을 때나 부모가 바쁘게 하는 그 일을 멈추고 자신에게 관심 갖기를 바랍니다. 누군가 제 생각과 감정을 알아주고, 끝까지 믿어주길 원하죠. 하지만 부모는 불안해서 자꾸 숫자에 집착해요. 또 서로 바빠서, 차분히 대화할 시간도 부족하고요. 자식에게 좋은 것을 주고 싶은 부모 마음이야 다 똑같지요. 상담을 하면, 엄마들은 자녀 이야기에 눈물부터 쏟습니다. 아이와 친밀하게 소통하며, 꿈을 펼치도록 도와주고 싶은데, 도무지 그 방법을 모르고, 치열한 입시 경쟁 속에서 아이는 공부하랴 부모는 사교육비를 벌어 대느라 등골이 휘니까요. 서로 여유가 없으니 자꾸 어긋나서 속상할 수밖에요. 하지만 부모는 아이가 유일하게 믿고, 의지할 수 있는 버팀목이에요. 포기하지 않고, 수시로 아이 맘을 알아주려 노력해야 해요. 세상에 완벽한 부모는 없어요. 완벽할 수도 없지만, 완벽할 필요도 없죠. 반타작 아니 딱 10분이라도 여유를 갖고 공감한다면 아이는 결국 우리가 믿는 옳은 방향대로 잘 자랄 거예요.

책을 쓰면서 '알쏭달쏭한 공감육아를 과연 어떻게 잘 전달할까?'를 고심했어요. '~해야 한다.'에서 끝나지 않고, '어떻게'를 구체적으로 전하고 싶었죠. 경험을 생생하게 표현하고, 누구나 어디서나 적용 가능한 맘스팁을 꼭지글마다 알차게 실었어요. 이

책은 제주의 낭만과 공감 육아를 실감나게 버무린 육아 에세이이자, 엄마 성장기에요. 아이를 행복한 미래 인재로 키우고 싶은 분, 아이와 제주에 살아보고 싶은 분, 소신껏 육아하고 싶은 분들에게 따뜻한 응원가가 되길 바랍니다. 제주에 살면서, 종종 표정이 굳은 가족을 만났어요. 예쁜 카페에서 얼굴 보며 대화하기보다는 각자 스마트폰에만 시선을 고정한 경직된 모습에 속이 상했죠. 공감육아를 지향하면, 자연스럽게 '행복한 엄마, 단단한 아이, 건강한 가족'을 꿈꾸게 됩니다. 저 층층이 고운 바다처럼, 마음을 나누며 활짝 웃는 가족의 모습은 얼마나 예쁠까요? 이 간절한 소망을 담아 저의 수줍은 책을 세상에 내놓습니다. 이제, 빛나는 섬 제주를 상상해 보세요. 쏴아쏴아 시원한 파도 소리가 들리시나요? 원시림의 맑은 공기가 여러분의 지친 심신을 다독이려 기다리고 있어요. 자, 지금부터 소중한 그대를 아르떼 제주로 초대합니다.

'지금껏 애쓴 그대를 응원해요. 세상에 완벽한 부모는 없어요. 노력하는 부모만 있을 뿐이죠. 오늘도 좋은 부모가 되기 위해 눈물과 한숨으로 애쓰는 그대는 충분히 멋진 부모입니다.'

만일 내가 다시 아이를 키운다면

다이애나 루먼스

만일 내가 다시 아이를 키운다면
먼저 아이의 자존심을 세워주고
집은 나중에 세우리라

아이와 함께 손가락 그림을 더 많이 그리고
손가락으로 명령하는 일은 덜 하리라
아이를 바로잡으려고 덜 노력하고
아이와 하나가 되려고 더 많이 노력하리라
시계에서 눈을 떼고 눈으로 아이를 더 많이 바라보리라

만일 내가 다시 아이를 키운다면
더 많이 아는 데 관심 갖지 않고
더 많이 관심 갖는 법을 배우리라

자전거도 더 많이 타고 연도 더 많이 날리리라
들판을 더 많이 뛰어다니고 별들도 더 오래 바라보리라
더 많이 껴안고 더 적게 다투리라
도토리 속의 떡갈나무를 더 자주 보리라
덜 단호하고 더 많이 긍정하리라
힘을 사랑하는 사람으로 보이지 않고
사랑의 힘을 가진 사람으로 보이리라

목차

prologue ··· 4

선물 하나, 평생을 응원할 특별한 추억
단단한 신뢰 관계를 만드는 황금 열쇠

절박한 희망 ● 번아웃 워킹맘, 100퍼센트 행복해지기	18
도전과 용기 ● 얘들아, 제주에서 일 년만 살아볼까?	24
설레는 제주 ● 걱정은 미니멈, 설렘은 맥시멈	30
함께 문제해결 ● 통창문 바다 뷰, 찐만족 우리집	37
애틋한 추억 ● 사려니 숲의 연인, 아이는 엄마의 비타민	42
완벽한 자유 ● 이게 진짜 바다의 맛이지	48
개성 존중하기 ● 368개의 오름, 단 하나의 따라비	53
소박한 숲놀이 ● 도민 피서는 소소하지만 확실한 숲속이 최고	60
성장 마인드셋 ● 아이와 한라산 백록담 등정, 생생 다큐드라마 1	66
사랑의 연대 ● 아이와 한라산 백록담 등정, 생생 다큐드라마 2	72

공감육아 팁1
쉿! 자녀의 나이와 성별에 따른 공감육아 '특급 비법' 전수 ············ 77

선물 둘, 최고의 선물은 행복한 엄마
엄마가 행복해야 비로소 아이도 행복하다

건강회복 ● 굿바이 자가면역질환, 굿바이 아토피 ⋯⋯⋯⋯⋯⋯ 86
치유의 묘약 ● 일곱 빛깔의 힐링, 무지개 해독주스 ⋯⋯⋯⋯⋯ 93
내면 치유 ● 함덕 바다가 따스하게 안아주다 ⋯⋯⋯⋯⋯⋯⋯ 99
자기 공감 ● 내 모습 이대로 사랑스러워 ⋯⋯⋯⋯⋯⋯⋯⋯ 105
자기 수용 ● 적당히 부족한 엄마여도 괜찮아 ⋯⋯⋯⋯⋯⋯ 112
건강한 거리 ● 제주에선 자유로울 것 ⋯⋯⋯⋯⋯⋯⋯⋯⋯ 117
휴식의 기술 ● 맘껏 게을러도 좋아, 비로소 카르페디엠 ⋯⋯ 123
힐링 카페 ● ON & OFF가 찾아준 활짝 미소 ⋯⋯⋯⋯⋯⋯ 130
엄마의 소망 ● 버킷리스트 다섯 가지를 이루다 ⋯⋯⋯⋯⋯ 135
성장하는 나 ● 예술의 섬에서 부르는 나의 노래 ⋯⋯⋯⋯⋯ 141

공감육아 팁2
엄마의 마음공부, 불안을 다스리고 행복한 엄마 되기 ⋯⋯⋯ 147

선물 셋, 평생 가져갈 즐거운 배움
놀면서 자라는 호기심과 창의력

창의력 ●	백사장은 완벽한 창의 놀이터	152
다양한 체험 ●	따고 타고 다듬는 어린이 세상	157
습관의 힘 ●	우리, 할 일은 하고 마음껏 놀자	163
호기심 여행 ●	질문으로 생각이 쑤욱 자라다	169
해녀 박물관 ●	비바람에도 끄떡없는 박물관 천국	174
동물과 교감 ●	잘 잤니? 서우봉 아기 흑염소	180
우주의 신비 ●	한라산 순수의 별빛이 쏟아지다	185
제주 4.3 사건 ●	너무 모르고 살았습니다. 꼭 기억할게요	190
화산쇄설층 ●	엉앙길 베이커리 카페 창업, 도전해볼까?	196
세계자연유산 ●	앞으로 전진! 흥미진진 거문오름 가족탐험대	202

공감육아 팁3
인공지능을 능가하는 창의인재, 부모의 노력으로 만들어집니다 … 209

선물 넷, 게임 중독을 예방하는 정서적 안정감
자존감, 세상을 살아가는 진짜 실력

감정 코칭 ● 요리하느라 바쁜 엄마 꾀꼬리	214
친밀감 쌓기 ● 데이트는 꼭 단둘이서	221
공감 훈육 ● 만날 싸워도, 둘도 없는 남매랍니다	228
공감 언어 ● 아이를 수다쟁이로 만드는 마법의 일곱 글자 말	235
집밥의 힘 ● 얘들아, 주방놀이 하자	241
헬퍼스 하이 ● 수눌음 덕분에 솟은 천사 날개	247
건강한 가족 ● 고마운 우도 밤바다	254
자연 속 휴식 ● 아르떼 제주는 최고의 선물이었다	261
스킨십의 힘 ● 바람 부는 날에는 코알라 포옹	267
제주 일년살이 ● 아이구, 제주살이 안 했으면 어쩔 뻔 했어?	273

공감육아 팁4
행복한 엄마, 단단한 아이, 건강한 가족을 만드는 '153공감일기' … 280

epilogue …… 286

부록 ● Q&A로 알아보는 제주 일년살이 알짜 정보 …… 290

선물 하나
평생을 응원할 특별한 추억

단단한
신뢰 관계를
만드는 황금 열쇠

절박한 희망

번아웃 워킹맘,
100퍼센트 행복해지기

청춘 시절엔 하물며 고생도 즐거웠다. 스물셋, 국토대장정에 참가해 뙤약볕을 종일 걸었다. 손바닥만한 물집을 실로 꿰고선 뜨거운 아스팔트에 치익 발을 지지면 감각이 무뎌져 8시간을 걸어도 끄떡없었다. 고통보다 짜릿함이 앞섰다. 겁도 없이 무모했다. 일 년에 한두 번은 배낭을 메고 혼자 세계를 쏘다녔다. 타인의 시선과 숫자쯤은 무시하며 나답게 살 거라고 큰소리를 쳤다. 철없이 행복했던 청춘이었다. 한 선배는 말했다. "인생의 본 라운드는 아이를 낳고부터야." 그땐 그 말의 처절한 의미를 알 수 없었다. 엄마가 된 후에야 삶은 정체를 드러냈고, 인생은 절대 만만치 않음을 깨달았다.

인생 본 라운드, 숨가쁜 워킹맘의 계절이 시작됐다. 넘을 수도

뚫을 수도 없는 견고한 벽 앞에서 매일 버둥거렸다. 아이 울음소리에 연일 밤잠을 설쳤고, 새벽부터 아이 뒤치다꺼리와 출근 준비에 정신이 없었다. 감은 머리의 물기를 대충 털고 차를 탔다. 사거리 신호등에 빨간불이 켜지면 윤기 없는 피부에 비비크림과 립스틱을 후닥닥 발랐다. 출근길 차 안은 전화 상담실이었고, 일과 중에는 행정업무에 허덕였다. 긴급회의와 불쑥 터지는 학교폭력 사건은 남은 혼마저 쏙 빼놓았다. 아침에 차고 간 생리대를 집에 와서야 갈았다. 여유가 없어 학생과 대화는커녕 눈 맞출 새도 없었다. 내 아이에게 미안하듯, 제자들에게도 괜스레 미안했다.

퇴근 후에는 지친 나를 다그치며 사랑이 고픈 남매를 돌봤다. 육아는 나를 갈아 넣는 일이라던데, 더 이상 갈릴 체력이 없었다. 집 안은 울음과 무거운 한숨으로 답답했다. 무작정 바람을 쐬러 나갔다. 아기띠와 유모차를 하이브리드로 장착하고 동네를 망연자실 걸었다. 난 교사니까 당연히 좋은 엄마가 될 거라 생각했다. 아이 말에 귀 기울이고, 신나게 놀아주는 그런 엄마 말이다. 하지만 그건 내 착각이었다. 공감은커녕, 아이의 작은 실수도 참지 못했다. 매번 불같이 화를 내며, 수시로 절망했다. 먹성 없는 내 아이들은 식탁에서 자주 밥그릇을 떨어뜨렸다.

"너희들! 장난치지 말고, 가만 앉아서 밥 먹으라고 했지! 왜 엄마를 이렇게 힘들게 하니?"

내 지친 마음은 약한 아이에게 그대로 흘러갔다. 떨어진 그릇과 밥알을 치우며 서러움과 미안함이 뒤엉킨 눈물을 흘렸다. 박사과정을 밟던 남편도 공부하랴, 육아하랴, 사당오락이 일상이었다. 그는 아이를 재우고 밤에 연구실로 다시 출근했다. 주말마다 부부는 감기 몸살에 시달렸다. 위염, 비염, 편도염을 디폴트로 앓았다. 추적관찰을 요하는 종양 개수가 매년 늘어났다. 그것의 개수가 두 자릿수가 되던 해, 만성 포도막염(눈에 오는 자가면역질환)이 시작됐다.

"이 선생이 동네 병원, 다 먹여 살린다니까. 젊은 사람이 그렇게 몸이 약해서 어떡해."

"아, 저 같은 사람도 있어야, 병원도 먹고 살지요."

태연한 척했지만, 쉼 없는 삶은 몸과 마음을 모두 병들게 만들었다. 수시로 우울했고 자존감은 바닥을 쳤다. 거울을 볼 때마다 내 모습은 마치 허깨비 같았다. 늘 어디론가 도망치고 싶었다. 이게 번아웃 증후군인 줄도 몰랐다. 매번 내 유리 멘탈을 자책하며 스스로를 괴롭혔다.

'남들 다 해내는 육아와 직장일. 넌 왜 그렇게 힘들어하는데? 두 아이의 엄마인데, 더 강해져야지, 지지리도 못났다. 못났어.'

단골 안과 옆에는 정신과 병원이 있었다. 새하얀 실크 커튼이 어서 들어오라며 입구에서 하늘거렸다. 하지만 들어갈 용기도 여유도 없었다. 기원전 5세기, 소크라테스는 독배를 마시기 직전 "너 자신을 알라."라는 세기의 명언을 남겼다. 이는 자기 내면의 소리에 귀 기울이며, 반성하는 삶을 살라는 뜻이다. 또 성공과 인정이라는 바벨탑을 쌓으려고 맹목적으로 바쁜 삶에서 벗어나, 인간의 한계를 자각하라는 뜻도 있다. 번아웃 덕분에 내 무지와 한계를 선명하게 직면했다. 나는 누구보다도 쉽게 상처받고 자주 무너지는 존재였다. 오직 신만이 완벽하고, 인간은 그저 완벽을 소망할 뿐이라는 괴테의 말을 비로소 절감했다. 완벽하길 바라며 비범한 삶을 좇았었다. 하지만, 이제는 평범한 듯, 웃고 있는 모든 사람이 부러웠다. 수시로 영양수액을 맞고, 감사 일기를 쓰면서 겨우 버텨나갔다. 숨 막히는 이 순간이 어서 지나가길, 훠이훠이 흘러서 푸른 바다에 당도하기만을 바랐다.

제주에서 푸른 바다를 본다. 바다는 세상 모든 블루를 모아놓은 듯 층층이 아름답다. 새벽 해안을 걸으며 생각한다. '만약, 제주에 안 왔으면 어땠을까? 남편 말대로 제주살이 대신 병원살이를 했으려나?' 하지만 역시 세상에 나쁘기만 한 일은 없다. 경험은 시간의 흐름 속에서 계속 재해석되기에 그 사건이 내게 좋은지 나쁜지는 그것을 보는 시점에 따라 매번 바뀐다. 따라서 인생은 가까이 보면 비극이지만, 멀리서 보면 희극처럼 보일 때가 많다. 매일 황홀한 바다를 마주하는 지금, 난 번아웃 시절이 되레 고맙다. 고통은 나를 성숙하고 겸손하게 만들었다. 사람에게 건강과 휴식이 얼마나 소중한지도 깨달았다. 이처럼 아름다운 곳에서 완벽한 행복을 누릴 수 있는 것도 번아웃 덕분이다. 절박하지 않았다면, '행복'을 꿈꾸지도 '용기'를 내지도 못 했을 터였다. 타들어 갈 듯 아픈 고통도 시간이 지나면, 감사로 변하는 순간이 온다. 지금 묵묵히 눈물을 삼키며, 푸른 바다를 그리는 그대에게도 이 꿈은 분명 현실이 될 것이다. 지금 내가 제주에서 그러하듯이….

"지친 듯 평범했지만 그것이 행복이었고, 순간처럼 지나갔지만 사랑이었던 시간들. 건강한 가족이야말로 신이 주신 최고의 선물입니다."

mom's tip

혹시 나도 번아웃 증후군은 아닐까?

번아웃 증후군이란?

과도하게 쌓인 스트레스를 장기간 해결하지 못해 심리적, 정신적으로 지친 상태를 말합니다. 방치하면 우울증, 당뇨병, 과로사 같은 치명적인 질병이 되죠. 현재 몸이 아프고, 짜증과 화를 주체할 수 없다면 번아웃 정도를 진단해보세요. 6개 이상 해당된다면, 번아웃 상태입니다.

1. 물건을 잘 잃어버리며, 늘 기가 빠진 느낌이다.
2. 잠드는 데 시간이 오래 걸리고 잠을 자꾸 설친다.
3. 무언가에 붙잡혀 꼼짝 못하는 느낌이 든다.
4. 짜증이 늘었으며 때때로 욱하고 화가 치밀어 오른다.
5. 아침에 일어났을 때 그날 할 일을 생각하면 피곤해진다.
6. 수시로 우울하고, 유머 감각이 사라졌으며 혼자 있고만 싶다.
7. 일을 열심히 하기보다는 빨리 끝내고 싶고, 하루가 끝나면 녹초가 된다.
8. 만성피로, 두통, 소화 불량으로 자주 아프다.
9. 사는 게 겁나고, 어디론가 훌쩍 떠나는 상상을 자주 한다.
10. 주위 사람들에게 실망감을 느끼고, 거부당하는 느낌마저 든다.

*출처: 한국산업안전보건공단(2015)의 자료를 참고, 각색하였음

번아웃 증후군은 우울증과 불안장애의 전단계이고, 뇌가

'너 좀 쉬어야 해'라고 간곡하게 말하는 알람 신호입니다. 운동과 여행, 상담 등 적극적인 대처가 필요해요. 비교와 완벽주의를 버리고, "아무렴 어때, 실수할 수도 있지.", "괜찮아. 이걸로도 충분해."라며 자신을 관대하게 대해주세요. 또 지친 몸과 마음을 충분히 돌봐야 합니다. 사랑하는 아이를 위해서라도 번아웃을 방치하면 안 돼요. 부모의 건강은 아이 행복의 바로미터이니까요.

도전과 용기

얘들아, 제주에서
일 년만 살아볼까?

　남매는 고열을 자주 앓았다. 그때마다 나는 밤잠을 설치고 출근했다. 자연스레 건강염려증이 생겼다. 까무러치게 피곤한 일주일은 공포 자체였다. 아이에게 콧물만 비쳐도 바로 병원으로 달려갔다. 장거리 여행은 꿈도 못 꿨다. 주말에도 공원이나 마트를 전전하며 성실하게 동네를 지켰다. 아이들은 캄캄한 실내에서 장난감을 갖고 놀다가 지치면, 신나게 노는 게 제일 좋은 뽀로로를 시청했다. 최선의 선택이었지만, 가슴 한켠에는 아이의 소중한 유년기를 하릴없이 흘려보내는 게 속상했다. 둘째가 다섯 살 되던 해, 큰맘 먹고 제주도로 여행을 갔다. 보름간 머문 제주는 놀랍도록 예뻤다. 하루가 이렇게 즐거울 수 있다니, 층간 소음과 미세먼지, 전염병도 걱정할 필요가 없었다. 답답한 도시 생활과는 차원이 달랐다. 해녀가 전복과 소라를 가득 담은 망태기를 어깨에

메고 지나갔다. 자연은 사람의 필요를 채우고, 근심을 안아주는 넉넉한 엄마 품속 같았다. 나도 넉넉한 자연의 품에 아이처럼 안기고 싶었다. 연일 모래놀이에 푹 빠져 노는 아이를 보니, 제주에 살고 싶다는 열망이 더 강해졌다.

'일 년만 살아볼까? 이렇게 좋은 제주가 해외도 아니고 한국이 잖아. 지천으로 널린 숲과 바다, 박물관이 훌륭한 보모가 돼 주겠지. 아이들 등교하면 내 시간도 생기니까 이 기회에 건강도 회복하고 말야. 병원이 가까운 곳에 집을 구하면 독박육아도 큰 문제는 없을 거야.'

제주살이를 가려면 두 개의 높은 산을 넘어야 했다. 첫 번째 걸림돌은 역시 '비용'이었다. 제주집 연세금과 남편의 주말 비행기 삯을 더했더니 근사한 중고차 한 대가 눈앞에 슝 지나갔다. 현실 자아는 말했다. '쉬고 싶다고? 배부른 소리 하고 있네. 지금 허리띠 졸라매도 모자랄 판에 휴직이라니, 게다가 두 집 살림까지… 제정신이야?' 전셋집을 전전하던 우리에게 이건 분명 무모한 일이었다. 하지만 맘속에서 뜨거운 뭔가가 용솟음쳤다. 그것은 '나다운 삶'을 향한 열망이었다. 고단함에 가려 잠시 희미해졌을 뿐, 여전히 난 자유와 성장을 꿈꾸고 있었다. 원래 사서 고생하는 건 예전부터 내 특기였다. 고생한 경험치만큼 생각과 가치관은 의미 있게 재구성되곤 했다. 때문에 화려한 명품 가방 대신 소박한 배낭여행으로 청춘을 수놓았다. 또 신혼 시절, 멀쩡한 회사를 다니던 남편에게 박사 공부를 종용한 사람도 나였다. 미국으로 박사 후 과정을 보내주겠다는 지도 교수님 말에 내 맘이 한껏 출렁인 탓이었다. 아파트 평수 늘리기에 삶을 허비하고 싶지 않았다. 번아웃 때문에 서둘러 국내 취업을 했지만, 여전히 넓은 시야로 세상을 넓게 살고 싶었다.

물론 돈이란 사람에게 중요하고도 필수적인 자원이다. 하지만, 그것이 삶의 목적이 될 순 없다. 우린 다 종국에는 흙으로 돌아갈 인생이 아닌가. 죽을 때 필요한 재산은 내가 묻힐 한 평 남짓이면 충분하다. 행복하려면 가진 것으로 남과 비교하지 않고, 탐욕을 멈춰야 한다. 그리고 순간을 진심으로 살아야 한다. 스테디셀러 《프레임》의 저자이자 서울대 심리학과 교수인 최인철 작가는 이렇게 말했다.

> 행복한 사람은 소유보다는 경험을 사는 사람이다.
> 소유를 사더라도 그 소유가 제공하는 경험을 얻으려고 하는 사람이다.
> 행복하지 않은 사람은 소유를 통해 정체성의 결핍을 은폐하지만,
> 행복한 사람은 돈으로 경험을 사서 삶의 이야깃거리를 만들어 낸다.
>
> 『굿 라이프』, 최인철, 2021

행복한 사람은 평생 힘이 될 경험을 즐겨 산다. 당시 내게 가치 있는 소비는 내 집 마련도, 사교육도 아니었다. 건강을 회복하고, 아이에게 행복한 유년을 선물하는 것이었다. 완벽한 변화를 바란다면 장소와 시간, 돈의 사용처를 완전히 바꿔야 한다. 결국 우린 다르게 살기 위해(live), 조금은 다른 제주살이를 사기로(buy) 했다.

하지만 두 번째 산은 좀처럼 넘기 어려웠다. 자발적 기러기 부부라니, 제주가 아무리 좋아도 가족이 떨어져 지내는 게 맞을까? 쉽지 않을 독박육아와 아빠의 부재, 피곤하고 외로울 남편까지 쉬운 문제가 아니었다.

'딱 일 년이잖아. 마침 육아휴직도 가능하고 이건 다시 오지 않을 기회야.'

후회하고 싶지 않았다. 둘째가 다닐 유치원을 '함덕초 병설'로 지원했다. 경쟁률이 3:1이라고 하니 '설마 합격하겠어?'라는 마음도 있었다. 결과는 합격이었고, 하늘도 확실히 제주의 손을 들어줬다. 아이들에게도 의견을 자주 물어봤다.

"얘들아, 제주에 살아볼까? 딱 일 년만. 아빠는 한 달에 두세 번, 주말에만 만날 수 있어. 유치원이랑 학교도 옮겨야 하고, 친구도 다시 사귀어야 해. 고생스럽긴 해도 제주도를 일 년 내내 마음껏 여행할 수 있어. 특별한 경험이 될 거야. 너희들 생각은 어때?"

"엄마, 제주에 살면 지난번처럼 공룡랜드에 또 갈 수 있어요?"

"매일 모래놀이하고 수영도 할 수 있겠네요. 빛나랑 헤어지는 건 슬프지만, 제주에 살면 정말 좋겠다. 아빠! 매주 오시면 안 돼요?"

물어볼 때마다 남매는 제주를 택했다. 아이들도 생기를 갈망하고 있었다. 용기를 낸 아이들을 보며 건강한 가족의 미래가 보이는 듯했다. 고생보다 희망을 선택하며 그렇게 주저앉을 뻔한 자리를 과감히 박차고 일어났다. 철학자 장 폴 사르트르는 말했다. "모든 사람의 인생은 B(Birth)로 시작해서 예외 없이 D(Death)로 끝난다. 그리고 이 B와 D 사이에 있는 수많은 C에 의해 인생이 달라진다." 제주살이는 인생을 길게 볼 때, 분명히 가치 있는 C였다. 아이들과 처음으로 선택(Choice)한 도전(Challenge)이자 용기(Courage)였고, 기회(Chance)이자 변화(Change)였다. 그렇게 우린 에메랄드 바다를 매일 만나는 제주 도민이 되었다.

---

mom's tip

비일상적인 모험과 도전은 용기 있는 아이를 만듭니다.

비일상적인 모험과 체험 기회는 아이의 도전 의식과 용기를 북돋아요. 비교적 쉬운 일인 동물 먹이 주기, 목장 우유 짜기부터 용기가 더 필요한 승마, 수영, 스노클링, 집라인, 등산, 배낭여행 등 다양한 도전 경험을 만들어 주세요. 아이는 훨씬 넓은 시야를 갖고, 자신감과 문제해결력을 기를 거예요. 다양한 도전은 아이를 두려움 없이 무엇이든 적극적으로 즐기는, 용기 있는 사람으로 만듭니다. 혹시, 지금 아이가 새로운 도전 앞에서 망설이고 있다면 이렇게 말해 보세요. "○○야, 해보지 않고 후회하는 것보다는 해보고 나서 후회하는 편이 결국은 조금 덜 후회하는 길이야. 엄마는 믿어. 넌 무엇이든 할 수 있는 사람이라는 걸."

설레는 제주

걱정은 미니멈, 설렘은 맥시멈

이삿짐을 정리하고, 동네 산책을 나갔다. 겨울인데도 햇살이 어찌나 눈부시던지. 바람도 잔잔하여 봄날 같았다. 제주는 동네부터 클래스가 달랐다. 골목마다 수놓인 알록달록 벽화, 전구를 주렁주렁 매단 고깃배, 개성 있는 감성 카페, 키 큰 야자수와 초록 잔디, 층층이 예쁜 쪽빛 바다까지, 사방이 특별했다. 커피를 홀짝이며 벤치에 앉아 있으니, 여기가 진짜 한국이 맞나, 근사한 해외 휴양지가 따로 없었다. 남매도 기분 좋은지 종일 신나게 깡충거렸다.

아이와 함덕초등학교에 갔다. '아니, 이게 다 운동장이라고?' 축구장 두세 개는 합쳐놓은 듯 넓었다. 담벼락 없는 교정은 하늘 절반, 초원이 절반이었다. (이 광활함은 일 년 내 적응이 안 됐다.)

추억의 정글짐과 구름다리, 철봉이 나란히 놓여 있었다. 작은 소나무 숲과 오솔길, 잔디밭까지 마치 한가한 공원 같았다. 병설유치원 마당에 갔다. 중앙에 큼지막한 미끄럼틀과 커다란 정자가 보였다. 파라솔 아래 모래놀이터가 있고, 나무 놀이기구에선 윤기가 났다. 여유롭고 예쁜 교정이 마음에 쏙 들었다. 한참 학교 구경을 하던 다솔이가 걱정스럽게 물었다.

"엄마, 저 학교 잘 다닐 수 있겠죠?"

제주가 좋아 선뜻 전학을 결정했지만, 학교 적응이 걱정되는 모양이었다. 원래 딸은 불안이 많은 아이였다. 평소에는 문제 없는데, 가끔 준비물을 놓고 오거나 조금이라도 지각을 할 것 같으면, 무섭다며 주저앉아 울음을 터트리곤 했다. 선생님의 괜찮다는 말을 들은 후에야 아이는 진정했고, 한참을 망설이다가 울먹이며 교실로 들어갔었다.

"우리 딸, 새 학교 가는 게 걱정되지?"

"네. 처음 교실에 들어가면, 진짜 부끄러울 것 같아요. 아우, 떨려. 다들 친한 친구가 있는데, 나만 놀 사람이 없으면 어떡하죠?"

"그렇구나. 부끄럽고 긴장되는 게 당연해. 엄마도 예전에 전학 갈 때 그랬는걸. 너무 떨려서 등교 전날엔 잠도 못 잤어."

"엄마도 전학 간 적이 있었어요? 어떻게 됐어요?"

"그럼, 있었지. 제일 부끄러울 땐 교실 앞에서 자기소개 할 때였어. 모두 나만 쳐다보니까 홍당무가 돼 버렸지. 그런데 신기한 건 딱 그때가 지나고 쉬는 시간이 되면, 친구가 금방 생기더라. 우리 딸, 잘 할 수 있어. 게다가 새 학기니까 다른 친구들도 모두 긴장될 거야."

"아, 반이 세 개라 다행이에요. 엄마, 저 친구 많이 사귀고 싶어요."

"친구 많이 사귀려면, 지난번 말한 '황금률'을 실천하면 돼."

"내가 대접받고 싶은 대로 친구를 대해주라는 그 말이요?"

"맞아. 사람은 누구나 공감받고 싶어 해. 네가 먼저 친구를 배려하고 이야기를 잘 들어줘 봐. 분명 널 좋아하게 될 거야."

"그래요? 음… 쉽진 않지만, 노력해 볼게요. 맛있는 것도 가져가서 나눠 먹어야지."

"그것도 좋은 생각이네. 잊지마. 엄마는 영원히 네 편이야. 도움이 필요하면 언제든 말하고."

"헤헤. 저는 엄마가 좋아요."

제주도민은 공동체성이 강하다. 학교에서도 모두 방언으로 말한다. 그 때문에 아이가 이질감을 느낄까 봐 조금 걱정이 됐다. 하지만 그건 내 기우였다. 제주 아이의 영혼은 투명도가 남달랐다. 딸은 등교 첫날부터 새 친구를 여럿 사귀어 그날 바로 운동장을 함께 뛰어다녔다. 한 달쯤 지나자 딸은 내 제주어 선생님을 자처했다.

"엄마도 이제 도민이니까 제주어 말해야죠. 자, 따라 해보세요. 지금 몇 신(시야)? 너 연필 몇 자루 인(있니)? 밥 먹언(먹었어)?"

"알았어. 지금 몇 시에요잉? 연필 몇자루용?"

어설픈 내 말에 아이가 배꼽을 잡고 웃었다. 제주에서 딸의 불안한 기색은 온데간데없이 사라졌다. 숲과 바다, 드넓은 초원을 맘껏 뛰어다니더니 놀랍게 밝아졌다. 언제 어디서나 깔깔대는 말괄량이로 완전히 변했다.

주말, 아빠가 왔다. 가족은 바다로 산책을 갔다. 아이들이 달려가며 환호성을 질렀다. 해수욕장은 축제 분위기였다. 팡팡 터지는 폭죽과 신나는 버스킹으로 연일 흥겨웠다. 화려한 플리마켓이 상시 열렸다. 꽃장식 향초, 반짝이는 선캐처(창문을 장식하는 색유리), 신기한 소라 스피커까지. 해변의 흥취는 고이 잠들어있던 낭만 세포를 건드렸다. 성시경의 나긋나긋한 음색이 소라 스피커에서 흘러나와 해변을 촉촉하게 적셨다.

> 떠나요 둘이서 모든 것 훌훌 버리고 제주도 푸른 밤 그 별 아래
> 이제는 더 이상 얽매이긴 우리 싫어요. 신문에 티비에 월급봉투에
> 아파트 담벼락보다는 바달 볼 수 있는 창문이 좋아요
> 깡깡밭 일구고 감귤도 우리 둘이 가꿔봐요
> 정말로 그대가 외롭다고 느껴진다면 떠나요
> 제주도 푸른 밤, 하늘 아래로
>
> 최성원 작사, '제주도의 푸른 밤'

하아, 두근두근 설레는 밤풍경이었다. 수평선에는 수척의 고깃배가 반짝거렸다. 마치 고흐의 '론강의 별이 빛나는 밤'처럼 배는 별빛인 듯 밤바다를 환히 밝혔다. 말없이 바다를 응시하던 남편이 입을 열었다.

"우리 제주에서 많이 회복하자. 꼭 행복해지자!"

아내의 도전을 믿고 응원해주는 그. 난 고마운 남편의 손을 꼬옥 잡았다. 저 멀리 뛰어갔던 아이들이 되돌아와 한 명씩 풀썩 안겼다.

"와, 진~짜 신나요! 아빠 엄마도 우리랑 같이 달리기 시합해

요. 네?"

이내 넷은 "와!" 하고 함성을 지르며, 해변을 내달렸다. 까르륵 웃음소리가 화음을 이루며 공중에 울려 퍼졌다. 가족은 제주의 행복한 풍경에 취해 참으로 오랜만에, 한없이 설레고 설렜었다.

mom's tip

진심어린 공감은 아이의 걱정을 설렘으로 바꿉니다.

걱정이 많다는 건 불안과 관련 깊어요. 불안이 많으면 대체로 예민하고 부끄러움도 많죠. 낯선 상황에서 어떻게 행동할지를 깊이 고민하고 환경에 대한 스트레스도 큽니다. 그런 아이에게 "너만 힘든 거 아니야. 첫날부터 결석하면 친구

사귀기 힘들 거야."라며 감정을 무시하거나 불안감을 더 크게 조성하면 안 돼요. 진심 어린 공감으로 걱정을 설렘으로 바꿔주세요. 먼저 아이 말을 충분히 듣고, 아이 입장에서 상황을 느끼도록 노력해야 해요. 그 다음은 아이 말을 거울처럼 똑같이 따라 말하면 됩니다. "엄마, 떨리고 걱정돼요."라고 말하면 "그래. 정말 떨리고 걱정되겠네." 이렇게요. 여기에 "엄마도 예전에 그랬어."라며 부모의 어릴 적 경험을 말해주면 아이에게 큰 위로가 되죠. 아이는 자신도 부모처럼 용기를 내겠다는 다짐을 하게 됩니다. 또 "학교 급식이 맛있다고 소문났더라."라며 아이에게 기대감을 주면 좋아요. 순수한 아이들은 사소한 일에도 설레며 두근거려 하니까요. 만약 지금 아이가 불안해한다면, 자신감을 갖도록 이렇게 말해주세요.

"잘하고 싶을수록 두려움이 클 수 있어. 이 일을 계기로 넌 분명 성장하게 될 거야."

"엄마는 네가 실패해도 실망 안 해. 도전한 자체로도 충분히 넌 멋지거든."

"잘하고 싶어 하는 마음, 넌 이미 열심히 하는 걸로 보여줬어. 참 고마워."

"문제가 생기면 엄마에게 꼭 말하렴. 모든 문제에는 답이 있거든. 걱정 말고 함께 찾아보자."

함께 문제해결

통창문 바다 뷰,
찐만족 우리집

이왕이면 바다가 환히 보이는 집에 살고 싶었다. 소원은 현실이 됐다. 제주집 안방은 두 벽 전체가 통유리 창문이었다. 아침에 커튼을 젖히면, 코발트 빛 함덕 바다가 환히 보였다. 우린 반짝이는 바다와 하늘에 놀라 매일 "우와아"하고 탄성을 질렀다. 비 오는 날도 창밖 뷰는 중후한 예술작품이었다. 두터운 회색 구름은 통통한 아기 허벅지처럼 탐스러웠고, 비구름이 걷히고 나면 서우봉 능선을 따라 탐스러운 왕무지개가 떠올랐다. 집 앞에는 키다리 야자수와 넓은 잔디밭까지 있어서 하와이 여느 호텔이 부럽지 않았다.

하지만 세상에 완벽한 만족이란 없는 법이다. 장점과 단점은 언제나 동전의 양면처럼 맞닿아 있다. 넓은 통창문 때문에 겨울

외풍이 심해서 난방을 해도 방안에 냉기가 흘렀다. 한여름 직사광선은 방을 뜨겁게 달궜고, 바다 수증기로 집안은 늘 축축했다. 하지만 가장 불편한 건 따로 있었다. 그건 화장실 배관을 타고 들어오는 담배 연기였다. 아이들은 기침을 하며 괴성을 질렀다.

"으윽 담배 연기, 싫어. 화장실 문을 닫아놔도 거실까지 냄새가 계속 나요."

맑은 공기가 그리워 제주에 왔건만, 매캐한 담배 연기라니… 당장 이사 가고 싶었다. 고민 중 '만족(滿足)'이라는 글자를 가만히 봤다. '가득할 만'과 '발 족'이 한 단어를 이루고 있었다. '물이 딱 발목까지만 오는 상태가 만족이라고?' 그랬다. 만족은 넉넉한 물로 몸 전체를 씻는 게 아닌, 적당히 피로가 풀리는 족욕 정도의 상태를 뜻했다.

'그래, 우리에게 더 좋은 51을 택하고 나면, 나머지 49는 겸허히 수용할 줄 알아야지.'

창밖 뷰와 해변가 산책은 제주살이의 가장 큰 기쁨이었다. 학교와 유치원도 만족스러웠고, 사실 근처에 이사할 집도 마땅히 없었다. 결국 환풍기를 24시간 돌리면서 이 집에 만족하기로 했다. 하지만 건강을 위해 최선의 노력은 해야 했다. 관리인과 계속 통화를 했고, 흡연의 근원지를 찾았다. 이런 나를 줄곧 지켜보고 있던 남매에게 일부러 이렇게 물었다.

"애들아, 옆집 아저씨가 화장실에서 담배를 피우지 않게 할 방법이 없을까?"

"엄마, 우리가 안내문을 써서 아파트에 붙일까요? 그림도 예쁘게 그리고요."

"오, 그거 좋은데? 너희들이 할 수 있겠어?"
"저랑 온유한테 맡겨주세요."
다솔이는 간곡한 마음을 담은 당부글을 또박또박 적었다.

저희는 함덕초와 함덕 유치원에 다니고 있어요. 큰맘 먹고 제주에 살러 왔는데, 화장실 담배 연기 때문에 매일 기침을 해요. 집에서도 깨끗한 공기를 마시고 싶어요. 모두의 행복과 건강을 위해 흡연은 화장실이 아닌, 건물 밖에서 해주세요. 꼭 부탁드립니다.

남매는 안내문에 바다와 서우봉을 그려, 곱게 색을 입혔다. 제법 그럴듯했다. 내 폭풍 칭찬에 신난 아이들은 그것을 아파트 곳곳에 붙였다. 아이들의 노력은 여기서 끝나지 않았다. 옆집 아저씨가 보이면, 냉큼 뛰어가 명랑하게 인사했다. 덕분에 담배 연기가 놀랍게 줄었다. 어느 날, 엘리베이터에서 우연히 옆집 아저씨를 만났다. 난 쑥스러웠지만 용기를 내 이렇게 말했다.
"저희 때문에 많이 불편하시죠? 노력해주셔서 정말 감사해요."
"아저씨, 감사합니다."
아저씨는 깜짝 놀라시더니, 이내 우릴 향해 옅은 미소를 띠며 말하셨다.
"괜찮아요. 안 불편해요. 덕분에 담배도 덜 피우네요. 애들아, 제주에서 좋은 추억 많이 만들어라."

주말 저녁, 기다리던 남편이 왔다. 핑크빛 석양을 보러 정주항으로 갔다. 대견한 아이들을 위해 포상으로 치킨을 시켜 방파제에서 먹었다. 우린 저녁마다 감사 일기를 써 왔다. 그날은 말 이

나온 김에 제주집에 대한 감사 제목을 나누기로 했다.

"엄마가 먼저 말할게. 창문으로 바다 풍경을 볼 수 있고, 해변을 날마다 산책할 수 있어서 감사해. 집이 아담하니까 청소도 간편해서 좋고. 너희들은 제주집의 어떤 점이 감사하니?"

아이가 일 초의 망설임도 없이 말했다.

"엄마가 어디 있는지 바로 보여서 좋아요."

"맞다. 우리가 엄마를 찾지 않아도 되잖아요."

"아, 그렇구나… 너희는 어디서든 엄마가 보여서 좋구나. 당신은 어때요?"

"나야 뭐, 당신이랑 아이들이랑 함께 있으니까 좋은 거지."

예상치 못한, 간결한 답변에 가슴이 뭉클했다. 환하고 따뜻한 빛이 우릴 감싸는 듯했다. 그러고 보니, 난 너무 중요한 걸 잊고 말았다. 그날 밤, 난 일기장에 이렇게 적었다.

"아름다운 제주에 온 가족이 함께 살 수 있는 우리 집이 있어 무조건 감사합니다."

— mom's tip

일상 속에서 아이의 문제해결력을 기를 수 있어요.

문제해결력은 문제를 가려내고 숨겨진 원인을 파악해서, 대응 가능한 해결책을 찾아내는 능력이에요. 이런 힘을 키우려면 '객관적인 문제 분석력'과 '논리적 사고력'이 필요하죠. 이것도 근육처럼, 자주 사용해야 길러져요. 가정에 문제가 생기면, 아이와 함께 해결 방법을 찾으면 좋아요. 아이의 문제해결력은 대화를 통해 자라거든요. 부모가 아이에게 의견을 물으면 아이는 자신이 중요한 사람이라고 느껴요. 아이 생각을 존중하며, 함께 그 아이디어를 실행해 보세요. 성공 경험이 아이를 지혜롭고 긍정적인 사람으로 자라게 합니다. 집안일을 아이와 함께 해도 좋아요. 분리수거, 설거지, 화초 물주기, 현관 신발 정리, 야채 씻고 다듬기, 빨래 개기, 욕실 청소, 식탁에 수저 놓기 등. 아이도 충분히 할 수 있는 집안일이 많거든요. 이렇게 하면 아이는 일상에서 사물을 관찰하며 용도를 익히고 효과적인 일의 순서를 찾을 수 있어요. 또 자기 방 치우기, 책상 정리, 준비물 챙기기, 숙제하기 등 제 일은 스스로 하도록 격려해 주세요. 모든 일상 속 실천이 아이의 문제해결력을 길러줄 거예요.

애틋한 추억

사려니 숲의 연인,
아이는 엄마의 비타민

제주에는 바다만큼 아름다운 숲도 많다. 절물자연휴양림과 비자림처럼 관광객에게 잘 알려진 곳도 좋지만, 숨겨진 도민 숲길은 더욱 사랑스럽다. 삼다수와 머체왓숲, 치유의숲, 한라생태숲, 한라산 둘레길 등. 한적하고 때 묻지 않은 숲은 조금만 걸어도 심신을 맑게 치유한다. 여느 숲과는 차원이 다르게 채도 높고 생기가 넘친다. 말과 노루, 사슴이 숲속 정령인 듯 툭 튀어나와 깜짝 놀래키곤 한다. 특히 한라산 둘레길은 경사가 완만하고, 평탄해서 아이와 걷기 안성맞춤이다. (단, 승용차를 가져왔다면 출발지와 도착지가 다르므로 코스 종점에 도착한 후, 버스나 택시를 타고 다시 출발지 주차장으로 돌아가야 한다. 또 중간에 빠져나가는 길이 없으니 되돌아가거나 아니면 꼭 완주해야 한다.)

햇살 눈부시던 초여름, 온유와 단둘이 한라산 둘레길 중 하나인 사려니숲으로 트레킹을 갔다. 여행자일 때 사려니숲 하면, 붉은오름 쪽 주차장에 내려서 걷는 삼나무 데크가 전부인 줄 알았다. 그땐 나도 웨딩포토 찍는 커플처럼 사진 찍기에만 열을 올렸었다. 사진을 다 찍으면, 다음 행선지로 급히 이동하느라 차분히 숲을 누리지 못했다. 하지만 그것은 사려니 숲의 극히 일부였다. 이곳은 탐스러운 수국과 폭신한 화산송이, 졸참나무와 서어나무가 죽 늘어선 무려 15㎞ 길이의 애틋하고 신비한 숲길이다.

　아들과 연인처럼 지내고 싶어 하는 건, 모든 엄마의 로망이다. 하지만 그것은 딱 대여섯 살까지만 가능한 일, 그날 난 이 시한부 연애를 마음껏 누렸다. 아들은 처음으로 사진 찍는 법을 배워 산수국에 취한 내 모습을 카메라에 담아 주었다. 평생 간직할 효도 선물이 생겼다. 벤치가 보이면 한가하게 누워 눈을 감고 산림욕을 했다. 걷다가 쉴 때면, 아들은 기어코 내 무릎 위로 올라와 앉았다. 팔로 아이의 작은 몸을 꼭 껴안았다. 너무 사랑스러워 아이 정수리에 입을 맞췄다. 로맨틱한 숲 분위기 때문인지, 아이는 난데없이 내게 이런 사랑 고백을 했다.
　"난 엄마랑 천 년 동안 같이 살 거예요. 엄마를 끝없는 숫자만큼 사랑해요."
　그래. 이 순간, 네 고백. 엄마는 아마 평생 못 잊을 거야. 아들아, 너도 이 애틋한 순간을 오래도록 기억해주렴. 아이의 가녀린 어깨를 보드랍게 주물렀다. 숲이 마법을 부린 듯 우린 행복에 취해 몸을 가늘게 떨었다.

한참 동안 걷다가 쉬기를 반복했다. 그런데 갑자기 아이가 보물을 발견한 듯, 까마귀 날개를 주워들었다. 까만 깃털을 손에 쥐고 부지런히 날갯짓했다. 아이의 고운 다리도 덩달아 바삐 움직였다. 마침 힘들던 차였는데, 까마귀 날개 덕분에 아이는 다시 힘을 얻은 듯 숲길을 빠르게 내달렸다.

"엄마, 저 너무 빠르죠. 속도가 100킬로는 넘어버려요. 엄마 때문에 그나마 최대한 느리게 가는 거예요. 보세요. 가만히 서 있어도 조금씩 앞으로 가요. 아, 멈추기가 힘들어요."

"온유야, 내리막길에서는 뛰지 마. 날개까지 있는데 너무 빨라져서 넘어지면 어떡해!"

"아, 날개가 빨리 달리게 해서 자꾸 뛰게 돼요."

이 앙증맞은 허세꾼을 어쩐담! 종알거리는 그 입이 귀여워, 언젠가는 내 차지가 아닐 보드라운 입술을 얼른 훔쳤다. 마치 연인인 듯 우린 얼굴을 부비며 서로를 한참 동안 바라봤다. 내 눈동자 속에 제 모습이 비친다며, 아이는 신기한 듯 눈을 반짝였다. 귓가를 간질이는 고운 새소리도 이 순간을 한층 설레게 만들었다. 여성학자 박혜란 씨는 《아이를 다시 키운다면》에서 아이를 '귀한 손님' 보듯 대하라고 말한다. 그렇다. 아이는 언젠가 우리를 떠날 소중한 손님이다. 그렇게 생각하고 나면, 내 마음보다 아이 마음을 먼저 살필 수 있게 된다. 더 친절하게 대하게 되고, 단점보다는 장점이 도드라져 보인다. 작은 호의마저 고맙다. 머지않아 내 품을 떠날 순간을 상상하니, 지금 평범한 모든 순간마저 소중하게 느껴진다. 또 그녀는 덧붙여 말한다. 그렇게 아이를 귀한 손님으로 생각할 때에야, 아이의 모든 것을 책임지려하지 않고, 할 수 있을 만큼만 해준 뒤 나머지는 하늘에 맡길 배짱이 생기는 거라고 말이다. 잠시 내게 맡겨진 귀한 손님과 네 시간을 걸었다. 아이의 귀여운 몸짓과 말소리를 가슴에 오롯이 담았던 이 시간은, 거짓말을 좀 보태서 마치 한달음인 양 짧았다. 역시 아이는 엄마의 애틋한 비타민이다.

아이는 엄마의 비타민

네 입에서 맑게 쏟아지던 영롱한 은구슬
가득 주워 담아 내 가슴 속에
평생 담아두고 싶구나

까마귀 날개를 휘휘 저어가며 내달리던
네 여리고 고운 뒤태를 보며
난 무수히도 간절한 기도를 드렸단다

신비의 숲에서 반짝이던
너와 나의 눈동자
우주가 녹아들 듯 애틋했던 우리

그 순수의 결정이 나를 다독인다.
아낌없이 내어주는 모성으로
성숙한 어른으로 날 빚어낸다.

햇살 눈부시던 초여름, 애틋한 사려니 숲에서

mom's tip

애틋한 추억으로 아이의 감정계좌를 넉넉히 채워주세요.

아이는 생존은 물론, 자존감과 성격 형성과 같은 인생의 중대사를 부모에게 의존하며 성장합니다. 부모와의 관계도 마찬가지로 부모에게 의지하죠. 그러니 아이와의 관계를 지키는 것은 부모의 몫입니다. 아이가 미우나 고우나 교감의 끈이 이어지도록 노력해야 하는 사람은 아이가 아닌 부모인 셈이죠. 《성공하는 사람들의 7가지 습관》의 저자 스티븐 코비는 관계에서 형성된 신뢰의 정도를 감정계좌라는 용어로 설명했어요. 통장에 잔고가 많을 때 마음이 편안한 것처럼 감정계좌도 똑같아요. 인출보다 예치가 많을 때 마음이 편안하죠. 마음의 잔고가 두둑하면 같은 상황이라도 훨씬 더 여유 있고 긍정적으로 반응하게 됩니다. 아이도 마찬가지예요. 일반적으로 '공감, 인정, 존중, 놀이, 우정, 일대일 데이트, 칭찬, 스킨십, 사랑의 말'은 아이의 감정계좌를 채웁니다. '비난, 비교, 강요, 약속 불이행, 스트레스, 방치, 잔소리, 협박, 고함과 처벌, 피로감'은 감정 인출 현상을 만들고요. 인출보다 예치가 훨씬 많도록 감정계좌를 수시로 관리해 주세요. 특히 부모와의 애틋한 추억은 아이 감정계좌의 마르지 않는 예치금이 됩니다.

프로이트는 말했어요. 가족들에게 더할 나위 없이 귀염둥이였던 사람은 평생 성공한 것처럼 느끼고 살며, 그 자신감이 그를 성공으로 이끈다고요. 언젠가 세상을 홀로 헤쳐 나갈 아이들이 힘들 때마다 슥 꺼내 보며 자신감을 갖도록 애틋한 추억을 많이 만들어 주세요.

완벽한 자유

이게 진짜
바다의 맛이지

"우와! 물이 거의 다 빠졌어요. 우리, 얼른 바다로 나가요."

창밖을 보며 아이들이 외쳤다. 썰물이 지나간 자리에 뽀얀 모래사장이 펼쳐졌다. 모두 일사불란하게 나갈 채비를 했다. 햇빛으로부터 피부를 보호해 줄 긴 팔, 긴 바지 래시가드를 입었다. 부부는 구명조끼와 스노클링 장비를 챙겼고, 아이들은 튜브를 허리에 걸쳤다. 아쿠아 슈즈를 신은 발에 슬리퍼를 덧신고 바다로 출동했다. 여름에도 물속이 제법 차가웠다. 난 숨을 고르고 준비운동을 하는 데 남매는 벌써 물속에 뛰어들었다. 오전 내 뛰노느라 준비운동이 필요 없는 녀석들이었다. 팔팔한 물고기처럼 물장구치며 신나게 노는 아이들을 볼 때마다 가슴이 뭉클했다. '제주에 안 왔으면 어쩔 뻔했어. 저리 자유롭게 파닥이고 싶은 녀석들인데…'

도시에서 아이의 최고 놀이터는 키즈 카페였다. 아이는 화려한 놀이기구 앞에서 자유롭기보다 무척 흥분했다. 홀린 듯 바쁘게 뛰어놀았다. 땀을 흠뻑 흘리며 노는 건 좋았지만, 내 시선은 자꾸 창밖을 향했다. '아, 햇볕을 쬐고 맑은 공기를 마시면서 놀면 얼마나 좋을까?' 수시로 시간을 체크했다. 약속한 두 시간이 지나면 아이들을 겨우 달랜 후 데리고 나왔다. 화려한 장소에서 보낸 흥분된 놀이는 매번 서운함과 미안함으로 끝났다. 적지 않은 비용을 치르고도 마음은 왜 그토록 씁쓸했을까?

바다는 달랐다. 더없이 넉넉하고 자유로웠다. 아이들은 한나절 내내 바다와 한 몸을 이루며 놀았다. 지치도록 물장구를 치다가 모래 속에 몸을 파묻었다. 밑바닥이 다 보이도록 구덩이를 파고 또 팠다. 바위에서 까만 보말을 땄고, 통통한 톳을 건져 올렸다. 그것은 그대로 그날 저녁 찬거리가 됐다. 다솔이가 해변에 벌러덩 누웠다. 잔물결이 아이를 살랑살랑 간지럽히자 딸은 행복한 듯 속삭였다.

"이게 진짜 바다의 맛이지. 엄마, 저는 세상에서 가장 행복한 사람이에요."

자유롭고 행복한 아이, 제주살이가 아니었으면 이 말을 결코 듣지 못했으리라.

세상은 하루가 다르게 변한다. 인공지능, 메타버스, NFT, VR 등 기술은 자꾸 발전하는데, 이상하게도 우린 여전히 구시대적인 틀 속에 갇혀 산다. 대학, 결혼, 직장, 집과 자동차를 서열화해서 더 나은 상자 속에 자신을 끼워 맞추려 안달을 낸다. 경쟁이 과

열된 이 시대는 말한다. "더 바쁘게 일해야지. 그래야 더 많이 가질 수 있고 돈을 마음껏 써야 행복한 거야." 끊임없이 비교하고, 소유와 소비를 행복의 척도로 여기도록 채찍질한다. 나도 한동안 어항 속 물고기처럼 살았다. 고인 물은 시야를 흐리게 만들었다. 어느새 자본주의가 정한 상자 안에 나를 끼워 맞추느라 낑낑대고 있었다. 경직된 틀을 과감히 벗어던지고 싶었다. 내 속도와 방식대로, 나답게 사는 삶을 되찾기 위해 제주에 왔다. 그것이 진짜 자유로운 삶이니까. 아이 역시 제주에 살면서 틀에 박힌 삶이 아닌 진짜 자유를 맛보고 즐길 수 있길 바랐다. 미래를 살아갈 아이의 생존능력은 이젠 창의성에 달려있다. 창의적인 미래인재가 되려면 자유의 맛을 알아야 한다. 자유로운 삶은 활력을 주고, 생각을 유연하게 만든다. 그것이 결국 창의력의 근간이 된다.

    제주 바다는 물빛만 고운 게 아니었다. 우린 스노클링을 하며 바닷속을 탐험했다. 상상치 못한 세상이 펼쳐졌다. 각양각색의 물풀과 반짝이는 물고기가 가득했다. 줄무늬 물고기 니모를 신나게 따라가다 정신을 차리면 어느새 먼 바다에 와 있었다. 가슴을 쓸어내리며 드넓은 바다에 감탄했다. 어느 날, 바닷속에 팔뚝만 한 광어가 누워있었다. 모래색과 같아서 하마터면 밟을 뻔했다. 이 거대한 물고기를 놓칠세라 남편에게 손짓을 했다. 재빠르게 남편이 왔다. 우린 군침을 흘리며 이렇게 소곤댔다.

    "저놈 잡아서 회 뜨면, 몇 접시나 나올까? 자기 회 뜰 수 있댔지?"

    "칼만 있으면 뜰 수 있지. 그나저나 저놈을 어떻게 잡지?"

    조심스레 뜰채를 가지러 가는 찰나, 뿌연 물보라가 눈앞에 덮

쳤다. 보행기 튜브를 탄 온유가 발을 할랑거리며 이 멀리까지 쫓아온 것이었다. 쪼그만 게 참 겁도 없다.

"저도 엄마 따라서 멀리까지 헤엄쳐 왔어요. 저 진짜 수영 잘하지요?"

해맑게 웃는 아이와 함께 광어도 온데간데없이 사라졌다. 아무렴 어떠랴. 이 바다에는 광어가 수백 아니 수천 마리! 언젠가 또 나타나겠지. 난 그대로 물 위에 벌러덩 누웠다. 구명조끼 덕분에 바다는 폭신한 침대가 됐다. 긴장이 풀리자 마음이 한결 고요해졌다. 마침 해가 지고 있었다. 하늘은 온통 핑크빛이었다. 석양이 이리 황홀하고 예뻤던가? 숨이 탁 막힐 지경이었다. 한계 없는 자연에 취해 모든 근심과 얽매임이 사라졌다. 그래, 이것이 바다의 맛이지.

mom's tip

경직된 틀을 깨야, 자유롭게 사고할 수 있습니다.

생각의 틀은 내가 경험한 세상의 크기와 비례해요. 시멘트 건물처럼 갇힌 공간에선 사고가 경직됩니다. 그러니 창의력을 기르는 가장 좋은 방법은 아이와 함께 자주 산과 바다로 가는 거예요. 딱딱한 틀을 지속적으로 깨뜨려야죠. 자연으로 소풍 가는 게 어렵다면, 일상에서도 자유롭게 사고하도록 돕는 다음 세 가지 팁을 활용해보세요.

첫째, 가정에 규칙이 많으면 생각이 막히고, 대화가 자주 끊겨요. 그러니 규칙과 틀은 가능한 한 최소로 만드세요. 여유가 있어야, 아이도 자유롭게 생각하고 맘껏 표현할 수 있거든요. 유연한 가정에서 충분히 공감받으며 자란 아이는 과감하게 꿈꾸고 도전하는 어른으로 자랍니다.

둘째, 하루 30분이라도 아이에게 딴짓할 여유를 주세요. 빡빡하게 고정된 스케줄은 지식과 기술을 쌓게 하고, 편안하고 여유 있는 시간은 창의력을 길러주죠. 딴짓에는 언제나 엉뚱하고 자유로운 발상이 빛납니다. 또 그것이 아이가 꿈꾸는 미래가 될 확률이 높아요.

셋째, 일상에 극적인 변화를 주세요. 낯선 장소에서 무작정 걷기, 새로운 취미활동 시작하기, 외국 음식 먹기, 방의 가구를 재배치하기 등. 이렇게 새롭고 즉흥적인 경험은 아이가 틀에서 벗어나 자유롭게 사고하도록 돕습니다.

개성 존중하기

368개의 오름,
단 하나의 따라비

　오름은 산을 뜻하는 제주방언이다. 예전에는 오름의 매력을 몰랐었다. '갈 곳 많은 제주에 와서 왜 힘들게 산에 올라갈까?'라는 생각을 했었다. 하지만 이젠 "제주다운 낭만을 느끼고 싶다면, 오름 한 군데는 꼭 가세요."라고 말하는 오름 마니아가 됐다. 오름의 가장 큰 매력은 이십여 분만 올라가면 만나는 정상의 사이다 풍경이다. 그윽한 바다, 하얀 풍력발전기, 평화로운 논밭, 거뭇한 돌담, 옹기종기 모여 앉은 형제 오름까지, 가슴이 뻥하고 뚫린다. 제주 어디에나 있으니 접근성이 좋고, 입장료도 없어 가성비 또한 굿이다. 사람들은 묻는다. 가장 멋진 오름이 어디냐고. 하지만 좋고 나쁨의 기준은 사람마다, 또 그때의 기분에 따라 다르기에 이 질문에는 답할 수가 없다. 게다가 모두 마그마 분출로 생겼다지만 368개의 오름은 저마다 개성도 다 다르다. 분위기, 식생,

경사, 높이, 모양, 분화구 수와 형태까지 천차만별이다. 마치 지구 상에 똑같은 사람 하나 없듯이 말이다.

내 맘대로 추천 리스트를 나열해본다. 먼저 아이가 많이 어리다면, 아부와 아끈다랑쉬를 추천한다. 단 오 분만 올라가면 정상이 나오니까. (다만 경사가 높으니, 꼭 운동화를 신고 오를 것.) 높이는 낮아도 감동은 어마무시하다. 아부오름의 거대한 분화구를 걷다 보면, 양지바른 초원과 아기자기한 들꽃으로 가슴이 설렌다. 전문가를 대동해서 인생 사진을 남기는 커플이 많다. 아끈다랑쉬는 제주의 내로라하는 억새 성지이다. 정상의 빼곡한 키다리 억새밭은 잊지 못할 장관이다. 또 만약 화장실과 산책로가 잘 정비된, 저녁에도 갈 수 있는 안전한 오름을 원한다면 사라봉과 별도봉(두 오름이 붙어있음), 도두봉을 추천한다. 모두 제주시와 가까워서 시내를 한눈에 조망할 수 있다. 이착륙하는 비행기와 거대한 선박을 가깝게 볼 수 있어 아이도 좋아한다. 감성과 낭만을 꿈꾸는가? 오름의 왕국인 동쪽을 주목하라. 그곳에 용눈이, 백약이, 따라비가 있다. 고운 능선 위에 서 있는 방목마를 보면, 스위스 초원을 걷는 듯 설렌다. 하이디처럼 들판을 활보하고픈 충동이 생긴다. 또 만약 체력이 충분하고, 좀 더 특별한 풍경을 원한다면 한라산 사라오름(백록담, 윗세오름 다음으로 제주에서 높은 오름이다. 그러니 아침 일찍 서둘러 가야 한다)이 제격이다. 특히 여기는 비온 다음날 가야 한다. 빗물이 만든 산정 호수에서 신발 벗고 자박자박 걷다 보면, 목 축이러 나온 산노루와 함께 댄스를 추게 될지도 모를 일이다.

억새 만발한 가을, 아이들과 따라비에 갔다. 입구에 있는 나홀로 벤치와 은빛 억새 물결에 기분이 몽글몽글했다. 삼나무 숲과 계단을 따라 올라가니 청초한 물매화, 연보랏빛 쑥부쟁이, 보송보송한 한라꽃향유가 억새 사이에 깜짝 피어 있었다. 들꽃을 보느라 오르막길이 힘들지 않았다. 드디어 정상에 도착! 와, 가을의 따라비는 정말이지 황홀했다. 세 개의 분화구와 여섯 개 봉우리는 부드러운 하나의 능선을 이루고 있었다. 억새 가득 핀 굼부리는 영화 세트장처럼 낭만적이었다. 아련히 도는 새하얀 풍력발전기 옆에 큰사슴이오름, 민오름, 거문오름이 정답게 솟아 있었다. 우아한 따라비, 오름의 여왕답다. 주체할 수 없는 감성이 목구멍까지 차올랐다. 아름다운 풍경은 마음을 들여다보게 만드는 거울과 같다. 충만한 행복감에 상상력이 솟아난다. 어딘가에 숨어 있던 속마음과 소망, 개성이 또렷이 느껴진다. 탁 트인 정상 벤치에 앉아 귤을 깠다. (등산에는 역시 귤이다. 새콤달콤 꿀맛이다.)

"따라비오름 정말 예쁘다. 지금까지 갔던 오름 중에 엄마는 여기가 최고야! 가을마다 여기가 생각날 것 같아."

"엄마는 따라비가 그렇게 마음에 들어요?"

"응, 정말 아름다워. 너희는 지금까지 갔던 오름 중에 어디가 제일 좋았어?"

"음…. 전 아끈다랑쉬요. 그때 억새밭에 우리가 숨었는데 엄마가 우릴 못 찾았잖아요. 진짜 재밌었어요, 히히. 온유야, 너는?"

"엄마, 계단 많은 데 거기가 무슨 오름이에요? 다랑쉬였던가? 전 높은 게 제일 좋아요"

"그래 다랑쉬 맞아. 우리 온유답다. 생각해보니까 오름마다 매력이 참 각양각색이네. 사람도 저마다 생김새랑 성격, 강점이 다

다른데, 꼭 우리 같다. 그치? 얘들아, 잠깐 눈 감아봐. 엄마가 질문할테니 잠깐만 자신에 대해 생각해보자. 마음속에 어떤 생각이 들어? 너희는 어떤 일을 할 때 제일 행복하니? 또 잘 할 수 있고, 잘 하고 싶은 일은 뭐야?"

"친구들이 저보고 다들 귀엽다고 말하는데, 그게 강점이에요?"

"그럼, 우리 딸 귀엽지. 하지만 친구 말에 너무 큰 의미를 두진 마. 안 그러면 자꾸 다른 사람 눈치를 보면서, 약점만 의식하며 살게 돼. 네 개성은 스스로 찾아야지."

"엄마, 어떻게 그걸 찾을 수가 있어요?"

"쉬운 일은 아니야. 여유를 갖고 자주 마음속을 들여다봐야 해. 솔직한 일기를 꾸준히 쓰고, 네가 좋아하는 일로 다른 사람에게 도움을 주려고 계속 노력하면 찾게 돼 있어. 그렇게 강점과 개성을 알아야, 비판에 주눅 들지 않고, 꿋꿋하고 당당히 살 수 있어."

"왈왈, 전 강아지, 고양이랑 노는 게 제일 좋아요. 아, 생각해보니까 꾸미는 것도 좋아하네. 처음 본 친구한테 같이 놀자고 말하는 것도 잘 하는데… 수의사? 디자이너? 뭘 하지?"

"저는 루비콘이 제일 좋아요! 바퀴 큰 자동차를 만들어서 하늘을 날아다닐 거예요."

"야아, 다솔이 강점을 많이 찾았네. 온유야, 그 자동차에 엄마도 태워줘. 너희가 살아갈 10년 후에는 학력이나 직업보다 실제적인 능력이 진짜 중요해져. 요즘 영상으로 운동, 요리, 자동차 수리 등 모든 걸 배울 수 있잖아. 또 2033년이 되면, 현재 일자리 중 46%가 사라진대. 그러니 자신에 대해 먼저 잘 알아야 해. 다음 데이트 땐 자기 탐색을 해보자. 가고 싶은 카페 골라 놓기다!"

"네네! 좋아요."

월드 스타 BTS의 활약이 눈부시다. 그들의 인기 비결은 인생 스토리를 담은 개성 있는 가사에 있다. 다른 아이돌이 주어진 곡에 맞춰 안무를 연습하느라 진땀 뺄 때, 그들은 자신만의 감성을 담아 직접 곡을 만든다. 팬들과 찐소통을 나누며 친근감을 돋운다. 개성 있는 사람은 자신감이 넘치고, 생각을 솔직하게 표현할 줄 안다. 당당한 태도로 사람을 끌어당긴다. 자신에 대해 잘 알아 개성과 강점을 부각하면, 약점을 충분히 덮으면서 만족스런 생을 살 수 있다. 우린 모두 소중하고, 특별한 존재다. 지금보다 나은 삶을 원한다면, 환경 탓, 남 탓하지 말고 자기 우물부터 찬찬히 살필 일이다. 따라비에서 내려오는 길, 억새가 석양빛을 받아 황금색으로 변했다. 찬바람에 흔들리면서도 꿋꿋하게 반짝이는 억새는 참으로 눈부셨다.

 mom's tip

우린 모두 내면에 고유한 씨앗을 갖고 있어요.

광고인 박웅현 작가는 《여덟 단어》에서 한국 교육을 이렇게 비판했어요. "외국은 아이가 가진 것에 기준을 두고 그것을 끄집어내는 교육을 하는데, 한국은 삶의 기준점을 바깥에 찍고 똑같은 것을 집어넣는다." 생각해보니 우린 지금까지 내 안의 것을 찾아 발전시키는 교육이 아닌 내게 없는 걸 지적받고 그것을 가져야만 한다고 교육받아왔네요. 서로 다르면 불안해서 똑같이 살아야 마음 편했고요. 단단한 내면과 창의적인 실력을 원한다면 삶의 기준점을 바깥이 아닌 자기 안에 둬야 해요. 부모가 먼저 용기를 갖고, '나'에 대해 고민하고, 내면의 고유한 씨앗을 발견하면 좋겠어요. (안광복 선생님이 집필한 《Who am I?》로 아이와 함께 자기 탐색을 할 수 있어요.) 제주에서 저는 수시로 제 생각과 감정, 강점과 약점을 파악하는 질문을 했어요. 강점뿐 아니라 약점도 알아야 해요. 그래야 감정에 쉽게 휘둘리지 않고 삶의 균형을 유지할 수 있거든요. 또 강점을 계속 발전시키려 노력해야죠. 강점이 계발되면 약점이 자연스럽게 상쇄되거든요. '좋은 나'로 살아야, 마음 편안하고, 후회 없는 생을 살 수 있습니다.

※ 아이의 생각과 감정을 깨닫고 표현하도록 돕는 질문
- 지금 네가 느끼는 감정은 뭐야?
- 이 상황에 대해 넌 어떤 생각이 들어?

- 너는 이 문제를 어떻게 해결하면 좋겠니?

※ 강점과 약점을 발견하도록 돕는 질문
- 말하기만 해도 설레는 주제, 널 행복하게 만들어주는 건 뭐야?
- 행복과 성취감을 자주 느끼려면 뭘 해야 할까?
- 만족을 느꼈을 때 넌 무얼 하고 있었어? 그게 왜 널 행복하게 만들었을까?
- 네가 특별히 부족한 부분이 있니? 어떻게 하면 좀 더 나아질 수 있을까?

소박한 숲놀이

도민 피서는 소소하지만 확실한 숲속이 최고

푹푹 찌던 8월, 해변은 관광객으로 넘쳤다. 도민은 이미 서울이나 강원도로 휴가를 떠났다. 우린 시크릿 해변(지도를 자세히 보면 찾을 수 있는)에서 물놀이를 하며 여름을 보내고 있었다. 고두물(함덕 공용 목욕탕)의 용천수(흡수된 빗물이 다시 땅 위로 솟아나는 것)는 얼마나 시원한지 10분만 발을 담가도 열대야가 거뜬했다. 주말엔 돈내코로 피서를 갔다. 계곡물은 이가 덜덜 갈리도록 차가웠다. 오전 방과후 수업을 다녀온 다솔이가 간절한 눈빛을 발사하며 말했다.

"어휴, 더워라. 엄마, 이번 주엔 휴가 간다고 친구들이 다들 결석이에요. 우린 어디로 휴가 안 가요? 아, 놀러 가고 싶다!"

최고 관광지에 살면서 휴가 타령을 하는 아이 때문에 슬며시 웃음이 났다. '그래, 리프레시를 해볼까? 어디로 가지?' 제주 어디든 숙박비가 너무 비싸 엄두가 나지 않았다. 그때 휴양림이 번뜩 떠올랐다. 지난주 서귀포자연휴양림에 갔을 때, 함덕 한낮 온도는 31도인데, 숲속은 23도였다. 여름에는 쾌적하고 시원한 나무 그늘이 최고다. 게다가 휴양림은 인파 많은 바다와 달리 한적하고 깨끗하다. 평상과 산책로는 물론, 숲 놀이터까지 있어서 아이와 쉬면서 놀기에 딱 좋다. 바로 '숲나들e' 사이트를 봤다. 마침 빈 방 하나가 있었다. 주말, 남편이 오자마자 우린 자연휴양림으로 달려갔다.

보슬비가 내렸다. 덕분에 숲 향기는 더 진했다. 무더위에 지쳤던 몸에 활력이 돋았다. 갑자기 빗방울이 떨어졌지만 우거진 나뭇가지 덕분에 옷이 젖지 않았다. 아이들은 주섬주섬 바나나를 꺼내더니 껍질을 벗겼다. 참나무의 투박한 껍질에 그것을 듬뿍 발랐다.

"장수풍뎅이야, 저녁에 만나자."

비가 그치자, 아이가 커다란 나무 도감을 꺼내 펼쳤다. 곧은 삼나무, 하얀 서어나무, 울퉁불퉁 누릅나무. 도시와 달리 제주에 오니까 나무 종류도 괜히 궁금하고, 하나씩 알아가는 재미도 쏠쏠했다. 숲 놀이터가 나왔다. 아이들이 신나게 뛰어갔다. 진짜 휴식이 시작, 부부는 평상에 돗자리를 깔고 누웠다. 파란 하늘 위 조각구름이 눈부셨다. 나른한 오후, 까무룩 잠이 들었다. 이따금 들려오는 까악까악 소리에 설핏 깼지만, 눈이 다시 감겼다. 숲은 더없이 평화로웠다.

출출해서 숙소로 갔다. 새우와 부추, 김치를 한가득 넣고 부침

개를 지졌다. 아이들이 빚은 호떡도 팬에 올렸다. 지글지글 기름 소리와 빗소리가 고소한 하모니를 이뤘다. 짭짤한 부침개와 달콤한 호떡은 완벽한 단짠 간식이었다. 소박한 휴양림, 고소한 간식, 가족의 미소 속에는 특급호텔이 줄 수 없는 안정된 만족감이 가득했다. 니코스 카잔차키스는 《그리스인 조르바》에서 행복을 이렇게 노래했다.

> 나는 또 한 번 행복이란 포도주 한 잔, 밤 한 알, 허름한 화덕, 바다 소리처럼 참으로 단순하고 소박한 것임을 깨달았다. 필요한 건 그뿐이었다. 지금 이 순간이 행복하다고 느끼는 데 필요한 것이라고는 단순하고 소박한 마음뿐이다.

원래 행복은 단순하고 소박한 것에 있다. 산과 바다, 나무와 꽃, 우주의 별이 주는 행복은 충만하다. 값나가는 집문서, 땅문서, 자동차, 최신 전자제품이 줄 수 없는 평안을 준다. 고요한 숲에서 가족과 즐겁게 먹고 마시는 이 순간이야말로 신이 내린 최고의 행복이 아닐까.

산에 거뭇한 어둠이 내렸다. 두근거리는 마음으로 바나나를 발랐던 나무에 손전등을 비쳤다.

"어? 어! 아빠, 여기 진짜 사슴벌레가 왔어요. 뿔 없는 암컷이네? 수컷도 부근에 있을까?"

"엄마, 아까는 여기 번데기가 없었는데. 애벌레가 바나나를 먹고 고치를 틀었나 봐요."

흥분한 아이들이 외쳤다. 그 반가운 사슴벌레를 잡아 곤충채집통에 넣었다. 아이들은 바나나를 먹고 부풀어 오른 녀석의 배를 귀엽다며 쓰다듬었다. 만져보라고 해서 나도 슬쩍 만졌지만, 귀엽다는 말에는 공감 불가, 노력해도 안 되는 일도 있는 법이다.

다음날 아침, 어제 내린 비가 무색할 정도로 태양이 눈부셨다. 제주 날씨는 참 요망지다. '요망지다'는 성질이나 행동 따위가 꽤 단단하고 굳세다는 제주 방언인데, 야무지다와 비슷한 말이다. 제주 하늘은 밤에 장대비가 쏟아져도 아침이면 대체 언제 비를 뿌렸냐는 듯 파랗게 웃었다. "나는 비 같은 거 절대 몰라요."라고 말하는 듯하다. 하늘이 투명하고 싱그러웠다. 아침 숲 공기만큼 설레는 향기가 세상에 또 어디 있을까? 산책을 나가려 주섬주섬 챙기는데 온유가 배시시 웃으며 일어났다. 아이와 고요한 숲속을 걸었다. 아들은 제 키만 한 막대기를 주워 들더니 옆에 있는 애먼 나무를 후리쳤다.

"야압! 내 칼을 받아라! 엄마, 뱀 나오면 제가 쫓아줄게요. 전 뱀이 하나도 안 무섭거든요. 짠! 저 이순신 장군 같지요?"

눈부신 햇살이 후광처럼 아이를 비췄다. 세상에서 가장 늠름한 장군이었다. 막대기로 땅을 툭툭 두드렸다. 잠자던 꼬마 거미 하나가 졸린 듯 기어 나왔다. 이어서 어른 거미 두 마리도 따라 나왔다. 새벽 산책을 하려나 보다.

아침을 먹고, 다시 숲에 갔다. '휘리리릭~' 곱게 울던 휘파람새가 우릴 보더니 갑자기 삐삑거리며 야단을 떨었다. 사람이 나타났다고 경고음을 보내는 모양이다. 저렇게 예쁜 목소리로 울던 새도 다급할 땐 땍땍거리고 마는구나. 피식 웃으며, 평상에 앉았다. 산 공기가 제법 시원했다. 아이들이 나뭇가지와 솔방울, 나뭇잎을 주워 왔다. '사랑해' 세상에서 가장 예쁜 말을 만들어 가슴에 새겼다. 하드보드지 위에 반반한 돌 네 개를 붙이고, 각각 몸통을 그렸다. 소박한 가족 액자 완성! 남편은 왜 자기 얼굴만 크냐며 불만이었지만, 액자 속 그는 큰 얼굴 덕분에 가장 활짝 웃고 있었다. 주위를 둘러봤더니, 나무 종류가 다양했다.

"각자 마음에 드는 나무 골라서 안아주기!"

후닥닥, 취향껏 나무를 하나씩 골라 안았다.

"얘들아, 나무가 뭐라고 말하는지 귀를 대고 들어봐."

"슈욱, 물 흐르는 소리가 들려요. 신기하네."

"나무가 저한테 사랑한대요. 히히."

나무를 두 손으로 두들겼다. 신기하게도 소리는 모두 제각각이었다. 탁탁, 버들버들, 쿵쿵, 찰찰! 소박한 가족 오케스트라 연주가 숲속에 아련히 퍼져나갔다.

mom's tip

아이와 함께하는, 소박한 숲 놀이 세 가지

첫째, 오감체험 놀이에요. 새와 벌레 소리에 귀 기울이기, 꽃과 풀 향기 맡기, 맨발로 걷기, 낙엽 밟기, 흙 만지기, 풀피리 불기를 하며 서로의 느낌을 나눠봅니다.

둘째, 자연물로 만들기를 할 수 있어요. 가위, 목공풀, 색칠도구, 두꺼운 종이판을 준비하세요. 나뭇잎을 색종이 삼아 가위로 잘라서 사물로 표현하기, 솔방울과 돌멩이를 목공풀로 종이판에 붙이고 액자 꾸미기, 나무 그루터기에 돌과 나뭇잎으로 표정 만들기, 나뭇가지로 글자 만들기, 나뭇잎과 꽃잎, 흙으로 도화지를 색칠할 수 있어요.

셋째, 식물과 곤충을 유심히 관찰하며 놀 수 있어요. 식물도감과 곤충도감을 가져가야 해요. 자세하게 보면서 재미를 느끼고, 생물을 구별하는 능력을 키울 수 있어요. 막대기로 주변에 원을 그린 후, 원 안을 관찰하게 하면 아이의 집중력도 높아집니다. 곤충 관찰경과 잠자리채를 준비해가면 더 좋겠죠.

성장 마인드셋

아이와 한라산 백록담 등정, 생생 다큐드라마 1

　남편의 제주 버킷리스트의 첫 번째는 한라산 등정이었다. 우리의 대화를 듣던 온유가 말했다.
　"등산? 어디에 있는 산이에요? 한라산이랑 등산 중, 뭐가 더 높아요? 한라산이 반쯤 더 높을 거 같은데… 네? 알려주세요!"
　진심으로 궁금해하는 저 순수라니, 맘이 복잡해졌다. '저 여섯 살 철부지를 데리고, 백록담까지 가는 게 가능할까?' 할 수만 있다면 백록담 등정은 평생 잊지 못할 추억이 될 것이다. 아이에게 큰 자신감과 용기를 갖게 할 좋은 기회였다. 하지만, 어른도 힘들다는 곳인데, 걱정이 됐다. 그때 캐롤 드웩 교수가 《마인드셋》에서 말한 두 종류의 마음가짐이 생각났다. 그건 고정 마인드셋과 성장 마인드셋이다. 전자는 재능이나 능력은 고정돼서 변하지 않는다고 믿는 태도다. 이 태도를 가지면 두려움 때문에 도전하기를 싫어하고, 실패하면 제 능력을 탓하며 좌절하고 만다. 반면 성장 마인드셋은 사람마다 타고난 능력은 달라도 노력하면 충분히 변화하고 발전할 수 있다고 믿는 태도다. 기꺼이 변화하고 도전하며, 꾸준히 성장한다. 난 아이들이 이 성장 마인드셋을 갖길 바랐다. 한라산 등정은 6살, 9살이 어리긴 해도 노력하면 또 못할 일도 아니었다. 결국 아빠의 버킷리스트를 온 가족이 이루기로 했다. 가을로 도전 시기를 정하고, 숲과 오름을 트레킹하며 체력을 점점 길러갔다.

6월, 넷은 묵직한 배낭을 메고, 한라산 윗세오름에 올랐다. 끝없는 계단은 좁고 가팔랐다. 하산할 땐 다리가 너무 후들거려 넘어질까 봐 조마조마했다. 왕복 다섯 시간의 산행은 고됐지만, 큰 감동을 줬다. 장엄한 병풍바위, 정상의 드넓은 초원 풍경은 탄복을 자아냈다. 우린 전망대에서 백록담을 코앞에서 만났다.

"아빠, 진짜 저기가 백록담이라고요? 조금만 더 올라가면 되네? 담엔 꼭 백록담까지 가요."

온유가 겁도 없이 말했다. 사람은 자기가 보고 말하고 생각한 대로 행동하기 마련이다. 아이들은 우뚝 선 백록담을 보고야 말았고, 가자는 말을 이미 뱉었다. 윗세오름에 오길 참 잘했구나.

경기도 집 이사를 하느라 가을 내내 바빴다. 어느새 11월 초, 뉴스에서 한라산에 첫눈이 왔다고 했다. '아니, 벌써 눈이 왔다고? 우리 백록담에 갈 수 있을까?' 급히 탐방예약 사이트에 들어갔다. 백록담에 오르는 두 코스 중 그나마 수월하다는 성판악 코스는 한 달 내내 예약이 꽉 차 있었다. 이대로 포기할 순 없었다. 부랴 부랴 돌아오는 월요일로 관음사 탐방코스를 예약했다. 사실 여긴 전문 산악인도 어렵다고 말하는 등산 코스다. 여기서 백록담까지는 보통 5시간 걸린다. 아이들과 쉬엄쉬엄 가려면 등산만 넉넉히 6시간이 필요했다. 새벽 5시에 기상해서 6시 30분엔 등산을 시작해야 했다. (백록담 관리 처소에서는 낮 1시 30분에 강제 하산명령 사이렌을 울린다.) 주말 동안 아이젠과 스틱을 서둘러 구입했다. 정상에서 먹을 컵라면, 보온병, 간식과 휴지, 얇은 긴팔을 넣어 각자 배낭을 꾸렸다. 긴장하며 일찍 잠자리에 들었다.

그런데 당일 아침, 일이 터지고 말았다. "아악! 6시 20분이야. 어떡해! 지금 일어나버렸어!"

긴장한 탓에 밤에 자꾸 깼더니 알람 소리를 못 듣고 말았다. '등정을 이대로 포기해야 하나? 이제 날씨는 더 춥고, 해도 짧아질 텐데….' 하지만 이대로 포기하기에는 그간의 노력이 억울했다. 상황이 이렇게 된 이상, 방도가 없었다. 단풍 구경이라도 하자며 탐방로에 갔다. 그렇게 8시쯤 관음사 입구를 통과했다. 아침 산 공기는 시리도록 청량했다. 어제까지는 걱정되고 무서운 산이었는데, 막상 와보니 엄마 품처럼 포근했다. 기분이 좋아서 오르막도 그저 걸을 만한 평지로 느껴졌다. 아이들은 평일에 교실이 아닌 산에 왔다는 것, 첫눈을 만지는 기쁨에 마냥 신났다. 눈을 뭉치고 스틱으로 콕콕 찌르며 설산을 만끽했다. 삼각봉 전망대에 예상보다 일찍 도착했다. 11시 30분, 결단의 순간이 왔다. 이제 2시간만 올라가면 정상이었다. 하지만 1시 30분에 사이렌이 울리니 점심 먹을 시간이 없었다. '과연 우리가 2시간을 쉼 없이 올라갈 수 있을까?' 고민하고 있는데, 이미 산에 홀려버린 아이들이 어서 가자며 재촉했다. 백록담에 꼭 가고 싶다면서. 그런 아이들에게 포기를 말할 수 없었다. 평생을 두고 후회할 게 뻔했다. 초코바로 허기를 달랜 후, 가족은 손을 모아 파이팅을 외쳤다. "할 수 있다. 아자자! 파이팅!" 비장하게 삼각봉 전망대를 통과했다.

삼각봉 전망대에서 보는 한라산 봉우리는 소문대로 가히 환상적이었다. 정상의 대담한 화구벽, 장구목의 숨 가쁜 능선, 왕관 모양의 대담한 기암괴석, 아찔하게 솟은 뾰족한 삼각봉, 새하얀 상고대가 봉우리마다 피어있었다. 하지만 아름다운 것은 그에 상응하는 대가를 요구하는 법이다. 지독한 고행이 시작됐다. 절벽에 몸을 바짝 붙여 눈길을 조심조심 걸었다. 끝없는 계단이 계속됐다. 등하산객이 뒤엉켜 좁은 길은 더 옹색했다. 쉼없이 걸었더니 다리에 힘이 풀렸다. 밧줄에 몸을 지탱한 채 기어가듯 올라갔다. 아이들은 힘들다는 비명을 수없이 뱉어냈다.

"엄마, 조금만 쉬면 안 돼요? 너무 힘들어요."

마음이 복잡했다. '이렇게 백록담까지는 가는 건 무리인데… 포기하고, 잠시 쉴까? 하지만 지금 쉬면 백록담을 볼 수 없어.' 그렇게 고민하던 순간마다 하산객의 응원과 간식이 날아왔다.

"우와, 너희 몇 살이니? 정말 대단하다. 너희는 앞으로 무슨 일이든 해내겠는 걸."

그 격려 덕분에, 우린 주저앉고 싶은 순간마다 힘을 냈다. 역시 사람이 힘이다.

mom's tip

아이에게 성장 마인드셋을 심어주세요.

개미 한 마리가 죽은 사마귀를 끌고 가려고 안간힘을 쓰고 있었어요. 저보다 한참 큰 놈을 과연 어떻게 옮길지 궁금했죠. 개미는 제 몸의 50배 무게를 들 수 있는 괴력의 생명체라죠. 개미 한 마리가 온 힘을 내니까 진짜 사마귀 사체가 움찔거리더라고요. 포기하지 않았더니 그때 동료들이 와서 거들었어요. 드디어 사마귀는 들렸습니다. 그날, 전 포기가 없는 개미의 근성에 놀랐어요. 아무리 무거워 보여도 개미는 계속 끌고 가려고 노력하더라고요. 한창 실랑이를 벌였기에 동료가 왔고, 불가능은 가능으로 바뀌었어요. 우리 아이들도 포기를 모르고 계속 도전하는 사람이 되길 바랍니다. 그러려면, 아이가 직접 모험의 시작과 중간, 마무리를 끝까지 경험하고 성취의 기쁨을 맛볼 수 있게 해주세요. 보통 사람의 타고난 능력은 큰 차이가 없어요. 다만 노력 여부가 결과를 가르죠. 꿈을 이루는 열쇠는 아이큐가 아니라 꾸준함과 근성이에요. 부모의 믿음과 응원만큼 자라는 아이, 우리 아이들은 모두 어마어마한 가능성들입니다.

사랑의 연대

아이와 한라산 백록담 등정, 생생 다큐드라마 2

"으윽, 도저히 못 참겠어. 아이들이랑 먼저 가서 사진 찍어요. 난 혼자 어떻게든 가 볼게."

힘겹게 올라가고 있는데, 갑자기 남편이 무릎 통증을 호소했다. 안타까웠지만 시간이 촉박했기에 고민할 겨를이 없었다. 난 아이들만 데리고 남편을 제치고 올라갔다. 앞만 보면서 어린 온유를 계속 챙기다 보니 다솔이가 한참 뒤로 밀려났다. 뒤처진 아이가 힘을 내주길 맘속으로 간절히 바랄 뿐이었다. 그때, 한 청년이 다솔이의 배낭을 계속 밀어주었다. 순간 눈물이 터졌다. 허리가 끊어질 듯, 허벅지가 터질 만큼 아파서였을까? 고마움과 서러움이 뒤엉켜 눈물이 줄줄 흘렀다. 어른인 나도 이렇게 힘든데, 아이들은 저 가느다란 다리로 이걸 버티느라 얼마나 힘들까. 마음이 아렸다. 하지만 이제 와서 포기할 순 없었다. 모성은 더욱 비장해졌다. 아이들이 볼세라 얼른 눈물을 훔치며 말했다.

"백록담 등정 사진, 엄마 것은 없어도 괜찮아. 하지만 너희의 오늘은 꼭 기념해주고 싶어. 얼마나 대단한 일이니? 가장 힘든 상대인 자신을 이겨낸 거잖아. 지금 잠시라도 쉬면 백록담을 볼 수 없어. 고지가 코앞인데, 우리 포기하지 말자."

이렇게 말하고 나니, 갑자기 괴력이 솟았다. 온 힘을 내어 "할 수 있다. 영차! 영차!"를 외치며 아이 둘을 번갈아 뒤에서 밀고, 앞으로 끌어당겼다. 부모가 힘을 내니 아이도 역시 힘을 냈다. 더 이상 어떤 통증도 느껴지지 않았다. 사랑은 모든 불가능을 가능으로 만드는 신비한 에너지임이 틀림없었다. 그렇게 쉼 없이 2시간을 올라갔다. 1시 25분, 드디어 바라던 백록담에 도착했다. "아, 해냈구나! 우리가 해냈어!" 먼저 정상에 왔던 사람들은 어린아이들이 나타나자 무척 놀라워했다. 일제히 힘찬 박수를 쳐주었다. "아, 너희들 여섯 살, 아홉 살이라고? 여기까지 대체 어떻게 올라왔지? 정말 대단하다!" 그때의 기쁨을 뭐라고 표현할까. 아이들도 스스로가 대견한지, 활짝 웃었다. 온유가 말했다.

"엄마, 저 이제 진짜 자동차 공학자 될 수 있겠죠?"

"당연하지! 어른도 하기 힘든 일을 해낸 걸. 엄마는 네가 정말 자랑스러워. 힘들어도 꾹 참고 끝까지 노력한 우리 아들 진짜 진짜 최고야!"

"다솔아, 엄마가 동생 챙기느라 혼자 뒤따라오게 했는데… 포기하지 않고 끝까지 올라와줘서 정말 고마워. 우리 딸 사랑해!"

정상에 오면 털썩 주저앉을 것만 같았는데, 신묘막측한 풍경에 통증을 잊어버렸다. 저 멀리 제주 시내가 아련하게 보였다. 한라산의 '한라'는 손을 들어 은하수를 잡을 수 있을 만큼 높다는 뜻이다. 정말 새하얀 뭉게구름이 몽실몽실한 양탄자처럼 우리 발아래 있었다. 새하얀 눈꽃이 내려앉은 구상나무와 반짝이는 백록담은 평화로움 그 자체였다.

그런데 온유가 춥다며 내 손을 꼭 잡았다. 입술이 파랬고 손은 얼음장처럼 차가웠다. 핫팩을 쥐여 주며, 손을 열심히 주물렀지만 온기가 쉬이 돌아오지 않았다. 아이는 무척 힘들어 보였다. 어쩌면 내 욕심 때문에 아이를 여기까지 데려온 건 아닐까, 미안했다. 죽을힘을 다해 따라와 준 아이에게 고마웠다. 아이는 제 부모를 전 존재로 사랑하고 의지한다. 어쩌면 부모가 아이를 사랑하는 것보다 더 많이. 아이는 날 실망시키지 않으려고 손이 얼어붙고, 다리가 부서질 듯 아파도 여기까지 올라왔을 것이다. 애절한 효심이었다.

'위잉 위이이잉' 야속한 하산 명령 사이렌이 온산에 쩌렁쩌렁 울렸다. 다들 급히 짐을 쌌다. "지금 당장 하산하십시오. 계속 남아 있을 시에는 과태료 50만 원을 부과합니다."

'끝내 못 올라오는 건가?' 그가 눈에 밟혔다. 그때, 거짓말처럼 익숙한 목소리가 들렸다. 기다리던 남편이었다.

"여보, 우리 얼른 사진 찍어요! 기다리고 있을 당신이랑 아이들 생각하며 무릎보호대로 겨우 버텨가며 올라왔어요."

가족은 한 끈으로 단단히 매여 있나 보다. 그러고 보니 한라산 등정의 힘은 '사랑'이었다. 모성애와 효심, 그리고 통증을 이긴 부성애가 이룬 쾌거였다. 한라산 덕분에 우린 세상에서 가장 질긴

이 '사랑의 끈'을 생생히 만질 수 있었다. 사랑으로 단단해진 가족, 환희의 미소를 사진에 담았다. 평생을 두고 추억할 최고의 순간이었다.

하지만 이제 하산이 문제였다. 눈길이라 조심조심 내려가려면 최소 4시간이 걸릴 텐데, 남편의 무릎 통증이 심상치 않았다. 이를 악물고 스틱과 밧줄에 몸을 의지한 채 내려갔다. '우리가 정말 이 길을 다 지나왔을까?' 가도 가도 끝없는 내리막길이었다. 다리는 후들거렸고, 길이 미끄러워 엉덩방아를 계속 찧었다. 그렇게 3시간이 지났다. 설상가상으로 산이 캄캄해졌다. 산행은 등산보다 하산을 더 중요하게 생각해야 한다는 어느 산악인의 말을 절감 또 절감했다. '입구까지 가려면 1시간이나 남았는데 어떡하지?' 눈앞이 캄캄했다. 그때 우리 옆에 산악용 모노레일이 구원처럼 멈춰 섰다. 안전요원이 내리며 말했다.

"아이들이랑 함께 오셨죠? 이대로 가다가는 금방 어둡고 추워져요. 어서 타세요."

그날 산행은 저녁 7시쯤 끝이 났다. 우린 장장 11시간 동안 한라산에 깃들어 있었다. 어쩌면 불가능했고, 무모했던 대장정이었다. 하지만 일의 가능성은 세상이 아닌 우리가 결정하는 것이다. 포기해야 할 상황에서 매번 희망을 택했기에 해발 1,950미터, 남한 최고의 산에서 하늘을 마주할 수 있었다. 이번 일로 우리는 가족이 사랑으로 연대한다면 그 힘으로 무엇이든 해 낼 수 있다는 자신감과 용기를 얻었다. 아참, 중요한 교훈 하나가 또 있다. 그건 아주 중대한 순간에는 알람을 꼭 두 개 이상 맞춰놔야 한다는 것이다. 다음엔 우리도 백록담 앞에서 김이 모락모락 나는 컵라면을 꼭 먹고 말리라.

— mom's tip

부모의 사랑은 불가능을 현실로 만듭니다.

전신마비와 뇌성마비를 앓던 아들을 포기하지 않고, 용기와 희망으로 양육한 아버지가 있어요. 바로 호이트(Hoyt) 부자 이야기인데요. 말 못하는 아들이 어느 날 "달릴 땐 장애를 잊을 수 있어요. 아빠, 저는 달리고 싶어요"라며 기계로 자기 생각을 전했어요. 그것을 본 아버지는 고민 끝에 체력 단련을 시작했고, 결국 아들의 휠체어를 밀면서 마라톤 64회, 철인 3종 경기 24회, 단축 철인 3종 경기 206회를 완주했어요. 게다가 달리기와 자전거로 미 대륙을 6,000㎞ 횡단했지요. 수영을 못 했던 아버지는 아들을 태운 고무보트를 허리에 묶고 3.9㎞를 헤엄쳤어요. 아들은 아버지와 함께 달리며 누구보다 충만한 희열과 행복을 느꼈겠죠? 자신감을 얻은 아들은 말 못하는 장애를 극복하고 컴퓨터로 소통하면서 보스턴 대학에서 공부를 했고, 바라던 특수교육 학위까지 받았습니다. 아버지의 사랑과 용기는 아들의 불가능한 미래를 현실로 만들었어요. 저도 걱정보다 희망을 택하고, 함께 성장하는 부모가 되고 싶어요. 불가능해 보이더라도 아이가 원한다면 "넌 분명히 해낼 거야."라고 끝까지 믿고 기다리는 부모이길 바랍니다.

공감육아 팁1.

쉿! 자녀의 나이와 성별에 따른 공감육아 '특급 비법' 전수

　자식이라고 만날 이쁘기만 할 수 있나요? 때론 무거운 짐 같고, 웬수처럼 미울 때도 많죠. 모든 인간관계는 상황에 따라 파도를 타듯 변해요. 그건 아이와의 관계도 마찬가지죠. 가깝고 멀어지기를 계속 반복합니다. 어릴 땐 엄마밖에 모르던 아이가 십대가 되면 주관이 생겨서 눈빛부터 달라져요. 절대 안 쓸 것 같던 비속어를 거침없이 내뱉고, 무섭게 대들면 억장이 무너지죠. 그렇게 자녀는 부모의 인내심을 시험하면서, 동시에 사랑과 신뢰를 끝없이 갈망해요. 어쩌겠어요. 내 자식인데 별수 있나요? 도 닦는 심정으로 아파도 허벅지 꽉 꼬집어가며 참아야죠. 아이가 제 삶을 살도록 지켜보다가 너무 멀어졌다 싶으면, 부모가 먼저 아이에게 손을 내밀어야죠. 변화무쌍한 우리 아이, 도대체 어떻게 공감하며 키워야 할까요? 자녀의 연령과 성별에 따라 달라지는 공감 기술을 저와 함께 알아봐요.

1. 쑥쑥 자라는 우리 아이

1) 유아기(0세부터 5세)

이때 부모는 아기를 먹이고 달래고 안아주느라 몸이 부서져요. 그럼에도 아이는 부모의 세심한 반응 즉 따스한 눈빛과 말투, 포옹을 기초로 안정 애착(부모와 아이 사이의 따뜻한 감정)을 형성해요. 그리고 그것은 아이의 지능, 정서, 사회성 발달의 기초가 되죠. 체력이 약했던 저로선 이때가 가장 힘들었어요. 팔 근육이라도 키워놓을 걸. 후회막심했어요. 이 시기 아이에게는 구체적으로 말해야 의사 전달이 잘 돼요. "방 깨끗이 치워야지."가 아닌 "방바닥에 있는 레고랑 인형을 장난감 통에 넣을까?"라고 말하는 게 구체적이겠죠? 작은 노력을 보면 "와, 잘하네. 혼자서 잘하는구나."라며 아낌없이 칭찬을 해야, 아이의 자신감과 독립심이 자랍니다.

2) 아동기(6세부터 초등 저학년)

조지 베일런트 교수는 좋은 인성이란 감정을 잘 다스리고, 스트레스에 잘 견디며, 좌절을 긍정적으로 이기는 힘이라고 말했어요. 공감받고 자란 아이는 좋은 인성을 갖습니다. 평소 "지금 기분이 어때?"라고 자주 물으면, 아이는 제 감정을 인지하고 다스리는 힘을 얻어요. 부모의 충분한 공감은 아이 감정을 누그러뜨리는 가장 좋은 방법이고요. 기분이 안 좋을 땐, 자신의 기분전환 방법(수다 떨기, 산책하기, 노래 부르기, 공차기 등)을 찾아 스스로 해소하도록 도와주세요. 또 아이가 내키는 대로 말하고 행동하지 않도록 인내심과 책임감도 길러주세요. 전 아이를 좀 부족한 듯 키우려고 해요. 장난감은 일 년에 딱 세 번만 사주고 갖고 싶은 소소한 물건은 아이 스스로 용돈을 모아 사게 하고요. 또 만족을 지연시키는 연습, 예를 들면, "방 다 치우고 나서, 간식 먹자."를 자주 합니다. 또 아이 스스로 청소기를 돌리고, 설거지를 하고, 제 빨래는 직접 개서 서랍을 정리하죠. 인내심과 책임감 백신을 어릴 때부터 맞춰야 홀로 섰을 때, 씩씩하고 단단한 어른으로 자랄 테니까요.

3) 청소년기(초등 고학년부터 중, 고등시기)

현란한 감정의 롤러코스터를 타는 시기에요. 폭발할 듯 짜증내다가 축 처져있기도 하고 갑자기 기분 좋게 수다를 떨기도 해요. 외로움, 우울, 절망 등의 감정도 자주 느끼고요. 그 이유는 갑자기 증가한 성호르몬 때문이에요. 이것이 감정을 발생시키는 기관인 편도체를 강하게 자극합니다. 이때 이성적인 사고를 담당하는 전두엽은 미성숙한 상태고요. (전두엽은 20대 중반이 돼야 제대로 기능해요.) 또 감정을 조절하는 세로토닌도 성인의 60%만 분비돼요. 그러니 쉽게 불안하고 감정 기복이 심할 수밖에요. 만약 성인에게 세로토닌이 그처럼 부족하다면 우울증 환자로 분류될 거예요. 뇌 용량이 두 배로 확장되느라 수많은 뉴런이 생성, 소멸, 분열을 거듭하죠. 즉 사춘기 뇌는 '감정이 이성을 압도하는 뇌', '리모델링 중인 어지러운 뇌'인 셈이에요.

상황이 이렇다 보니, 만약 부모가 힘든 상태라면 가능한 한 사춘기 자녀와의 대화를 피하세요. 괜한 힘겨루기와 말싸움이 나거든요. 또 자녀의 태도나 말버릇이 좀 거슬리더라도 참고 끝까지 들어주세요. 말도 안 되는 불평과 짜증을 낼 땐, 지나가는 말이라 생각하고 가볍게 받아넘겨야 해요. 오해로 말다툼이 나려고 할 땐, "난 그럴 의도가 없었는데, 그렇게 생각했다면 미안해."라며 상황을 얼른 종료시키는 게 현명합니다. '아, 부모 된 게 대체 무슨 죄인가요?' 하지만 눈물을 머금고 가장 인내해야 하는 시기가 바로 지금이에요. 사춘기는 아이가 어른으로 성장하는 마지막 발달 단계거든요. 아이는 조만간 부모의 품을 떠날 거예요. 아이가 어디서든 존중받는 인격체로 살 수 있도록 마지막까지 인내해 줘야죠. 이 시기가 지나가면 아이는 분명히 다시 예전 다정한 모습으로 돌아옵니다. 그래도 훈육도 꼭 필요할 땐 해야 해요. 중요한 규칙을 어기거나 불량한 언행을 보이면 잘 기억해 두었다가 '아홉 번 참고, 단 한 번 확실하게 훈육'해야 합니다. 아이가 큰 잘못을 저질렀거나, 한창 기분이 좋을 때, 간결하고 단호하게 가르치세요. 무엇보다 중요한 것은 가르치기보다 먼저 공감하고, 친밀한 관계를 맺어야 한다는 것을 꼭 기억하세요.

2. 뇌구조부터 다른 아들과 딸

※ 저희 집을 비롯하여 일반적으로 딸은 수다를, 아들은 명 때리기를 좋아하죠. 하지만 세상 모든 아들과 딸이 그렇다는 건 아니니, 이 점 참고해 주세요.

1) 수다쟁이 딸

여성은 언어능력을 담당하는 뇌세포가 아들에 비해 20% 정도 많고, 좌뇌(언어, 논리, 이성의 기능)와 우뇌(감정, 상상, 통합의 기능) 사이를 연결하는 뇌량(좌뇌와 우뇌 사이의 정보 전달 통로)

도 남성에 비해 굵고 무거워요. 또 감정과 사실을 언어화시키는 능력이 탁월하죠. 눈빛과 표정, 말투 등 비언어적 표현을 민감하게 받아들여요. 딸에게 화난 감정으로 과격한 훈육을 하면 그것은 그대로 상처가 됩니다. 또 여성은 관계를 중시하고, 유대 욕구가 남성보다 훨씬 강해요. 부모가 애정을 충분히 표현할 때, 딸은 정서적으로 안정되죠. 그러니 평소 온화한 표정과 따뜻한 마음으로 영혼을 담아 소통하는 게 중요합니다. 그럴 때, 딸은 자신을 소중히 여기는 자존감을 갖게 돼요. 또 보통 여성은 수다로 스트레스를 풀어요. 딸과는 자주 대화하고, 말을 중간에 끊지 말고 경청해야 해요. 만약 그렇게 할 수 없는 상황에는 "네 말을 듣고 싶지만, 지금은 엄마가 할 일이 많아. 다음에 꼭 얘기해줄래?"라며 다정하게 거절하는 센스가 필요하죠. 여성은 타인(친구)의 감정에 잘 휘말려요. 쉽게 우울과 불안에 빠집니다. 그럴 땐, 그 감정에 공감하되, 부모로서 상황을 냉철하게 파악한 후, 딸이 감정의 소용돌이에서 나와 문제를 객관적으로 보고 해결 방법을 찾도록 도와주세요.

2) 멍때리는 아들

남성은 일반적으로 뇌량이 가늘고 좁아서 상황이나 감정을 언어화하는 속도가 느립니다. 양쪽 뇌를 자유롭게 사용하여 말하는 여성의 말을 남성이 제대로 이해하기 쉽지 않지요. 아들이 제 생각에 빠져있고, 눈치 없어 보이는 것은 어쩌면 이 때문이에요. 아들이 감정을 언어로 표현하는 걸 힘들어할 땐, 그가 느낄 감정을 말로 표현해주세요. "우리 아들이 속상했겠는걸. 그런 상황이면 엄마도 난감할 거야." 이렇게 말이에요. 그렇게 상황에 따른 감

정변화를 자주 알려주면, 아들도 사람의 감정을 이해하고, 눈치껏 행동하는 법을 배웁니다. 남성은 여성에 비해 우뇌가 발달해서 공간능력이 우수하고, 시각 자극을 좋아해요. 때문에 아들이 대화에 집중하길 원한다면, 눈을 맞추거나 시각 자료를 보여주며 말하세요. 또 남성은 청각 뇌세포가 여성보다 적어서, 뭔가 몰두할 때 말을 걸면 듣기는 해도 뇌에서 반응하지 않습니다. 무시하는 게 아니라 인지가 힘든 거예요. 그러니 아들이 뭔가에 몰두하고 있을 땐 대화를 피하세요. 또 짧고 분명하고 구체적으로 말해야 잘 전달됩니다. 남성은 활동적이고 때론 공격적일 때가 많아요. 이건 테스토스테론이라는 남성 호르몬 때문이죠. 아들이 가만히 있지 못하는 이유가 여기에 있어요. 그를 차분하게 만들려면 땀을 흠뻑 흘리는 운동으로 이 호르몬을 배출시켜야 해요. (테스토스테론의 분비가 아동기보다 1,000% 급증하는 사춘기 땐 운동이 절대 필수에요.) 또 부모의 애정과 지지, 스킨십은 아들의 마음을 한층 안정시켜요. 그때, 세로토닌(테스토스테론은 세로토닌의 분비를 방해해요.)이 분비돼서 호르몬 균형을 이루면 훨씬 정서적으로 안정됩니다. 아들과 진지하게 소통하기 전, 충분히 칭찬하고 믿음을 표현하면 좋겠죠?

※ 이 글은 곽윤정 교수님의 《공감했더니 아이의 태도가 달라졌어요》를 참고하여 작성했어요.

선물 둘
최고의 선물은 행복한 엄마

엄마가 행복해야
비로소
아이도 행복하다

건강회복

굿바이 자가면역질환, 굿바이 아토피

난 만성 포도막염(눈에 오는 자가면역질환, 홍채에 염증이 생겨 만성화되면 실명을 유발한다)을 앓았다. 항상 충혈된 눈은 얼얼하고 따가워서 정신이 어지러웠다. 머리가 깨질 듯 아픈 두통도 늘 달고 살았다. '이 몸으로 과연 뭘 할 수 있을까?' 수시로 절망스러웠고, 몸이 아프니까 마음도 우울했다. 한 달 동안 밤마다 39도의 고열이 났다. 검사 결과 범혈구 감소증(백혈구, 적혈구, 혈소판 수치가 현저하게 낮은 상태, 자가면역질환과 동반하여 발생한다)이었다. 상황의 심각성을 깨닫고, 대학병원을 전전하며 CT, MRI 등 각종 검사를 했다. 하지만 포도막염 외에는 병명과 치료법을 찾지 못했다. 답답하고 막막할 따름이었다. 자가면역질환은 면역체계에 이상이 생겨서 백혈구가 자기 세포를 스스로 공격해 생기는 병이다. 만성염증성 질환으로 독소가 혈관을 타고 다니며

약한 부위에 염증과 통증을 만든다. 아주 심한 경우가 아니면 진단명이 없어 방치하기 십상이다. 제주에 와서도 포도막염은 쉽게 수그러들지 않았다. 아픈 눈으로는 어떤 예쁜 풍경을 봐도 마냥 즐거울 수가 없었다. 수시로 예민해졌고, 나도 모르게 가시 돋친 말이 튀어나왔다. 남편과 아이들에게 미안했다. 소중한 가족을 위해서라도 빨리 건강해지고 싶었다. 종일 여행을 다녀도 거뜬하고, 특별한 홈메이드 정찬을 뚝딱 차려 내며, 저녁마다 아이 동화책도 꼬박꼬박 읽어주는 엄마, 그런 아내가 되고 싶었다.

아토피도 자가면역질환의 일종이다. 무너진 면역체계로 인해 피부 균형이 깨져서 생기는 피부병이다. 남매는 둘 다 서너 살쯤 아토피가 시작됐다. 평소엔 보습만 잘해줘도 괜찮은데, 유독 장마철이 되면 심해졌다. 지독한 습기와 더위가 동시에 피부를 공격하면, 아이는 가려움을 이기지 못해 몸을 피나도록 긁었다. 아토피도 물론 치료약은 없다. 보습, 면역력, 생활 습관에 따라 호전과 악화를 반복한다. 음식, 침구, 스트레스를 잘 관리하고 적절한 실내 온습도를 유지하는 게 중요했다. 난 자연스레 예민한 엄마가 됐다. 어딜 가나 항상 온습도계를 챙기고 다녔고, "하지 마, 먹지 마, 긁지 마, 로션 바르자"를 입에 달고 살았다.

제주에는 치유의 기운이 가득했다. 아이와 숲속을 자주 걸었다. 맑은 공기와 피톤치드(식물이 자신을 방어하기 위해서 해충에 내뿜는 휘발성 살균 물질)는 몸속 병원균을 없애서 면역력을 높였다. 흙 속에는 행복 호르몬인 세로토닌을 만드는 미생물도 가득했다. 매일 흙을 밟고 만지는 것만으로도 몸속 기능은 점차 회복되었다. 게다가 주변에 널린 해안길, 오름, 올레길, 둘레길, 목장까지… 그야말로 제주는 온천지가 아름다운 피트니스 센터였다. 자연을 매일 걷다보니 남매의 피부가 점차 보드라워졌고, 내 눈과 머리도 맑아졌다. 《병의 90%는 걷기만 해도 낫는다》의 저자 나가오 가즈히로는 말했다.

> 모든 염증성 질환, 자가면역질환, 편두통으로 대표되는 뇌 과민증에는 걷기가 특효약이다. 걸으면 행복 호르몬인 세로토닌이 왕성하게 분비되어 불면증이나 우울증도 정신과 치료약을 먹지 않아도 다스릴 수 있다. 걷기는 행복 그 자체이자 누구나 간단히 행복해지는 지름길이다.

꾸준한 만보걷기 덕분에 오리무중이었던 희망이 보였다. 내친김에 건강 서적을 닥치는 대로 읽었다. 알고 보니 많은 의학 전문가들은 질병과 독소(공기, 음식, 생활 환경을 통해 들어오는 것과 활성 산소, 장내 세균, 과다한 지방류 등의 체내 노폐물의 총칭이다. 이것은 세포내 DNA를 손상시키고 유전자 돌연변이를 만들어 결국 암세포를 생산한다)에 대해 다음 세 가지를 강조했다.

첫째, 잘못된 식습관은 불균형한 영양 상태를 만든다. 그 때문에 면역력이 점차 떨어져 각종 염증과 질병이 생긴다. 즉 육식 위주의 서구화된 식사, 합성 첨가물, 과도한 밀가루와 설탕 섭취는 지금도 우리 몸에 독소를 차곡차곡 쌓고 있다.

둘째, 장내 해독이 제대로 되지 않으면 몸속에 독소가 쌓여 만성 복통과 두통, 아토피와 건선, 류머티즘성 관절염, 갑상샘염, 제1형 당뇨병, 루푸스, 베체트, 크론병 등 다양한 자가면역질환이 생긴다. 염증을 계속 방치하면 그것은 결국 악성 종양으로 변하고 만다.

셋째, 몸은 자연치유력을 갖고 있다. 하지만 나이가 들면서 항산화 방어체계의 기능이 떨어진다. (40대에는 항산화 효소가 50% 줄고, 60대가 되면 90% 줄어듦) 그래서 야채와 과일을 충분히 먹어야 한다. 야채와 과일 속에 있는 섬유소와 항산화물질(phytochemical)은 독소를 배출시키고, 정상세포가 암으로 변하는 과정을 막아주기 때문이다.

병원에서 알려주지 않았던 자가면역질환의 원인과 해결책을 책 속에서 찾았다. 놀랍게도 답은 도서관에 있었다. 결연한 마음으로 독소와의 전쟁을 선포했다. 해독을 위해 우선 염증의 먹이가 되는 모든 음식(동물성 식품, 밀가루, 설탕, 합성첨가물 등)을 아예 끊기로 했다. 고기 대신 두부로 단백질을 보충했고, 카페라테를 무가당 소이라테로 바꿨다. 단 것이 당기면 과일로 속을 달랬다. 흑돼지구이 냄새와 유명 베이커리 카페가 넘치는 제주에서, 디톡스는 쉬운 일이 아니었다. 하지만 더 이상 아프고 싶지 않았다. 끈질긴 만성 염증에서 벗어나기 위해 이를 앙다물었다. 매일 야채를 씻고 삶고 갈아서 하루 두 잔씩 해독주스를 마셨다. 신기한 일이 생겼다. 그렇게 두 달이 지나자 안통과 두통이 완전히 사라졌다. 자가면역질환자에겐 담배연기만큼 미세먼지도 치명적이다. 하지만 제주의 드센 바람은 국외 미세먼지를 신속히 날려버렸다.

아이들도 햇볕을 쬐며 스트레스 쌓일 틈 없이 웃고, 뛰고, 뒹굴며 신나게 놀았다. 시장이 반찬이라고, 잘 놀고 나면 현미밥과 나물, 해독주스를 덥석 받아 맛있게 먹었다. 점차 아이들의 면역력이 좋아졌다. 제주에서는 감기로 병원 한 번 가본 적이 없었다. 바다가 코앞에 있어서, 공기는 늘 촉촉했다. 피부가 건조하지 않으니 긁을 일도 없었다. 이제 아이들의 피부는 말끔해졌고, 검붉은 상흔 위에는 보송보송 새살이 돋았다. 우리의 건강이 회복되자 집안에 잔소리와 짜증이 확 줄었다. 난 장거리 운전이 거뜬해져서 함덕 반대편에 있는 가파도까지 남편 없이도 아이와 당일치기 여행을 다녀왔다. (일명 제주타임, 제주에서 제주시와 서귀포시까지 거리는, 육지의 서울에서 부산만큼이나 멀게 느껴진다.) 남편과 아이의 작은 몸짓과 말소리에 세심하게 반응할 수 있었다. 아이의 실수도 여유롭게 이해하는 부드러운 엄마가 됐다. 이젠 난 그토록 바라던 건강한 엄마가 됐다. Goodbye 자가면역질환, Welcome 스마일, Thank you 제주!

---

mom's tip

자가면역질환을 극복하는 다섯 가지 계명

환경 오염과 스트레스, 나쁜 생활 습관은 독소를 차곡차곡 쌓아요. 독소를 최소화하거나 없애는 게 중요하죠. 환경과 스트레스는 내가 어찌할 수 없지만, 생활 습관은 굳게 맘먹으면 바꿀 수 있죠. 자가면역질환은 완치가 없어요. 다만 증상을 약화시키고, 다스리면서 균형 잡힌 삶을 살 수는 있죠. 그럼 어떻게 해야 할까요?

첫째, 건강한 식습관으로 바꿔야 해요.

자연식 집밥 먹기, 주말에만 건강한 외식하기, 염증에 먹이가 되는 당류(설탕, 밀가루 등의 정제 탄수화물)와 동물성 식품(먹더라도 살코기와 유기농 우유와 달걀 먹기)을 절제해서 먹고, 무엇보다 영양소가 파괴되고 합성 첨가물이 가득한 가공식품은 먹지 않아야 합니다.

둘째, 매일 과일과 야채로 디톡스하세요.

성인에게는 매끼 한 접시의 과일과 야채가 필요해요. 야채 섭취를 늘리고, 독소를 배출시키는 해독주스를 매일 꾸준히 마시면 좋아요. 전 두통이 있거나 미세먼지가 심한 날, 합성 첨가물과 설탕, 밀가루를 많이 먹은 날에는 해독주스를 하루 두 잔씩 마시기도 합니다.

셋째, 꾸준한 운동으로 몸을 많이 움직이세요.

만보걷기, 자전거 타기, 요가, 필라테스 등 체력에 맞는 운동은 뇌를 쉬게 하고, 심신을 행복하게 만들죠. 땀 흘리면서 햇볕을 쬐면 밤잠을 푹 자게 돼서, 면역력도 좋아져요. 자가 면역질환을 극복하려면 무엇보다 지금보다 몸을 훨씬 더 많이 움직여야 합니다.

넷째, 번아웃하는 습관을 버리세요.

어떤 일을 하기 전 '지금 이 일을 꼭 해야 하나? 무리하는 건 아닐까?'를 먼저 생각한 후, 시작하세요. 완벽하고 싶은 욕심을 버리고, 몸을 달래면서 사용해야죠. 매일 에너지를 10%씩 남기고, 휴식 시간과 안식일을 정해 놓고 일하면 번아웃을 막을 수 있어요.

다섯, 단단한 마음 근육을 길러야 해요.

자기 마음에 수시로 귀 기울이세요. 실수를 하더라도 완벽한 사람은 없으니 자책하지 않고, 지난 일을 곱씹는 습관도 버리고요. 불편한 사람과 적당한 거리를 두고, 자신을 그대로 존중해야 해요. 자신에 대해 잘 알고, 장점을 찾아 발전시키면 마음도 점점 단단해집니다.

치유의 묘약

일곱 빛깔의 힐링, 무지개 해독주스

기다렸던 4월, 해사한 봄볕 덕분에 제주는 꽃섬이 됐다. 제주대 캠퍼스 고목에선 여린 벚꽃이 한없이 나폴댔다. 유채와 벚꽃이 동시에 흐드러지는 가시리 녹산로에 갔다. 조랑말 체험공원에 주차하고, 끝이 보이지 않는 유채꽃밭을 걸었다. 기분이 날아갈 듯 좋아서 신나서 환호성을 지르며 흑돼지구이도 실컷 먹었다. 하지만 집으로 걸어오는 길, 역시나 두통이 왔고, 눈도 따끔 아파왔다. '아, 포도막염이 시작되는구나. 갑자기 왜 또 이럴까?' 기분이 확 우울해졌고 가족들은 내 눈치를 살피기 시작했다. 어서 이 만성 질환을 떨쳐내야 했다. 저 꽃들처럼 화려하고 생동감 있는 사람들이 마냥 부러웠다.

머리에 생기를 주려고 미용실에 갔다. 버스정류장에는 한 평 남짓한 허름한 미용실이 있었다. 낡은 섀시 문 사이로 내부를 슬쩍 들여다봤다. 단정한 커트 머리의 미용사가 커다란 성경책을 읽고 있었다. 이끌리듯 들어갔다. 그녀의 그을린 얼굴과 흰머리에선 건강미와 기품이 흘러넘쳤다. 미용사는 머리를 만지다가 빨간 내 눈을 지그시 보더니 명랑하게 말했다.

"건강 주스 만들어서 마셔 봐요. 아이들도 먹이고요. 만드는 법도 간단해. 난 애들 어릴 때부터 지금까지 온 가족이 매일 마시고 있어요. 덕분에 이렇게 나이 육십이 넘도록 잔병치레 없이 이 자리에서 하루 종일 손님들 머리를 손질하죠. 어때요? 나 건강해 보이지 않나요?"

치유의 열쇠를 찾으려 간절히 기도하던 참이었다. "제발, 이 병을 낫게 할 방법을 알게 하소서." 기도의 응답이었던가? 그즈음 나도 모르게 해독과 디톡스라는 단어가 주위를 맴돌았다. 라디오에서, 텔레비전에서, 어디서든 이 단어가 흘러나왔다. 주시하고 있던 터라, 미용사의 권유에 깜짝 놀라고 말았다. '혹시 해독주스가 그토록 찾던 열쇠가 아닐까?' 심장이 쿵쾅거렸다. 한달음에 마트로 달려갔다. 그녀가 알려준 대로 사과, 바나나, 양배추, 미나리, 당근, 비트를 샀다. 그것을 흐르는 물에 씻은 후, 폭폭 삶았다. (야채는 익혀야 체내 흡수율이 90%로 올라간다.) 탱글탱글했던 채소의 얇은 막이 흐느적거리며 이렇게 말하는 듯했다. 영양소 흡수 준비 완료! 김이 모락모락 나는 야채에 사과, 바나나를 넣고, 물을 부어 갈았다. 초고속 믹서기의 굉음이 '윙' 하고 집안을 울렸다. 오묘한 다홍빛의 곱디고운 스무디가 완성됐다. 따뜻할 때 쭉 들이켰다. 몸의 소리를 잠잠히 들었다. 생애 첫 해독 주스는 마치 오래 알고 지낸 친구처럼 몸을 다독였다. 세포 하나하나를 세심하게 매만지는 듯 몸이 편안해졌다.

해독주스에 대해 더 알고 싶어서 나름 연구를 했다. 가장 대중화가 된 레시피는 서재걸 박사의 해독주스(토마토, 브로콜리, 양배추, 바나나, 당근, 사과)였다. 최근 인기를 끌고 있는 건, 보다 간편한 ABC(사과, 비트, 당근) 주스였다. 독소 제거에 탁월한 나만의 레시피를 찾고 싶었다. 미용실에서 전수받은 레시피(사과, 바나나, 양배추, 미나리, 당근, 비트)를 기본으로 삼아, 평생 두고 먹을 치유의 묘약을 만들기로 했다.

〈첫 번째 연구〉
- 질문: 초록 미나리 대신 슈퍼 푸드인 브로콜리를 넣으면 더 효과적일까?
- 검증: 주스 맛이 더 부드러워졌다. 하지만 일주일이 채 못 가 안통이 생겼다.
- 결론: 미나리가 염증 제거에는 훨씬 더 탁월하다. 효과적인 해독을 위해선 브로콜리보다 미나리를 꼭 넣자.

〈두 번째 연구〉
- 질문: 사과 대신 최고의 항산화 식품인 토마토를 넣으면 어떨까?
- 검증: 토마토의 걸쭉한 질감과 새콤한 맛은 주스의 풍미를 살렸다. 사과를 넣을 때와 달리, 주스가 갈변되지 않고, 시간이 지나도 맛 변화가 없어 더 좋았다.
- 결론: 아이들이 좋아하는 사과는 아침 간식으로 먹고, 주스에는 평소 챙겨 먹기 어려운 토마토를 넣자.

〈세 번째 연구〉

- 질문: 케일은 나트륨을 배출해 혈압을 조절하고, 뇌에 산소를 공급해서 심신을 안정시킨다. 스트레스를 줄이는 대표적인 칼륨 식품인 케일을 넣어볼까?
- 검증: 걱정했던 씁쓸한 맛이 없고, 아이들도 잘 먹었다. 더 완벽한 힐링 주스가 됐다.
- 결론: 짠 음식을 자주 먹고, 스트레스가 많은 현대인에게 꼭 필요한 야채인 케일은 꼭 넣자.

야채는 색깔별로 다양한 항산화 물질을 갖고 있다. 그러니 여러 색깔의 야채를 먹을수록 효과는 좋아진다. 이렇게 해서 해독에 탁월한 일곱 빛깔 힐링 주스가 탄생했다.

항산화 슈퍼 푸드 '빨간 토마토'
눈 건강을 지켜주는 '주황 당근'
달콤한 맛과 풍부한 섬유소는 물론 포만감을 주는 '노랑 바나나'
영양과 향기로 해독 효과가 만점인 '초록 미나리'
스트레스 물러가라! 칼륨의 보고인 '청록 케일'
위와 장 그리고 혈관 건강에 효과적인 '흰 양배추'
간 속의 독소와 염증을 잡아주는 '보라돌이 비트'

제주에서 탄생한 이 힐링 묘약의 이름은 '무지개 해독주스'다. 해독주스라는 비장한 이름과 달리 빛깔이 얼마나 붉고 고운지, 곱게 갈려 맛도 좋다. 은은한 단맛이 혀끝에 가득 맴돈다. 이 주스의 무지개 색깔은 일반적인 '빨주노초파남보'가 아니다. '빨주노초청흰보'라는 변주된 빛깔이다. '빨주노초청흰보'를 자꾸 외우면, 재료를 구입하거나, 주스를 만들 때 헤매지 않을 수 있다. 더운 여름에는 아이를 위해 달콤한 냉동 망고와 냉동 블루베리를 섞었다. 혹시 재료가 다 없더라도 냉장고의 야채와 과일로 주스를 만들 수 있다. 무엇보다 중요한 건, 완벽함이 아닌 꾸준함이니까.

— mom's tip

무지개 해독주스로 맛있게 디톡스하세요

뭐든지 간편해야 실천도 쉬워요. 전기밥솥이나 타이머가 있는 화구를 활용하면 지켜볼 필요가 없어 편리하죠. 가능하면 무농약, 유기농 채소로 주스를 만드세요. 농약과 화학비료를 뿌리지 않은 토양에서 자란 농산물은 비타민과 미네랄, 파이토케미컬(식물성 항산화물질, 식물이 미생물이나 곤충의 공격을 받아 생긴 상처를 치유하고 살균하려고 만든 보호 성분)이 훨씬 풍부하거든요. 영양면에서도 좋지만, 가볍게 세척만 하면 되니까 수용성 비타민 손상이 적고, 준비 시간도 단축되죠. 그럼, 함께 무지개 해독주스를 만들어 볼까요?

1. 대략 한 주먹 분량씩 재료를 준비해요. 토마토와 당근, 바

나나 한 개씩, 미나리 한 줌(6~8줄기), 케일 한 줌(3~4잎), 양배추 1/4 쪽, 비트 반 개(이것만 1/2분량).

2. 식초 물에 바나나를 뺀 재료를 한데 담급니다. 당근과 비트의 껍질을 벗겨요. (전 칼이나, 철수세미로 겉껍질만 빠르게 벗겨요.) 양배추는 심지(이것도 함께 익혀 먹어요.)를 자르고 잎사귀를 하나씩 떼서 흐르는 물에 씻어요. 나머지 야채도 헹궈서 식초 물을 씻어내요. 듬성듬성 잘라 밥솥에 넣어요.

3. 냄비(물은 종이컵 두 컵 이상, 찜기 없이 익혀요. 야채 삶은 물도 먹으니까요) 또는 전기밥솥(물은 종이컵 한 컵, 영양찜 모드)에 넣고 익히세요. 30~40분쯤 지나면 젓가락이 비트에 푹 들어가요.

4. 믹서기(초고속 믹서기로 갈면, 맛이 훨씬 좋아요)에 바나나를 추가로 넣고, 재료의 높이만큼(취향껏, 걸쭉할수록 좋아요) 물을 넣은 후 곱게 갈아주세요.

매일 채소와 과일의 항산화물질로 독소를 제거하고, 비타민과 미네랄, 식이섬유를 맛있게 마시면 면역력이 절로 좋아지겠죠?

내면 치유

함덕 바다가
따스하게 안아주다

　인간은 아무리 사랑하는 상대라도 늘 좋은 것만 줄 수는 없다. 가족 또는 연인이라는 이름으로 사랑과 상처를 동시에 주고받는다. 관계에서 마냥 행복한 사람을 본 적 있는가? 그런 사람은 없다. 망각의 힘으로 소소한 상처쯤은 흘려보내며, 서로 이해할 뿐이다. 하지만 깊은 상처는 쉽게 잊히지 않는다. 치유되지 않은 상처를 맘 속 깊이 내버려 둔 채, 시멘트로 발라놓고 사는 사람도 있다. 그것은 유사한 상황에서 여지없이 고개를 내민다. 그때마다 '내 자존감이 이처럼 종잇장 같았나?'하며 유치하고 비참해진다. 삶의 중심을 잃고 휘청거리고 만다. 내게도 깊이 박힌 가시가 있었다. 이것을 뽑으려고, 새벽마다 바다로 달려갔다. 서우봉 위로 시뻘건 해가 떠오르면 바다는 황금빛이 됐다. 이 장엄한 광경을 온몸으로 마주하며, 내 안에 울고 있던 아이를 다독였다. 몸과 마음이 완전히 지쳤었다. 몸이 아프면 괜히 서글프고 눈물도 많아지는 법. 바다 앞에서 한껏 울었다. 누군가 광야는 빗물로 회복되고, 얼굴은 눈물로 구원된다고 말했던가? 역시 눈물의 기도는 슬픔을 치유하는 명약이다. 상처를 직면하고, 충분히 표현하면 그것은 결국 치유된다. 여기서 중요한 건, '충분히'이다. 마음속 생채기가 더 이상 문제를 일으키지 않고 조용히 떠나가도록 충분히 애도해야 한다. 마음껏 울고 집에 와 책상에 앉았다. 하얀 종이 위에 생각나는 상처를 하나하나 적어 내려갔다.

불안한 어린 시절이었다. 알코올 의존증이 심했던 아버지는 술을 드시면 분노조절을 못하셨다. 밤마다 집안은 고함과 울부짖음으로 가득 찼다. 형제 셋은 공포에 질려 이불을 뒤집어쓰고 떨었다. 아버지가 어서 잠들기만을 바랐다. 싸움이 격해지면 혹시 엄마가 집을 나갈까 봐, 난 한겨울에도 대문을 지켰다. 아버지가 술에 취해 귀가하면 옆집으로 피신을 갔다. 불쌍한 듯, 날 보던 그 아이의 눈빛을 잊을 수 없다.

아버지는 딸의 세계관을 만든다. 난 세상이 두려웠다. 가슴은 자주 두근댔고, 고함소리만 들어도 움찔 놀랐다. 불안했던 아이는 불안한 어른이 됐다. 스물네 살, 어린 교사는 자주 움츠러들었고, 그런 자신을 자책했다. 덩치 산만한 고2 남학생 교실. 한 학생이 음흉하게 웃으며 말했다. "선생님! 제 이름에서 받침 다 빼고 말해 보세요." 학생 이름은 '봉진성'. 그리고 놀림 가득한 눈빛이 40개. 당황해서 황급히 교실을 빠져나갔다. 깔깔거리는 웃음소리가 복도까지 들렸다. 사춘기 성난 아이들의 반항, 욕설, 자살까지 감당 못할 사건은 폭풍처럼 불어 닥쳤다. 당시 나는 무력했다. 내게도 치유되지 못한 상처가 있었기에 사건이 터질 때마다 상처에 식초를 붓듯이 소스라치게 놀랐고 아파했다.

아픈 기억이 깨알처럼 박힌 그 종이를 갈기갈기 찢었다. 이것이 더 이상 날 괴롭히지 못하도록, 멀리멀리 바다로 떠나보냈다. 깊은 바다는 무엇이든 품어주었고 그렇게 내 마음은 매일 더 가벼워졌다. 캐롤라인 리프는 《뇌의 스위치를 켜라》에서 뇌는 생각을 통해 재구성된다고 했다. 즉 우리가 자주 하는 생각이 무엇인가에 따라, 해당 기억의 뉴런은 활성화되고 재구성된다. 상처를 떠나보낸 자리를 행복한 기억으로 채우고, 그걸 자꾸 되새기면 자아상이 건강해진다. 일명 '기억 성형법'이다. 단단한 자존감을 원한다면, 이 방법도 나름 효과가 있다. 바로 실행에 옮겼다. 고맙고 행복했던 기억을 나이에 따라 빼곡히 적었다. 더 이상 생각이 나지 않을 때까지 좋은 기억을 끄집어 매일 썼다.

폭설이 내린 아침이었다. 출근 전 아버지에게 전화가 왔다. "차에 쌓인 눈 다 치웠다. 브레이크 밟지 말고, 기어는 1로 놓고 천천히 운전해라. 나, 간다! 우리 딸, 파이팅!" 출근길 횡단보도에서 긴 막대기를 들고 눈보라를 헤쳐 가시던 아버지의 뒷모습을 봤다. 부지런한 아버지는 폭설이 내리면 반 시간을 걸어 아파트 주차장으로 오셨다. 꽁꽁 언 손으로 나와 남편 차에 쌓인 눈을 치워주셨고 또 그렇게 반 시간을 걸어서 집에 가셨다. 친정에 가면 어린 다솔이가 할아버지의 무릎에 앉아 있었다. 내겐 무섭기만 했던 그 얼굴을 아무렇지 않은 듯 재밌게 잡아당기며 즐거워했다. 손녀가 귀여워서 다리가 아파도 꼭 안고 계시는 아버지를 보며, 난 내 어린 시절을 다독였다. 부성애는 투박하지만, 강하고 한결같다.

첫째 아이를 임신하고 있던, 스승의 날이었다. 출산 휴가를 받아서 집에 있는데, 졸업한 제자에게서 전화가 왔다.
"선생님, 작년 저희 반 애들 지금 다 도서관에 와 있어요. 지금 어디 계세요? 학교에 계실 줄 알았는데… 지금 오시면 안 돼요?"
한달음에 달려갔다. 남학생 33명이 도서관에 빼곡히 앉아 있었다. 내내 고등학교에 근무하다가 중학교로 와 처음 맡은 남학생 반이었다. 단순하고 귀여운 녀석들에게 정을 홀랑 준 나머지, 졸업식 날 내 눈가는 온통 젖어 있었다. 한 부모님이 "또 좋은 아이들 만나실 거예요."라며 위로를 건네도록 말이다. 그 이쁜 녀석들이 약속이나 한 듯 모여 있었다. 내 부푼 배를 보며, 신기하다는 아이들. 몇 개월 사이에 훌쩍 자란 녀석들이 신기한 나. 가장 행복했던 스승의 날이었다.

    많은 사랑을 받았고 지금도 내 주변에는 좋은 사람들이 많다. 상처와 번아웃에 가려 조금 흐려졌을 뿐, 난 참 복이 많은 사람이다. 따뜻한 양가 부모님과 자상한 남편, 건강한 아이들, 순수하고 진실한 친구와 제자, 이웃들까지 좋은 사람과 추억을 하나하나 곱씹었다. 덕분에 난 날마다 더 행복한 사람이 돼 갔다. 바다는 언제나 넉넉하게 날 안아주었다. 파도는 맘껏 울며 묵직한 소음을 만들어냈다. 울고 있던 내 안의 아이는 여기 제주에서 이제 완전히 눈물을 그쳤다. 바다가 어루만진, 한 치의 흠도 없이 보드라운 모래사장처럼 그렇게 내 맘에도 촉촉한 속살이 가득하다. 정말이지 이 바다 덕분이다.

mom's tip

상처가 있다면, 충분히 아파하고 멀리 떠나보내세요.

우리의 치유는 무의식 너머에 있는 깊은 상처를 수면 위로 끌어올릴 때 시작됩니다. 아픈 과거를 직시하는 것은 괴로운 일이죠. 하지만 과거에 갇히지 않고, 현재를 행복하게 살길 원한다면 그것을 도려내야 해요. 상처는 나도 모르게 불쑥불쑥 올라와, 불안과 두려움을 가중시키고, 현실 적응력을 떨어뜨려요. 자신은 물론이고, 주변을 돌아볼 여유를 잃게 만듭니다. 괜히 예민해져서 작은 문제에 과민 반응하거나 날카롭게 상대를 찌르기도 하죠. 상처를 치유해야 '오늘'을 사는 능력이 생깁니다. 완전히 치유된 상처는 누군가를 살리는 사명의 도구가 되기도 해요. 타인의 아픔을 어루만지는 성숙한 메신저의 삶을 살 수 있죠.

그러니 제가 그랬듯이 이 글을 읽는 당신의 마음도 상처 때문에 많이 아프길 바랍니다. 과거라는 감옥과 완전히 굿바이하고 오늘을 살기 위해, 충분히 울고, 말하고, 써 보세요. 성인이 된 당신은 더 이상 무력했던 그때 그 아이가 아니에요. 이제 충분히 그럴 힘이 생겼거든요. "많이 힘들었지? 괜찮아. 이젠 내가 지켜줄게."라며 자신을 토닥여 주세요. 마음속 아이가 울음을 뚝 그치고 나면 어느새 잘 자라서 나와 가장 좋은 친구가 돼 줄 거예요.

자기 공감

내 모습 이대로
사랑스러워

　제주 하늘은 어쩌면 바다보다 더 투명했다. 시야를 가리는 건물이 없어서일까? 고개 들어 하늘만 봐도 가슴이 뻥 뚫렸다. 자꾸 하늘을 보는 버릇이 생겼다. 돼지형제 구름, 엄마와 아기 코끼리 구름, 솜사탕 구름까지 저마다 모양과 크기가 달랐다. 가만 보니 흘러가는 속도도 달랐다. 자신에게 알맞은 바람 한 줄기를 타고 유유히 떠다녔다. 당당한 구름을 보며 나도 자신에게 이렇게 말했다.
　"지금까지 참 잘 살았어. 너도 이 모습 그대로 사랑스러워."
　여전히 실수와 빈틈이 많은 나지만, 내 모습 이대로를 받아들이기로 했다. 부모는 아이가 생애 최초로 만나는 그래서 가장 영향력 있는 롤 모델이다. 내 자신을 존중하고 너그럽게 대할 때, 아이도 스스로를 소중히 여기는 태도를 갖게 될 것이다. 자신과 편안하게 지내기, 이것은 제주살이의 중요한 과제였다. 거울 속 내 모습을 찬찬히 봤다. 참 오랜만이었다. 어색함을 잊으려 살짝 웃었다. 아직은 새치라고 믿고 싶은 흰머리와 눈가 주름이 낯설었다. 세월의 힘에 놀라 잠시 주춤했지만, 정신을 차리고 또박또박 말했다.

"여전히 예쁘네. 지금까지 살아 내느라 정말 애썼어. 많이 힘들었지? 누가 뭐라 해도 나만은 널 감쌌어야 했는데… 되레 못났다며 채찍질만 했어. 사랑해주지 못해서 정말 미안해. 지금부터는 이 모습 그대로 널 아껴줄게. 이 모습 그대로 너는 사랑스럽고 귀하다."

심리상담을 공부하며 배운 말, 여러 번 연습한 말이었다. 태어나 처음으로 자신을 따뜻하게 안았다. 먹구름이 걷히고 마음이 한결 평온해졌다. 나라는 든든한 단짝이 생긴 순간이었다.

자신과 잘 지내려면 어떻게 해야 할까? 우선, 스스로를 다그치는 습관부터 버리기로 했다. 모든 일을 완벽하게 하려고 기준을 높이 세웠었다. 작은 실수에 연연했고, 좀처럼 쉴 줄 몰랐었다. 몸이 상하도록 이를 악물고 달렸다. 제주에 와서도 매일 만보걷기, 자연식 밥상 차려 먹기, 매일 읽고 쓰기 등 건강한 습관을 만든다며 필요이상 열심히 살았다. 여기까지 와서도 자발적 워킹맘이라니, 역시 난 못 말린다. 호기심 많고, 열정적인 성향을 어쩌랴. 다만 기준을 70퍼센트 이하로 낮추기로 했다. 행복은 여유라는 그릇이 있어야 담을 수 있다. 행복한 엄마가 되기 위해 게으름을 자주 허용했다. 햇빛 눈부신 날엔 모든 계획을 무시하고 훌쩍 숲과 카페로 떠나 황홀한 시간을 보냈다. 책상 위의 책을 한두 권으로 줄였다. 무엇보다 모든 자책감을 칼같이 무시했다. 루틴을 못 지켜도, 아이들에게 신경을 덜 써도, 무조건 괜찮기로 했다. '자책감, 사라져! 괜찮아. 난 충분히 잘 하고 있어. 완벽할 수도 완벽할 필요도 없어.' 매일 십 퍼센트 아니 이십 퍼센트씩 에너지를 남기려 노력했다. 오후 휴식 시간을 정해서 꼬박꼬박 낮잠을 잤다. 아침엔 알람 없이 일어나 자유롭게 산책했다. 주말에는 루틴을 무시하며 살았다.

'애쓰지 말고 편안하게'가 익숙해지자 내 모양과 속도가 또렷이 보였다. 내친김에 빛과 그림자, 강점과 약점, 좋은 것과 싫은 것을 가려내려고 눈을 감았다. 너울대는 수백 가지 생각 중 진짜를 가려내려 애썼다. 낯선 상황에 심장이 마구 두근거렸다. 펜을 들고 종이에 찬찬히 적어 내려갔다.

〈빛: 강점과 좋은 것〉
따뜻함, 순수함, 성실함, 지혜, 도전, 열정, 긍휼, 긍정, 호기심, 믿음, 활짝 미소, 고요한 새벽, 묵상, 혼자만의 시간과 공간, 영혼이 통하는 대화, 숲속, 감성적인 분위기, 약간의 우울, 독서와 사색, 끄적이기, 도전과 배움, 언제나 여행.
〈어둠: 약점과 싫은 것〉
건강염려증, 지각, 완벽주의, 눈치, 불안, 예민함, 아무렇지 않은 욕설과 험담, 진심 없는 관계, 강제 모임, 소비 광고, 자본주의와 비교, 서열화, 두통과 안통, 분주함, 복잡함, 형식적인 일, 단체 생활, 미세먼지, 어제와 같은 매일.

　나에 대해 잘 아는 건, 자신과 잘 지내기 위한 필수 과업이다. 약점을 알아야 그것 때문에 무너지지 않는다. 실수 상황에서도 그것을 담담히 수용하고 삶의 균형을 유지할 수 있다. 정확한 자기 이해를 위해 다양한 심리 검사를 했다. 제주에서 여유를 회복했더니 '되고 싶은 나'가 아닌 '내 모습 이대로'를 볼 수 있었다. 난 홀랜드 리아섹 성격 유형에 따르면, 예술형에 속한다. 상상력이 풍부하고, 민감하며, 독창적이다. 때문에 틀에 박힌 일과 단체 생활, 객관적 사실에는 약하다. 혼자 있는 시간을 통해 에너지를 얻기 때문에 자발적인 고립을 즐기는 개인주의 유형이다. 이제 단체와 형식을 힘들어하는 나를 자책이 아닌 이해와 응원으로 대하기로 했다. 고대 심리학인 에니어그램 테스트에서도 자신만의 4차원적 세계를 가진 예술형이었다. 숨겨졌던 욕구와 기질이 분명하게 드러났다. 비로소 의무와 부담감이 아닌 편안한 마음으로 살 수 있는 용기가 생겼다. 이를 위해선 서로의 장점을 크게 보고 응원하는 친구를 곁에 두는 것이 좋다. 내 약점을 자꾸 부각시키고, 만남 이후에 단 것을 당기게 만드는 사람과는 거리를 둬야 한다. 이것이 내 모습 이대로 소중한, '좋은 나'로 사는 지혜이다.

　자신이 좋아지면 이제 진짜 내가 되고 싶은 모습도 그릴 수 있다. 자기 긍정과 소명을 담은 선언문을 만들어 자주 읽었다. 이것은 얼마든지 가능한 일이며, 꼭 그렇게 될 거라고 확신하며 읽었다. 강하게 열망하고, 성실하게 노력하면 꿈은 분명한 현실이 된다. 이렇게 제주에서 나는 점점 더 단단하고 성숙해갔다.

- 나와 내 가족의 몸과 마음, 영혼은 건강합니다.
- 내 모습 이대로 소중하기에, 실수해도 괜찮습니다.
- 나는 이웃의 회복과 성장을 돕는, 선하고 따스한 빛 은하수 반짝입니다.
- 나는 남편과 아이들을 있는 모습 그대로 존중하는 현숙한 여인입니다.
- 나는 사랑과 격려, 공감과 긍정의 말을 합니다. 생명을 살리는 입술입니다.

<은하수반짝의 긍정선언문> 중 일부

    자유를 갈망하는 내게 제주살이는 최고의 파라다이스였다. 업무와 비교, 부담과 눈치 따윈 없었다. '가장 좋은 친구'인 나와 아름다운 숲길을 내 속도대로 마음껏 걸을 수 있었다. 세상엔 장미도 있고, 백합도 있고, 수국과 국화도 있다. 목 긴 기린과 목 짧은 거북 중 누가 더 잘났다고 말할 수 있는가? 오직 창조주만이 내 본 모습을 잘 알고 있다. 불완전한 사람에게서 나온 불완전한 판단에 휘둘리지 않고, 내 자신과 먼저 잘 지내야 한다. 그래야 주변 사람과도 가식 없이 진심을 다해 잘 지낼 수가 있다. 결국 자신을 아끼는 것은, 소중한 이들을 위한 일이기도 하다. 이제 난 내 모습 이대로 사랑스럽다. 그리고 지금 이 글을 읽는 그대도 결단코, 마찬가지로, 그 모습 그대로 귀하다.

mom's tip

뇌를 건강하게 만드는 긍정문으로 자신을 안아주세요.

부모에게 긍정 에너지가 넘치면 아이도 그것을 그대로 닮아요. 하지만 세상은 호락호락하지 않죠. 할 수 있는 일의 용량보다 해야 할 일의 용량이 많아서 자주 한숨과 후회가 나오지요. 그럴 땐, 이 긍정문을 읽어보세요. 잘 보이는 곳에 붙여놓고, 수시로 읽으면 뇌가 몰라보게 건강해져요. 말에는 강한 힘이 있습니다. 생각과 행동을 주관하죠. 따뜻한 말로 자신을 위로하고, 생각을 긍정으로 바꾸면 자신감이 생겨요. 우울했다가도 급 힘이 솟는 기적을 경험하실 거예요.

뇌를 건강하게 만드는 긍정문

- 난 내 모습 이대로 사랑스럽다.
- 지금까지 참 잘 살았어. 조금만 더 힘내자.
- 어떻게 다 잘해? 완벽할 수도, 완벽할 필요도 없어.
- 실수해도 괜찮아. 배울 수 있었잖아.
- 난 내 선택을 믿어. 참 좋은 선택이었어.
- 지나치게 신중하면 일을 그르치기 쉬워. 실수를 두려워하지 말고, 단순하게 생각하자.
- 지금 이 순간, 나는 걱정과 두려움이 아닌, 좋은 감정(감사, 기쁨, 기대, 믿음, 사랑)을 선택해.
- 지금도 충분히 행복한 걸. 그러니까 smile!

※ '긍정문'은 박상미 박사의 《관계에도 연습이 필요합니다》를 참고했어요.

자기 수용

적당히 부족한 엄마여도 괜찮아

　우리는 좋은 엄마와 부족한 엄마 중간 어디쯤을 살고 있다. 그러니 모든 엄마들에게 모성애와 죄책감은 떨어질 수 없는 한 쌍이다. SNS에는 완벽해 보이는 엄마가 참 많다. 만능 요리사, 엄마표 학습 전문가, 인테리어와 살림의 달인 등. 하지만 그건 좋은 모습만을 딱 오려서 붙여 놓은 것일 뿐이다. 하루 종일 지켜본다면 그들도 매일 고민하고, 노력하는 적당히 부족한 엄마다. 그건 나도 물론 마찬가지, 공감육아를 위해 아이와 제주까지 왔으니 유별나 보이겠지만 나 역시 부족함이 많다. 잠자는 아이를 보며 미안해하고, 수시로 사과하는 현역일 뿐이다. 좀더 솔직해지자면, 나는 자주 '바쁘고 아프고 화내는' 적당히 부족한 엄마다.

　제주에선 여유로울 줄 알았다. 하지만 온종일 책 읽고, 걷고,

요리하고, 글까지 쓰다 보니 즐겁게 바빴다. 또 새벽 기상이 습관이고, 원래 건강 체질도 아니어서 초저녁부터 체력이 달렸다. 독박육아를 버거워하며 자주 짜증의 화살을 날렸다. 어느 날 온유가 말했다. "엄마가 저녁에 우리한테 화내지 않았으면 좋겠어요." 정곡을 찌른 말에 가슴이 뜨끔했다. 하지만 그것을 마음에만 담아두고 눈치를 살피는 게 아니라, 용기 있게 표현해준 아들에게 내심 고마웠다. 화내지 않고, 여유 있는 엄마가 되려고 다양한 노력을 했다. 화를 잠재우기 위한 15초 심호흡, 낮에 무리하지 않고 에너지 남기기, 아이 하교 전에 잠깐 눈 감고 쉬기, 화날 땐 자리를 빨리 피하거나 이어폰으로 음악 듣기, 바인더 습관표에 '아이 존중하며 화내지 않기' 항목을 넣어 체크하면서 지키려 노력하기, 한 문장씩 공감 일기 쓰기 등등. 이렇게 노력해도 종종 나오는 화를 어쩌랴. 그럴 땐, 아이에게 당당하게 부탁했다. "엄마도 사람인데, 너희가 이렇게 자주 싸우면 정말 화가 나. 좀 덜 싸우면 좋겠어. 너희도 엄마처럼 노력해주렴."

또 제주에서는 아빠의 빈자리도 아이에겐 부족함이었다. 특히 내가 아플 땐 더 그랬다. 제주살이 초반, 설거지 중 두통과 안통이 몰려와 주저앉곤 했다. 그때, 다솔은 동생을 칼같이 불렀다. "온유야, 지금부터 하고 싶은 말 있으면 엄마 말고 누나한테 말해. 엄마! 온유 목욕은 제가 시킬게요. 엄마는 아프니까 쉬세요." 그때마다 딸은 동생의 보호자를 자청했다. 또 온유는 유치원에서 못잔 낮잠을 초저녁에 잤다. 저녁을 먹이려 깨우면 짜증 섞인 잠투정을 해댔다. 어느 날엔 속상해하며 저녁을 먹다가 갈치 가시를 꿀꺽 삼켜버렸다. 굵은 가시여서 어서 뱉어야 한다는 걸 직감했지만, 지쳐서 될

대로 되라는 심정이었다. 결국 부어오른 목을 붙잡고 제주대병원 응급실로 갔다. 코로나가 한창 기승이어서 아이들을 병원에 데려갈 수 없었다. 이때도 어린 동생을 달래는 건, 다솔의 몫이었다. 누나는 놀란 동생에게 괜찮다고, 기다리면 엄마가 올 거라고 자신의 두려움을 다스리면서 온유를 진정시켰을 것이다.

우린 결코 아이에게 완벽한 환경만 줄 수 없다. 감사하게도 결핍은 아이를 되레 단단하게 만들기도 한다. 심리학자 크롬볼츠는 삶에서 계획된 노력으로 이룬 성공은 20퍼센트이고, 나머지 80퍼센트는 우연적인 요소로 결정된다고 했다. 이렇게 인생은 철저한 계획이 아닌 우연한 사건으로 빚어지는 경우가 더 많다. 아홉 살 딸은 제주에서 부족함을 채우며 훨씬 더 단단해졌다. 숙제와 준비물은 알아서 챙기고, 혼자 20분을 걸어서 방과후 수업을 위해 학교에 다시 갔다. 동생을 자주 챙기다보니 다른 사람을 배려하고, 이해하는 법도 배웠으리라.

무엇보다 제주는 역시 제주다. 이곳에는 엄마의 부족함을 채워주는 특별한 장소가 많았다. 자연은 매번 아이의 넉넉하고 즐거운 놀이터가 돼 주었다. 아이는 신나게 놀고, 나는 여유롭게 쉴 수 있었다. 북촌 돌하르방 갤러리에는 아이가 놀기 좋은 아담한 곶자왈과 그물놀이터가 있다. 사계절 쾌적하고 예쁜 다락방 도서관도 있다. 표선 드루쿰다에서 남매는 동물 구경을 실컷 하다가, 자전거를 타고 놀았다. 유럽수국과 핑크뮬리가 흐드러진 카페 글렌코에는 대형 방방이가 있었다. 얼마나 신나게 뛰던지, 땀이 흠뻑 나도록 집에 돌아갈 줄 몰라했다. 덕분에 난 매번 숲과 꽃밭에 파묻혀 최고의 휴식을 즐길 수 있었다. 제주에선 부족한 엄마라도 괜찮다. 제주 자연이, 카페와 관광지가 아이를 돌봐주는 훌륭한 보모가 돼 주니 말이다.

> "주님, 제가 변화시킬 수 없는 것은 받아들이는 평화를 주시고, 제가 변화시킬 수 있는 것은 바꿀 수 있는 용기를 주시며, 이 둘을 구별하는 지혜를 주소서."
>
> 성 프란치스코

mom's tip

부족함보다 강점에 집중하면 우린 모두 좋은 엄마예요.

고대 심리학인 에니어그램을 공부하면서 무릎을 탁 쳤어요. 모든 사람은 타고난 복(긍정 성격)과 집착(부정 성격)이 있대요. 신기한 건, 복과 집착은 동전의 양면처럼 맞닿아 있다는 거예요. 적당하면 장점, 지나치면 단점이 되죠. 부족함을 곱씹으며 아이에게 늘 미안해하는 엄마는 되레 아이를 불안하게 만듭니다. 그러니 엄마가 몸과 마음의 균형을 유지하고, 약점은 인정하되, 그보다 강점을 살리며 육아해야죠. 엄마 성격이 무던하면 아이를 닦달하거나 자주 화내지 않겠죠. 아이는 자유롭게 제 삶을 살면서, 자신과 타인을 관대하게 대하는 어른으로 자라요. 저처럼 호기심 많은(?) 엄마는 아이에게 다양한 자극과 기회를 줄 수 있고요. 세상일에 장단점은 있기 마련이고, 아쉬움은 언제나 남습니다. 하지만, 우린 모두 장점 하나쯤은 갖고 있잖아요. 자신감을 가지세요. 만약 아이에게 자꾸 미안하다면 "난 충분히 잘하고 있어. 난 노력하는 좋은 엄마야."라고 끝맺는 칭찬일기를 써보세요. 특히 기분이 처지고 우울한 날에는 칭찬 일기를 쓰면 기분이 한결 나아집니다. 부정적인 말로 자신을 자꾸 비난하면, 뇌에 큰 스트레스를 주고, 더 의기소침해져요. 우린 타인에게 관대하듯 내게도 후한 점수를 줘야 해요. 이렇게 자기를 긍정하면, 활력이 생기고 자존감도 높아지죠. 행복 호르몬이 늘어나, 잠재된 능력을 끌어올릴 수 있어요. (칭찬일기 쓰는 법은 '공감육아 팁4'에 있어요.) 속상한 일은 시간이 지나면 나아질 테니 빨리 잊는 게 현명하겠죠. 지금 혹시 좋은 엄마가 아니라며 자책하고 있나요? 우리는 누가 뭐래도 내 아이를 세상에서 가장 사랑하는 제일 좋은 엄마예요. 그러니 모든 자책감을 물리치고 오늘도 힘, 힘내자고요!

건강한 거리

제주에선 자유로울 것

　이보다 더 행복할 수 있을까? 아침마다 커피를 들고 동백동산을 걸었다. 수백 년 전, 돌 틈에 떨어진 씨앗이 바위를 뚫어 뿌리를 내렸고, 수많은 고목으로 자랐다. 생명의 힘은 참으로 강인하고 놀랍다. 이 신성한 곶자왈을 걷고 있으면 세상 누구도 부럽지 않았다. 송곳같던 예민함이 절로 무뎌져 한결 느긋해졌다. 원시림은 얼핏 나무로 빽빽해 보이지만, 가만히 보면 나무마다 적당한 거리를 유지하고 있었다. 사방으로 뻗은 나뭇가지는 다른 숲에서 느낄 수 없는 생동감마저 흘렀다. 자기 영역 안에서 마음껏 자유를 누리는 듯 거침없었다. 나무가 속삭였다.

　"모든 생명끼리는 건강한 거리가 필요한 법이지. 자유롭게 살아. 눈치 보지 말고, 인정받으려고 애쓰지도 말고. 중요한 건, 그들과의 관계보다 소중한 나를 먼저 소중하게 지키는 거야."

내가 소중할 때, 내가 맺는 관계도 소중해진다. 하지만 우린 너무 자신을 폄하할 때가 많다. 누군가 내 바운더리(자신의 고유한 영역, 경계)를 함부로 침범해도, 혼자 될까봐 두려워서 무례함을 쉽게 허락하고 만다. 《관계에도 연습이 필요합니다》의 저자 박상미 원장은 건강한 관계란 내가 좋아하는 사람과는 '편하게' 지내고, 그렇지 않은 사람과는 '적당한' 거리를 둘 수 있는 것이라고 말했다. 이처럼 관계 맺기에는 '거리두기'와 '가지치기' 기술이 필요하다. 그래야 눈치 보기와 스트레스에서 적당히 자유로울 수 있다. 심리학자들은 말한다. 세상에 사람이 열 명 있다면, 그 중 날 좋아하는 사람이 셋, 싫어하는 사람이 셋이며, 나머지 넷은 나에게 별 관심이 없다고 말이다. 그러니 좋아하는 사람에게 감정과 시간을 쓰라고 당부한다.

하지만 그게 말처럼 쉽지 않다. 이상하게도 미운 그들이 더 신경 쓰인다. "자꾸 보이는데 어쩌라는 거죠? 눈을 감고 다닐 수는 없잖아요!" 반문하는 나에게 심리학자들은 답한다. "물리적 거리를 두기 어렵다면, 심리적 거리라도 두라." 이렇게 하려면 우선 날 싫어하는 그 세 사람의 취향을 인정해야 한다. 싫고 좋고는 개인의 선택이고 권리이니, 그들과 거리를 두는 것은 오히려 그를 존중하는 일이란다. 《관계에도 연습이 필요합니다》에 이런 구절이 있다.

"나의 자존감을 짓밟고, 수시로 내 감정을 상하게 하는 관계는 가

> 치지기를 해야 합니다. 꽃도 없고 열매도 없는 관계는 시간과 감정을 낭비할 뿐 아니라 내 존재의 뿌리까지 썩게 만들기 때문입니다. 잘라내면 혼자가 될까봐 두려운가요? 걱정하지 마세요. 그 자리에 새롭고 이로운 관계가 열매 맺을 테니까요."

거리두기와 가지치기는 그를 위한 일이기도 하지만, 내게도 이로운 행위다. 모두와 잘 지내야 한다고 자신을 다그치는 건, 완벽하지 않은 인간에게 완벽을 강요하는 일종의 고문과 같다. 나를 싫어하는 이들에게 자꾸 에너지를 집중하면, 마음이 상하고 스트레스를 받는다. 나를 좋아하는 이들에게 쏟을 에너지마저 소진된다. 그러니 정말 소중한 사람들을 위해서라도 꽃과 열매 없는 관계에는 선을 긋고, 거리를 둬야 한다. 일정의 지혜로운 정당방위인 셈이다. 하지만 그 대상이 가족이면 어찌해야 하나? 일반적으로 아주 깊은 상처는 가족에게서 받는다. 보통 가족은 서로를 다 안다고 생각해서 함부로 대하기 쉽다. 철부지 아이처럼 내 욕심만 채우거나 상대를 내 마음대로 휘두르고 싶어 한다. 하지만 난로도 너무 가까이 가면 뜨거워서 옷깃이 탄다. 아무리 가까운 사이라도 서로 적당한 거리가 유지될 때, 해를 입히지 않고, 따뜻함을 유지할 수 있다. 약간의 긴장감을 갖고 신중하게 말하고 행동해야 한다. 서로의 세계를 존중하면서 최소한의 예의를 갖춰야 한다. 만약 날 힘들게 하는 사람이 부모라면, 어렵겠지만 그와도 적당한 거리를 둬야 한다. 변하지 않을 그 모습에 여전히 내 상처가 건드려진다면, 물리적 아니면 정신적 거리라도 둬야지 우선 내가 살 수 있다. 항공기 재난 방송도 부모 먼저 산소마스크를 쓴 후, 아이에게 마스크를 씌워주라고 말하지 않는가. 내가 먼저 살아야, 언젠가 그도 살릴 수 있다.

　어쩌면 약간 미안한 관계가 좋은 관계다. 너무 잘해주고 나면, 사람이기에 상대에게 기대하는 마음이 생긴다. 판단하고 조종하다가 서로 실망해서 어색한 관계가 된다. 자신을 먼저 잘 돌본 후에, 옆 사람에게 도움을 주는, 약간은 미안한 관계라야 자꾸 만나고 싶은 편한 관계다. 그건 아이와도 마찬가지다. 자식에게 모든 것을 해주려고 하는 순간, 기대치가 높아지고 언성이 높아진다. 그러니 부모 노릇도 적당히 부족한 듯해야지 서로를 존중하며 대할 수 있다.

　또 좋은 관계를 맺으려면, 그저 참는 게 아니라 싫으면 싫다고 말할 줄도 알아야 한다. 모두와 잘 지내야 한다는 조화로움의 강박에서 벗어나야 관계에서 자유롭다. 좋은 사람과만 잘 지내는 게 정말 괜찮을까? 시간과 에너지는 한정된 자원이다. 중요한 곳에 집중할 필요가 있다. 가지치기와 거리두기를 현명하게 할 때, 아이와 가족을 더 챙기고, 건강한 집밥을 만들어 먹고, 독서와 글쓰기도 할 수 있었다. 자발적 격리는 자유와 행복을 준다. 하지만, 나름 소신도 있다. 누군가 나를 필요로 하면 고민하지 않고 만나며 손 잡아준다. 내가 힘들 때는 좋은 사람들을 교차로 만나서 조금씩 기댄다. (한 사람에게만 계속 기대면, 상대도 지칠 수 있으니까.) 이것이 내향인 은하수반짝의 자유로운 관계법이다. 아, 울창한 나무 그늘 사이로 자유의 햇살이 비친다. 솔솔 통하는 바람 덕분에 나뭇가지가 춤을 춘다. 저 하늘거림은 모두 건강한 거리 덕분이겠지?

 mom's tip

자녀와도 건강한 거리를 둬야 공감이 가능합니다.

부모가 아이를 자신과 동일시하면, 아이와 본인의 감정을 구별할 수 없어요. 이걸 과잉 공감이라고 하죠. 과잉 공감하는 부모는 아이가 친구와 사소하게 싸워도 듣는 즉시 학교에 전화합니다. 문제가 더 커지고 엉켜요. 부모가 나서서 자녀의 친구 관계를 정리하기도 하죠. 아이들은 친구니까 서로의 실수를 잊고, 잘 지내고 싶어 하는데, 일 년 내내 교실에서 불편한 관계를 견뎌야 해요. 부모가 아이 감정에 공감하고, 상황을 객관적으로 보고, 조언하려면 아이와 적당한 거리를 둬야 해요. 건강한 거리를 두면서 가장 먼저, 아이 스스로 문제를 해결하도록 기다리는 게 현명해요. 그 문제를 통해 아이는 분명 성장하거든요. 믿고 지켜보다가 꼭 필요한 순간, 아이가 원하는 만큼, 최소의 도움을 주는 게 가장 좋아요. "엄마가 뭘 도와줄까?"라고 묻고, 개입의 정도를 아이와 같이 결정하는 거죠. 부모는 해결사가 아니에요. 곁에서 믿고 힘을 주는 존재지요. 아이는 부모의 몸에서 태어났어도 완전 새로운 존재거든요. 아이는 스스로 자라, 언젠가 우리 곁을 떠나야 해요. 부모인 우리가 욕심과 불안을 내려놓고, 건강한 거리를 만들어 봐요. 이것이 우리 곁에 잠시 머무는 선물을 위하는 길입니다.

휴식의 기술

맘껏 게을러도 좋아, 비로소 카르페디엠

    많은 현자들은 행복의 비결로 '카르페디엠(carpe diem, '오늘을 붙잡으라'는 뜻의 라틴어)'을 말한다. 하지만 도시에서 순간을 붙잡고, 오늘을 살기란 여간 어렵다. 가슴 콩닥거리며 바지런하게 몸을 움직여도 일은 끝이 없다. 그러다보니 카르페디엠은 다른 세상의 언어였다. 하지만 제주는 달랐다. 볼거리, 즐길거리가 많아서 아이와 자주 순간을 느끼고 붙잡을 수 있었다. 제주에서 카르페디엠은 일상이 됐다. 별도봉을 처음 갔던 날, 바다를 끼고 도는 해안 절벽길이 얼마나 아름답던지, 정신이 몽롱했다. 투명한 햇살과 바람결을 가닥가닥 느끼며, 근심을 까맣게 잊었다. 지금 이 순간의 행복으로 충만했다. 아이와 스누피 가든을 종종 갔다. (복잡한 주말보다 평일에 방문하는 게 좋다.) 유명 관광지에서 휴식이라고? 이곳은 좀 남다르다. 힐링 정원이라는 명칭에 걸맞

게 아기자기한 꽃과 나무, 호기심을 자극하는 자연 체험물, 사색을 부르는 피너츠 에피소드 덕분에 아이는 즐겁고, 나는 한가롭게 휴식할 수 있었다. 표를 사고 실내 가든 하우스에 들어가면 스누피가 뼈를 때리는 말을 던진다. 담벼락에 한가롭게 누워 있는 모습이 부럽다.

"Learn from yesterday. Live for today. Look to tomorrow. Rest this afternoon."

나름 의역하자면 이 말이다. "행복해지고 싶어서 제주에 왔지? 쉬면서 머리도 식힐 겸. 그럼, 지난 일은 잊고, 지금 이 순간을 즐겨 봐. 내일 할 일은 미래에 맡기고, 오늘은 오후 내내 좀 쉬는 게 어때?" 이 말은 스펜서 존슨의 《선물, The present》에 있는 말이다. 과거에서 배우고, 미래를 꿈꾸지만, 오직 현재를 살라. 여기서 'Present'는 '선물, 현재, 오늘'을 모두 뜻한다. 즉 세상에서 가장 소중한 '선물'은 '오늘'이고, '오늘'에 집중할 때(카르페디엠 할 때) 삶은 비로소 '선물'이 된다는 통찰이 담겨 있다. 너무 흔하고 유명한 말이지만, 이처럼 행복의 지혜를 명쾌하게 정의한 말은 없다. 곰곰 생각해보면, 우리가 하루 86,400초를 받기 위해 한 것은, 간밤에 침대에 편안하게 누웠다가 아침에 일어난 것뿐이다. 딱히 노력한 게 없다. 그러니 매일의 하루는 선물인 게 분명하다. 만약 내 생의 선물이 오늘 하루밖에 남지 않았다면 나는 무엇을 할까? 아마도 바쁜 일을 우선 멈출 것이다. 쉬면서 생각하겠지? 소중한 사람들에 대해서. 그들에게 진심을 다해 사랑하고 고마웠다고 말할 것이다. 그 후, 살아있는 지금 순간을 온 감각으로 느끼며 차분하게 마지막을 맞지 않을까?

영리한 비글의 마지막 문장이 강렬하게 다가왔다.
"오후에는 그냥 쉬어. 잘 쉬는 게 현재를 행복하게 사는 능력이야."

'쉬라고? 할 일이 많고, 바쁜데 어떻게 쉬어?'라는 반문이 올라왔다. 다시 생각해보면 못 쉬는 게 아니라 안 쉬었던 순간도 많았다. 여유를 나와 어울리지 않는 사치라고 생각했다. 나를 일하는 기계로 치부하며 일 속에 계속 욱여넣었다. 잠시라도 멈추는 걸 못 견뎌했고, 계속 머리를 굴렸다. 타인을 지나치게 의식했고, 내게 주어진 오늘이라는 선물을 짐짝 취급한 채, 뭔가에 홀린 듯 바쁘게만 살았다. 만약 잠시 짬이라도 나면 휴대폰 화면에 코를 박았다. 수시로 문자와 카톡을 확인하며 오지라퍼를 자처했다. 꼬박꼬박 뉴스 기사를 읽으면서, 필요 이상으로 걱정하고 고민했다. 하릴없이 온라인 쇼핑에 열 올리며, 굳이 사지 않아도 될 물건을 쟁였다. 하지만 《휴테크 성공학》의 김정운 교수는 말한다. 일하는 시간이 돈이라면 휴식하는 시간은 행복이라고. 어쩌면 지금까지 난 분주한 행동과 생각을 멈추지 않았기에 행복할 수 있었던 순간을 모두 놓친 건 아니었을까? 멈출 수 있는 사람이 행복하다. 아주 잠시라도 좋으니, 아무 일도 하지 않고, 눈과 두뇌를 편안하게 쉴 수 있다면, 카르페디엠은 어디서나 현실이 된다.

제주에서는 하루를 선물로 여기며 살기 위해 노력했다. '지금 이 일(고민)이 꼭 필요하니?'를 수시로 물었다. 또 지금 하는 생각이 과거와 미래에 관한 걱정이라면 의식을 현재로 돌리려고 애썼다. 문득 밀려드는 후회나 원망, 미련, 아쉬움에 집착하지 않고, 그것을 과감히 떠나보냈다. 머리를 세차게 흔들며 말이다. 현재를 놓치면서까지 미래를 계획하고 걱정하는 일도 멈췄다. 조급한 마음을 가라앉히고 천천히 일하고(어차피 할 일은 계속 생긴다), 사소한 일이라도 감사하고, 지금 내 옆에 있는 사람과 마음껏 행복하려 노력했다.

스누피 가든에서 나는 맘껏 게으를 수 있었다. 정원을 걷다가 해먹이 보이면 누워서 흔들흔들 그네를 탔다. 바쁜 관광객들과 달리 혼자 삼나무가 우거진 숲속 썬베드에 함참을 한가로이 누워 있었다. 원래 쉼을 뜻하는 한자인 '쉴 휴(休)'는 사람이 나무에 기대 있는 모습이다. 자연에 기대면 몸은 한결 편안해진다. 새소리에 맞춰 코로 깊이 숨을 들이마시고, 입으로 길게 내쉬었다. 잡념은 사라졌고 몸도 가벼워졌다. 한참 쉬었더니, 아이들이 탐색을 마치고 돌아왔다. "엄마, 우리만의 비밀 장소를 찾아냈어요. 이리 와보세요." 아이들 손에는 솔방울과 나뭇잎이 가득했다. 어른과 달리 아이들은 노는 게 휴식이다. 동심에는 이 순간에 집중하고 즐기는 특별한 능력이 있다. 대체 이 좋은 능력이 다 어디로 사라졌을까? 동심을 찾으려 아이들과 나무 그네를 탔다. 푸드 트럭에서 통통한 핫도그를 사와 입 안에 넣고 오물거렸다. 톡톡 터지는 소시지의 식감이 재미났다. 한참 놀고 먹었으니 다시 휴식 시간이다. 루시의 레모네이드 카페로 갔다. 새콤달콤한 청귤차로 비타민을 충전하자 나른함이 몰려왔다. 아이들은 소파에 누워, 난 벽에 기대어 단잠을 잤다. 피아노 음악과 따뜻한 햇살은 나른한 오후를 응원했다. 그렇게 체력을 보충하고, 가벼운 발걸음으로 '루시의 가드닝스쿨'로 갔다. 여기는 언제나 보태니컬 아트 체험이 가능하다. 원하는 나뭇잎을 골라서 도화지에 붙이기만 했을 뿐인데, 작품마다 색다른 멋이 풍겼다. 이제, 집으로 돌아갈 시간, 피너츠 마을의 골목대장 루시가 말했다.

"I have the feeling that I'm growing more beautiful everyday."

아름다운 삶의 비결은 현재를 사는 것이다. 내 속도를 지키며, 멈추면서 살 때, 활력이 생기고 능력도 배가된다. 그러니 날로 아름다워지는 게 당연하다. 제주에선 맘껏 게을러도 좋다. 발길 닿는 대로 걷다가 멈추면 모든 순간은 행복이 된다. 잠시 멈출 때 보이는 제주의 환상적인 자연은 원하지 않아도 절로 카르페디엠을 만들고 말 것이다.

mom's tip

진짜 잘 쉬는 방법이 뭘까요?

《휴식, 노는 게 아니라 쉬는 것이다》의 정경수 작가는 말합니다. 잘 쉬는 것은 학생과 직장인, 주부, 남녀노소 모두 갖추어야 하는 중요한 지혜라고요. 과연 잘 쉬는 방법이 뭘까요? 먼저, 밤잠을 잘 자는 게 제일 중요해요. 매일 적당히 운동을 하면(가능한 햇볕을 쬐는 게 좋아요) 밤잠을 충분히(7시간 숙면이 가장 좋아요) 잘 수 있어요. 또 해야할 일만 스케줄에 넣는 게 아니라, 쉬는 시간(자기성찰, 독서와 사색, 낮잠 등)도 계획표에 넣고 지켜보세요. 활력이 생겨서 일의 능률도 오르고, 삶의 나침판을 활기차게 맞춰 줍니다.

혼자 아무 일도 하지 않는 휴식도 필요해요. 로버트 K. 쿠퍼는 《100퍼센트 인생 경영》에서 이런 정신적인 휴식을 '아예 놓아버리는 시간'이라고 말했어요. 이렇게 완전한 휴식을 취해보세요. 먼저, 시계를 풀고 가장 편한 자세로 앉거나 누우세요. 마치 햇볕에서 잠자는 늘어진 고양이처럼 긴장을 풀고 눈을 감으세요. 콩닥거리는 심장과 잡생각으로 엉킨 뜨거운 머리를 가만히 견뎌봅니다. 세상사에 대한 관심을 지워야 해요. 인터넷, TV가 알려주는 대부분의 정보는 금방 사라질 의미 없는 게 많거든요. 천천히 숨을 들이쉬고 내쉬면서 의식과 감각을 숨결에 집중합니다. 공기가 입과 코를 지나가는 느낌을 느껴봐요. 잠시만 그 호흡에 집중하며 머무르세요. 만약 생각 멈추기가 힘들다면 차라리 즐거운 생각을 하거나 감사거리를 찾아보세요. 이렇게 최소 5분만 명때리듯 가만히 있는 거예요. 어때요? 머리가 조금 맑아졌나요?

힐링 카페

ON & OFF가 찾아준 활짝 미소

아, 얼마나 꿈꾸던 여유인가? 아이가 등교하면, 난 제주라는 맑은 궁전을 쏘다니는 신데렐라가 된다. 월요일 아침 9시, 드디어 엄마 OFF, 은하수 ON. 주말 동안 쌓인 빨래 더미와 설거짓감을 뿌리치고 밖으로 뛰쳐나갔다. 힐링을 위해서는 복잡한 바닷가보다는 중산간의 한적한 카페가 더 좋았다. 방금까지 아이들과 지지고 볶았는데, 이렇게 혼자가 되면 마치 신세계라도 열린 듯 행복했다. 미리 점찍어 놨던 '카페 갤러리'로 향했다. 차타고 가면서 생각했다. '이게 웬 호사야, 일상이 이렇게 행복해도 되나?' 마치 꿈만 같았다. 삼십여 분을 달려 목적지에 닿았다. 삼나무 숲에는 주렁주렁 매달린 전구알이 주광빛 불을 밝히고 있었다. 이 로맨틱한 숲에 깃들어 있으면, 어떤 낯선 남녀라도 연인이 될 것만 같다. 카페는 본관과 별관으로 나눠졌다. 본관은 핑크와 순백으로 장식된 궁전 같았다. 하늘하늘한 실크 커튼, 우아한 마크라메, 빈티지 우드 약장, 아기자기한 플랜트와 양초, 앤틱 거울, 화려한 조명까지. 혼자 보기 아까울 정도로 예뻤다. 그건 별관도 마찬가지, 우윳빛 장미가 만발한 단상이 무척 인상적이었다. 마침 한 커플이 사진사를 대동하고 들어왔다. 커플은 서로를 그윽하게 바라보며 사진을 찍었다. 남편과 웨딩 포토를 찍던 오래전 그날이 생각났다. 그땐 우리도 저렇게 풋풋했겠지?

조용한 별관이 마음에 들었다. 일부러 창가 자리에 앉았다. 유리 천장에 부딪히는 빗소리가 리드미컬했다. 시그니처인 애플시나몬라떼를 한 모금 마셨다. 빗방울 연주와 촉촉한 공기 덕분에 시나몬 향은 더욱 그윽했다. 창밖에 진분홍 꽃을 매단 배롱나무가 비를 맞고 서 있었다. 비를 온종일 맨몸으로 견디는 나무가 대견했다. 그래, 나도 지금까지 일하랴, 아이들 챙기랴 잘 견뎌냈다.
 '참 잘 살았어. 정말 대견해. 난 참 좋은 엄마이고 아내야.'
 피곤의 흙탕물은 어느덧 말간 정화수가 됐다. '은하수 ON' 시간에 누린 이 힐링은 언제나 나를 한껏 충전시켰다.

다음날, 하늘 위로 해가 쨍하고 떴다. 이럴 때 보면 제주 하늘은 얌체 같다. 대체 내가 언제 비를 뿌렸냐는 듯, 시치미를 뚝 떼는 얼굴이라니. 아이를 등교시키고, 날씨가 너무 좋아서 집에 들어가기 또 아쉬웠다. 어제에 이어 오늘도 아침 9시에 엄마 OFF, 은하수 ON! 평화로운 목장과 오름을 드라이브했다. 어제에 이어 이게 꿈인가 생시인가 창문을 열고 "와!" 하며 자유의 함성을 질렀다. 와흘에 있는 카페 5L2F에 도착했다. 차에서 내리자 고운 새소리가 먼저 반겼다. 로맨틱한 정원에 장미꽃과 자잘한 들꽃, 맨드라미가 수줍게 피어 있었다. 비엔나커피를 한입 머금었다. 고소한 커피 향에 온몸이 녹았다. 미국 시인 메리 하트먼의 시 '삶은 작은 것들로 이루어졌네'를 곱씹었다.

> 삶은 작은 것들로 이루어졌네 거창한 희생이나 의무가 아니라
> 미소와 따뜻한 위로의 말 몇 마디가 우리 삶을 아름답게 채우네
> 간혹 가슴앓이가 오고 가지만 다른 얼굴을 한 축복일 뿐
> 시간이 책장을 넘기면 위대한 놀라움을 우리에게 보여주리

시간은 날마다 어김없이 흐른다. 이 순간을 미움과 불평으로 채울 것인가? 미소와 위로로 채울 것인가? 내 작은 선택의 순간이 모여 삶이 된다. 일상이 더욱 아름다울 수 있다면… 그때 생각

하나가 섬광처럼 스쳤다. 맘껏 웃어본 게 대체 언제였던가. 번아웃으로 미소를 잃은 지가 오래됐다. 아이는 엄마의 표정에 민감하다. 엄마가 불안하면 위축되고, 엄마가 즐거우면 제가 더 신나서 까부는 게 아이다.

'그래. 미소! 젊은

날 내 주특기였던 활짝 미소를 다시 찾자.' 카페의 여유는 잃었던 미소를 돌려주었다. 시침이 '2'를 향해 달려갔다. 시계 종이 땡땡땡 울리면, 이젠 은하수 OFF, 엄마 ON! 신데렐라의 마법이 풀렸으니, 부지런히 학교로 달려갔다. 책가방을 멘 아이가 날 발견하고 신나게 뛰어왔다. 아이를 향해 양쪽 입꼬리를 위로 주욱 당겨 활짝 웃었다. 엄마의 애씀을 눈치챈 걸까? 아이도 유난히 방긋 미소로 화답했다.

"엄마 오늘 데이트 장소는 어디예요? 엄마가 어제 말했던 궁전 같은 카페에 가고 싶어요."

"아, 카페 갤러리 말이야? 사진 찍고 싶은 곳이 정말 많더라. 엄마도 너랑 꼭 가고 싶었어. 좋아, 그럼 출발한다!"

같은 카페를 연일 찾아가는 건, 제주살이의 흔하디흔한 풍경이었다.

mom's tip

카페에서 누리는 힐링과 여유는 행복한 엄마를 만듭니다.

엄마에게 여유가 없으면, 아이와 공감이 어려워요. 마음이 분주하면, 아이를 강압하거나 방임하게 되죠. 아이를 위해서라도 엄마의 힐링과 여유는 꼭 필요해요. 혼자 카페 가는 게 낯설다고요? 자신과 어색한 사람은 누구와 같이 있어도 외로워요. 운전을 못해서 힘들다고요? 그렇다면 버스 타고 다니는 카페 투어는 어떤가요? 제주에서 특별한 카페 찾기는 동네 편의점 찾기만큼이나 쉽거든요. 아이가 자랄수록 아이는 스스로 할 수 있는 일이 많아져요. 엄마의 역할은 자연스레 줄어듭니다. 이때 엄마가 자신을 돌보지 않고, 아이에게 시간과 에너지를 온통 쏟아부으면, 아이는 스스로 설 수가 없어요. 부모의 기대에 따라 사느라, 시행착오를 통해 배우고 성숙할 기회를 잊고 말죠. 건강한 아이라면, 그 답답함을 반항으로 표현할 거예요. 이때 부모는 아이와 갑자기 생긴 거리감에 심한 당혹감을 느낍니다. 아이가 자기 삶을 향해 떠나갈 순간을 대비하며 엄마도 자신을 돌보는 연습을 해야죠. 어린 자녀에게 잠시 내주었던 내 몸과 마음을 추스려야죠. 쉬면서 자신의 강점과 약점, 칭찬할 점과 고칠 점도 차분히 찾아보고요. 예쁘고 감성적인 카페는 상상력을 자극하니 힐링 장소로 딱이에요. 바다가 보이는 혹은 숲속에 감춰진 힐링 카페, 어때요? 생각만으로도 너무 설레지 않나요?

엄마의 소망

버킷리스트
다섯 가지를 이루다

　제주에 살러 오기 전, 난 죽마고우를 제주 여행 중에 만났었다. 우린 함덕 바다가 보이는 카페에 갔었다. 새하얀 건물 벽엔 '당신의 하루가 별보다 빛나길'이라는 글귀가 보였다. 축복하는 글귀를 보니, 친구와 더 특별한 순간을 만들고 싶었다. 아이들이 카페 옆 잔디 공원에 나가 노는 사이 우린 버킷리스트 열 가지를 말하기로 했다. 단발머리 시절로 돌아간 듯 설렜다. 감춰졌던 꿈을 찬찬히 헤아리며 꺼냈다. 말로 표현된 꿈을 후닥닥 기록으로 남겼다. 집에 와서 꿈을 더 생생하게 기억하고 싶어서 관련 사진을 찾아 붙였다. 그렇게 완성된 꿈지도를 남편과 아이들에게 공표했다. 호기심으로 달뜬 가족들 덕분에, 묘한 책임감이 생겼다. 2021년 가을에 말했던 버킷리스트 열 가지이다. (제주 여행 중이었기에 제주와 관련된 항목이 많다.)

하나, 제주 한 달 살기
둘, 온 가족 마음껏 바다 즐기기
셋, 매일 아침, 해변 조깅하기
넷, 자가면역질환 극복하기
다섯, 출간 작가되기
여섯, 심리상담 자격증 따기
일곱, 캠핑카 전국 일주
여덟, 해외에서 아이들과 한 달 살기
아홉, 세바시 출연하기
열, 정원 딸린 주택 살기

신기했다. 무료한 순간, 꿈지도를 보면 갑자기 활력이 솟았다. 꿈을 현실로 만드는 방법은 단 두 가지다.

'선명하게 꿈꾸고 자주 생각하기, 조금씩이라도 매일 노력하기.'

자주 하는 생각은 행동으로 연결되기 마련이다. 결국 열 개 중 다섯 개가 일 년 만에 현실이 됐다. 첫 번째였던 제주살이는 한 달을 훌쩍 넘어 일 년이 됐다. 덕분에 나머지도 이룰 수 있었다. 제주집 앞이 바다여서 우린 날마다 해안을 뒹굴고, 바다에 몸을 담갔다. 이제 바다는 보는 풍경을 넘어 즐기는 장소가 됐다. 아침마다 함덕 해안을 조깅했다. 새들의 요망진 오중창을 들으며, 상쾌한 바다 공기를 듬뿍 누렸다. 덕분에 마음을 치유하고, 식습관을 고치고, 만보걷기를 했다. 지긋지긋했던 자가면역질환을 극복하며 제2의 인생을 살게 됐다. 맘껏 여행하고, 노트북을 두드려도 눈은 멀쩡했다. 기적처럼 찾아온 평범한 일상이 눈물 나게 고마웠다. 문학이 좋아서 국어 교사가 됐다. 언젠가는 글로써 세상에 온기를 나누는 작가가 되고 싶었다. 건강해지자마자 매일 글을 썼다. 혼자 막막해서 《엄마의 주례사》 김재용 작가님께 도움을 청했다. 그녀는 일면식도 없던 나를 온정으로 끌어안아 주었다. 처음 작가님을 뵈러 갈 때 얼마나 설레던지, 덩실덩실 춤을 추며 액셀을 밟았었다. 평생 잊지 못할 추억이 됐다.

나머지 꿈도 조만간 이룰 예정이다. 2년간 심리상담과정을 공부했고, 자격증 취득을 목전에 두고 있다. 제주살이가 끝나더라도, 자연과 가깝게 지내고 싶어서 소박한 캠핑카를 구입했다. 조만간 이 차를 타고 전국을 누빌 예정이다. 이렇게 꾸준히 나답게 살고 있으면, 많은 사람 앞에서 하고싶은 말을 할 기회도 생기겠지? 언젠가는 정원 딸린 주택에서 채소를 가꾸고, 새소리를 들으며 글 쓰는 모습도 생생히 그려본다.

놀랍게도 함께 버킷리스트를 말했던 친구도 나처럼 다섯 개의 꿈을 현실로 이뤘다. '수영 마스터하기, 아들이 연애상담하고 싶은 엄마 되기, 주말마다 아이와 여행 가기, 새벽 묵상 습관 갖기, 체중 52kg 만들기'였다. 다만 한 가지 아쉬운 건, 친구의 체중은 요요현상 때문에 과거형이 됐다는 것! "은영아, 몸무게가 다시 늘었지만 지금 그 모습도 충분히 예쁘다."

현실로 변하는 꿈지도를 만들려면 다음 다섯 가지를 유념해야 한다.

첫째, 선명하게 꿈꾸고, 구체적으로 기록해야 한다. 숫자를 포함하고, 10글자 이내의 짧은 문장으로 적고, 성취 기한을 명시하는 게 좋다. 차가 갖고 싶다면, 벤츠 혹은 BMW라고 회사 이름도

콕 찍어 적는 게 좋다. 글 옆에 관련 사진을 붙여 이미지화해야 훨씬 더 생생해진다.

둘째, 내가 정말 바라는 꿈이라면, 당장 현실성이 없더라도 무조건 쓰자. 꿈을 꿀 때는 대범함이 필요하다. 성취되고 안 되고는 신의 영역이니 간절하다면 우선 무조건 쓰고 보자.

셋째, 자주 보면서 기억해야 한다. 반복해서 보면, 목표가 무의식 속에 새겨진다. 그러면 뇌가 자동으로 그 목표에 맞는 일을 하도록 프로그래밍 된다. 다이어리, 텔레비전, 컴퓨터 옆, 냉장고 문짝 등 내가 자주 볼 수 있는 곳에 그것을 놓아두자.

넷째, 단 하나라도 타인을 섬기는 항목을 넣는 게 좋다. 화초 가득한 집을 꿈꾼다면, 식물을 번식시켜서 그것을 나눠줄 수 있다. 누군가를 도울 때 사람은 물론 하늘도 그를 적극 돕는다.

다섯째. 여러 명이 작성하면 좋다. 돌아가며 꿈을 발표하다 보면, 자연스레 공표가 돼서 책임감이 생긴다. 많은 사람에게 알려지면 누군가의 지원을 받을 수도 있다. 가능성이 높아진다.

장애인으로서 세계 최초로 대학 교육을 받은 헬렌 켈러. 희망 전도사인 그녀는 이렇게 말했다. "원하지 않으면 어떤 일도 성취되지 않습니다. 희망은 성공으로 이끄는 신앙입니다." 이번엔 어떤 꿈을 꿔볼까? 이 행복한 상상을 나는 다시 그 추억의 카페에 앉아서 하고 있다. 파도 소리 즐거운 이곳에서 이 글을 쓰며 말이다. 소중한 그대여, 부디 당신의 꿈도 별처럼 반짝반짝 빛나기를.

쓰면 이루어지는 꿈, 가족이 함께 도전해보세요.

꿈이란 우리 존재의 중심에서 늘 꿈틀거리죠. 프로이트의 말처럼 행복한 삶이란 좋아하는 일을 하는 거예요. 꿈을 찾고 실현하는 삶, 그 가슴 뛰는 경험을 가족이 함께하면 멋진 추억이 되겠죠? 꿈을 그리는 4단계를 소개합니다.

첫째, 워밍업으로 아이에게 이런 질문을 해보세요. "알라딘의 요술램프 이야기 알지? 거기에 나온 지니라는 요정이 우리에게 와서 3가지 소원을 들어주겠다고 말하고 있어. 지니는 뭐든지 할 수 있는 능력자래. 빌고 싶은 소원이 뭔지 생각하고 각자 말해볼까?" 아이가 눈을 반짝, 빛낼 거예요.

둘째, 가족과 꿈 리스트를 적어보세요. '하고 싶은 것, 되고 싶은 모습, 가보고 싶은 곳, 배우고 싶은 것, 갖고 싶은 것, 나누어 주고 싶은 것, 원하는 가족의 모습 등' 바라는 내용을 항목별로 구체적으로 적습니다. 어떤 꿈이든 제한하지 않고, 마음껏 쓰는 게 중요해요.

셋째, 꿈 지도를 그려봐요. 앞에서 말한 꿈 리스트 중 몇 가지를 이룬 모습을 이미지화합니다. 잡지 등에서 사진을 찾아 종이에 붙이세요. 짧은 설명을 쓴 후 잘 보이는 곳에 놓아두고 자주 보세요.

넷째, 이젠 함께 만다라트를 만들어 봐요. 대표적인 꿈 8개를 쓰고, 그것의 실행법 8개를 적습니다. 총 64개의 칸이 메워지겠죠. 꿈은 물론 실천사항까지 한눈에 볼 수 있어 수시로 체크하며 실천할 수 있어요. 만다라트 앱을 활용하면 편리해요.

성장하는 나

예술의 섬에서 부르는 나의 노래

    4월 제주는 고사리 장마로 흐렸다. 차창 밖 하늘엔 포동포동한 아기 살집 같은 구름 양탄자가 깔렸다. 촉촉한 공기가 감성을 돋았다. 난 이 분위기에 꼭 맞는 '쇼팽 프렐류드 15번 빗방울 전주곡'을 흩뿌렸다. 보슬거리는 빗방울이 집 안팎을 흘러 다녔다. 고소한 아몬드 커피를 홀짝이며 시를 짓곤 했다.

> 하늘 도화지 위에 자유로이 춤추는 회색 구름
> 후드득 후드득 빗소리와 나긋나긋한 쇼팽의 선율
> 꽃무늬 도자기 안에 흔들리는 쌉싸름한 아몬드 커피
> 바다에, 음악에, 커피 향에 취하는 고요한 오후

    예술의 섬 제주에는 꿈꾸는 엄마들이 유독 많았다. 제주에서 블로그를 본격 시작했다. 마음이 통하는 블로그 이웃과는 직접 만나기도 했다. 이들은 뭔가 독특한 구석이 있었다. 엄마들의 대화 주제는 아이 교육과 투자가 보편적이다. 하지만 이 엄마들은 건강과 성장에 관심이 많았다. 제주처럼 생기 있고 순수한 열정녀들이었다. 인생은 연습도 재공연도 없는 단 한 번의 연극이다. 이왕 제주에 왔으니, 나도 내 인생이라는 무대에서 솔직하고 행복한 배우가 되고 싶었다. 그들의 늦된 사춘기에 나도 적극 동참했다. 삶의 물줄기를 슬쩍 바꾸었다. 153공감일기, 만보걷기, 글쓰기, 독서, 해독주스, 건강한 식습관 루틴을 매일 바인더 습관표에 넣고 체크하며 실천했다.

생각해보면 워킹맘 시절, 내가 가장 힘들었던 건 체력과 수면 부족만은 아니었다. 호기심 많고 내향적인 나에게 자기 시간이 없다는 사실이 어쩌면 가장 숨이 막혔다. 제주에서는 날것 그대로의 나를 직면하며 신나는 사십춘기를 보냈다. 내가 좋아하고 잘하는 게 뭔지, 무엇에 몰입할 때 행복한지를 고심하며 노력했다. 꿈을 이루기 위해 내 존재를 삼등분했다. 나 자신, 가족, 사회 안에서 필요한 역할을 정하고, 그것의 연결고리를 찾아갔다. 생활이 점점 단순해졌다. 후회와 자기연민, 순간의 재미, 답 없는 걱정과 계획에 더 이상 시간을 쓰지 않았다. TV 시청, 소소한 정보검색, 온라인 쇼핑, 사교 모임, 무리한 집안일도 최소화했다. 무엇보다 더 이상 소유를 욕망하지 않았다. 제주를 떠날 때, 짐이 될 물건은 아예 사지 않았다. 좀 비싸더라도 적당히 만족스러우면 빨리 선택했다. 최저가를 고르느라 쏟았던 스마트폰 사용 시간이 확 줄었다. 내겐 돈보다 시간이 더 중요했다. 시간을 아껴서 탐욕스럽게 책을 읽고, 글을 썼다. 먼저 브런치 작가가 됐다. 처음으로 작가님으로 불렸을 때 어찌나 짜릿하던지, 합격(?) 통지 문자를 받자마자 아이와 환호성을 지르며 운동장을 달렸다. 아이들은 말했다.

"엄마가 진짜 작가가 될 수 있을까요?"

"그럼! 할 수 있지. 포기하지 않고 꾸준히 노력하고 있으니까 꼭 이뤄질 거야."

"난 엄마가 금방 포기할 줄 알았어요. 계속 노력하는 엄마가 진짜 멋져요!"

"엄마는 할 수 있어요. 제가 매일 기도할게요. 하나님, 우리 엄마가 매일 글을 써서, 사랑을 전하는 작가가 되게 해주세요."

아이들은 응원을 아끼지 않았다. 내가 글을 쓰고 있으면, 향긋한 꽃차를 가져와 책상 위에 올려놨다. 셋이서 카페에 가면, 엄마는 글 쓰라며 둘이 사이좋게 놀았다. 제주에 쉬려고 왔는데, 어느새 난 매일 카페로 출근하는 자발적 워킹맘이 돼 있었다. 하지만 이건 나만을 위한 것은 아니었다. 아이들에게 '꿈을 이루는 롤모델'이 되고 싶었다. 성장 과정에서 경험하는 고생과 보람을 직접 보여주고 싶었다. 언젠가 아이도 그렇게 자신을 이해하고, 꿈을 찾고, 적극 도전하는 용기와 끈기를 갖길 바라며 말이다. 타인의 생각과 삶은 내가 바꿀 수 있는 영역이 아니다. 하지만 자신을 변화시킬 수는 있다. 내가 달라지면 종이에 물감이 스미듯 주변 사람도 조금씩 변하고 만다. 효과는 역시 직방이었다. 책을 읽는 내 옆에 어느새 아이들도 책을 들고 와 앉았다. 식탁에는 날마다 하나둘씩 책이 쌓여갔다. 원래 책을 돌보듯 하던 남편마저 가방에 꼭 책 한 권은 넣고 다니는 독서가가 됐다.

인간은 끊임없이 자기 삶을 성찰하고 그것에 의미를 부여하는 존재다. 수시로 과거를 회상하고 현재를 반성하며 미래를 계획한다. 이것을 연결하여 삶 전체를 스토리화하려는 본능을 갖고 있다. 그래서일까? 나이가 들면 많은 이들이 나처럼 작가를 꿈꾸게 되나보다. '타다닥 타다닥' 키보드 소리가 눈물 나게 좋다. 창작의 몸부림은 고되지만 가슴을 두근거리게 한다. 이렇게 나 스스로가 만족스러울 때, 사실 아이도 훨씬 예뻐 보였다. 또 엄마가 꿈을 향해 노력하면서 즐겁게 살면, 아이에게 조바심을 내거나 불안해하지 않는다. 여유와 배짱이 생긴다. 결국 행복한 엄마가 행복한 아이를 키운다. 예술의 섬 제주는 언제나 내게 이렇게 속삭였다. "이제 너만의 노래를 부르고, 너만의 춤을 추렴. 너만의 예술을 여기서 시작하렴."

mom's tip

성장하려면 '당위'보다 '이상'의 영역을 넓히는 삶의 기술이 필요합니다.

서양인이 관계를 중시하는 뇌라면, 한국인은 비교하는 뇌에요. 어쩌면, 우린 서로의 자녀를, 남편을, 아파트 평수를, 외모를 비교하느라 꿈꾸기를 포기한 채 아등바등 사는 것은 아닐까요? 제주에서 전 시선을 오롯이 자신에게만 돌렸어요. 내 마음과 생각, 꿈에 집중했더니 비교 프레임이 완전히 사라지더라고요. 되어야만 하는 당위적 자아(역할과 의무)보다 되고 싶은 이상적 자아(꿈과 소명)에 초점을 맞췄죠. 꿈꾸는 사람은 당위적 자아라는 브레이크가 아닌 이상적 자아라는 엔진을 장착한 사람이니까요. 행복은 타인의 기대에서 벗어나 진짜 나답게 살 때 찾아와요. 삶에 대한 저만의 명확한 기준을 세웠어요. 그래야 덜 중요한 것들에게서 자유로워지니까요. 아내, 엄마, 딸, 직장인, 사회인으로서의 역할도 중요하죠. 하지만 현실만 바라보면 어느새 비교 프레임에 갇히고 말아요. 나답게 살 때, 꿈이 삶의 윤활유가 돼요. 활력이 생겨서 매사에 생기와 질서를 줍니다. 세상은 좋아하는 일을 찾고 꿈꾸는 것을 독특하거나 세상 물정 모르는 사람으로 치부하곤 해요. 배부르고 철없는 짓이라고 말하죠. 하지만, 스티브 잡스는 어떤 성취를 이루려면 그 일을 사랑해야 한다고 말했어요. 나를 행복하게 만드는 의미 있는 성취는 보다 더 좋은 세상을 만들어 내죠. 결국 꿈꾸고 성장하는 것은 나와 너, 모두를 위한 용기 있는 선택이에요.

여러분은 어떤 사람으로 기억되고 싶은가요? 무엇을 할 때 가장 행복한가요? 어떤 모습이 되고 싶은가요? 여러분의 꿈을 응원합니다. 우리, 함께 행복해져요.

공감육아 팁2.

엄마의 마음공부,
불안을 다스리고 행복한 엄마 되기

한국은 부모와 아이를 동일시하는 경향이 강해요. 눈에 보이는 학벌과 스펙으로 평가받는 문화 속에서 우린 쉽게 불안해지죠. 너도나도 열심히 공부시키는데, 혹시 내 아이만 부족한 엄마를 만나 제대로 꽃피우지 못할까 봐 걱정되는 건 당연해요. 적당한 불안은 우릴 성실하게 살게 해요. 위험에서도 지켜주죠. 하지만 지나친 불안은 작은 문제를 과하게 걱정하게 만들죠. 아이를 믿지 못하고 사사건건 간섭하는 부모가 돼서 아이의 건강한 성장을 방해합니다. 엄마의 불안은 아이에게 그대로 전염돼요. 아이는 자신감을 잃고 매번 그 스트레스를 처리하느라 큰 에너지를 소모하는 힘든 삶을 살아요. 밀려드는 불안과 사람들의 시선을 완전히 없앨 수는 없어요. 하지만 불안을 다스리고, 그 에너지를 잘 활용해서 더 나은 모습으로 발전할 수는 있어요. 그럼 어떻게 해야 할까요?

첫째, 몸 건강을 지키고, 체력을 길러야 해요. 너무 당연한 말이라 실망하셨나요? 하지만 이게 가장 중요한 포인트에요. 몸이 아프고 체력이 달리면 누구나 쉽게 우울하고, 불안해지거든요. 그러니 잘 먹고, 잘 자고, 잘 쉬면서 몸과 마음에 여유를 두면 불안을 예방할 수 있죠. 하지만 그게 어디 말처럼 쉽나요? 일과 육아에 치여, 아파도 병원 가기 힘들 때가 많은걸요. 그래도 유념해야 합니다. 피곤하고 지친 몸에 불안과 우울은 언제나 짝꿍처럼 따라다닌다는 사실을요. 그러니 건강한 음식을 먹고, 하는 일을 줄이고, 밤잠 잘 자고, 수시로 쉬면서 꾸준히 유산소와 근력 운동을 해야 합니다. 햇볕을 매일 쬐면 행복 호르몬인 세로토닌 덕분에 숙면을 취하고 마음도 한결 편안해져요. 저희 엄마는 젊을 때부터 허리가 많이 아프셨어요. 새벽 수영을 하루도 빠짐없이 가셨죠. 요즘도 엄마는 이렇게 말씀하세요. "운동을 밥 먹듯이 해야 한다." 매끼 밥 먹는 것처럼 운동을 매일 해야 하는 이유, 그것은 엄마이기 때문입니다. 엄마의 체력이 가족의 웃음소리를 좌우하니까요.

둘째, 마음 건강을 챙겨야 해요. 자신을 향해 습관적으로 하는 자책과 채찍질을 멈추세요. 당신은 지금도 충분히, 열심히 잘 살고 있습니다. "괜찮아. 충분히 잘하고 있고, 앞으로도 잘될 거야. 조금만 더 힘내자"라며 힘들 땐 버거운 현실을 직시하면서 자신을 위로하세요. 카페나 숲에서 정서적인 환기를 하면 기분이 안정됩니다. 너무 불안할 땐, 가족과 선생님께 솔직한 마음을 털어

놓으세요. 걱정을 표면화하면 그것이 더 이상 증폭되지 않고, 함께 해결할 방법을 찾을 수도 있어요. 감정 일기(휴대폰 앱도 있어요)를 쓰는 것도 좋아요. 내가 어떤 상황에서 특히 불안하고 우울한지 파악하고, 대비할 수 있거든요. 전 생리 전 일주일부터 호르몬의 영향으로 기분이 가라앉아요. 좋은 기분을 지키기 위해 이때 가능하면 지나친 자극(모임, 업무, 일을 줄여요)을 줄이고 쉬려고 노력합니다. 우린 자신의 가장 좋은 친구가 돼야 해요. 그렇게 엄마가 '좋은 나'로 살 때, 내 자녀도 자존감이 높고, 단단한 어른으로 자라게 됩니다.

셋째, 성장해야 합니다. 엄마는 아이의 현재보다 미래에 관심이 많죠. 그러니 계속 아이만 보면 자연스럽게 불안해져요. 아이는 뇌가 성장하는 중이고(이성적 사고를 담당하는 전두엽은 25세가 돼야 완성돼요), 경험이 적어서 실수 많고 미숙한 게 당연하니까요. 자꾸 잔소리가 나올 수밖에요. 아이가 초등학생이 되고 학년이 올라갈수록, 관심을 엄마 자신에게 돌리세요. 아이는 스스로 자라도록 거리를 두고요. (단, 친밀한 관계와 꾸준한 관심은 유지해야 언제든 부모에게 도움을 요청할 수 있어요.) 이젠 아이만이 아닌 엄마 자신을 키워야 해요. 남은 에너지를 자신에게 돌리고 투자하세요. 자신을 성찰하며 꿈을 찾고, 관심 분야를 공부하고, 독서로 호흡을 가다듬고, 좋아하는 일에 계속 도전하는 거예요. 또 건강한 삶의 루틴을 만들고, 습관화하면 좋아요. 루틴이 있으면, 불안과 우울이 밀려오더라도 삶의 균형을 잡기가 쉽거든요. 사십대는 새로운 인생을 향해 고민하고 꿈꾸는 시기에요. 한층 단단해진 엄마의 사십춘기는 예전의 그것과는 분명 다를 거예

요. 다만 너무 자신에게만 몰두하는 것은 곤란해요. 공감 육아를 하려면 여유와 에너지가 필요하거든요. 우선순위를 정해야 해요. 저는 시간의 우선순위를 첫째는 가족, 둘째 몸과 마음의 건강, 셋째를 일과 자기 계발로 뒀어요. 조바심과 욕심은 금물! 엄마라는 소명을 잃지 않고, 시간을 적절히 분배해서 사용해야 합니다.

 엄마가 행복해야 비로소 아이가 행복합니다. 엄마가 긍정적이고 잘 웃고 작은 일에 감사하며, 자신을 사랑하고 타인을 배려하는 행복한 사람이라면, 아이는 일부러 가르치지 않아도 그렇게 자라겠죠? 몸과 마음이 건강하고, 성장하는 엄마, 행복한 엄마는 사실 말처럼 쉽게 되지 않아요. 엄마는 할 수 있는 용량보다 훨씬 더 많은 일을 해야 하니까요. 하지만 그것은 무척 중요해요. 어항이 튼튼하고 물이 맑아야 물고기가 건강하듯이, 내 몸과 마음이 튼튼하고 활력이 있어야 육아와 일도 건강하게 유지돼요. 함께 노력해 봐요. 한 번뿐인 인생, 이왕이면 행복하게 살자고요. 우리 지금 당장 공원산책이라도 나가볼까요?

선물 셋
평생 가져갈 즐거운 배움

놀면서 자라는 호기심과 창의력

창의력

백사장은 완벽한
창의 놀이터

사실 난 하루 종일 모래놀이를 시키고 싶어 제주에 왔다. 모래놀이가 간절한 로망이 된 건 하와이에서 본 한 가족 때문이었다. 남편 학회를 따라 하와이에 갔었다. 시끌벅적한 와이키키를 떠나 마을 옆 작은 해변에 타월을 깔고 누워있는데, 한 가족이 홈웨어 바람으로 바닷가로 나왔다. 젊은 부부는 의자를 펴서 앉았고, 세 아이는 맨발로 백사장을 기고, 달렸다. 모든 게 자연스러웠다. 돌도 안 된 아기가 혼자 모래 위를 뒹구는 광경을 보고, 나는 무척 놀랐다. 하지만 그의 부모는 아기가 모래를 먹을까 봐 걱정하는 내색 따윈 없이 마냥 평화로웠다. 목청껏 웃으며 부부는 서로에게 집중했다. 그 느긋함과 여유가 참 부러웠다. 나도 바닷가에 살면서 아이를 백사장에 맘껏 풀어놓고 싶다는 꿈을 꿨다. 자연이 아이와 신나게 놀아주면, 느긋한 여유를 실컷 즐길 참이었다. 그들처럼 최대한 자연스럽게, 여유가 몸에 밴 듯 그저 평화롭게 말이다. 모래놀이만큼 아이와 부모 모두 윈윈(win-win)하는 육아템이 세상에 또 어디 있을까?

4월, 훈풍이 불었다. 본격적인 모래놀이 계절이 시작됐다. 도서관 전용 카트가 모래놀이 전용으로 변했다. 그곳에 삽과 양동이, 장난감 트럭, 캠핑 의자, 생수와 수건을 담아뒀다. 이제 커피와 책만 챙기면 언제든 해안가로 출발할 수 있었다. 집 앞이 바다라 좋았다. 카트 끌고 가볍게 나갔다가 집에 올 땐, 모래를 털며 걸어오면 됐다. 하지만 햇빛이 강한 날에는 아무리 무거워도 파라솔을 꼭 챙겼다. 제주 태양은 선크림을 뚫는 초강력 자외선을 발사하니 말이다. 드디어 해변 도착. 아이들이 바다로 신나게 뛰어갔다. 발목에 물을 적시며 참방대다가, 모래바닥에 철퍼덕 앉았다. 모래가 그렇게나 좋을까! 마구 주무르고, 흩뿌리더니 깊은 구덩이를 파기 시작했다. 영역을 점점 넓히더니, 거대한 수로가 탄생했다. 옆에 모래성도 쌓았다. 모래성 꼭대기를 움푹 뜨고선 이건 한라산 백록담이란다. 고운 조개껍질로 수놓은 공주성도 보였다. 바닷물로 수로를 채우고 나면 드디어 꿈의 도시 완성! 아이들은 자기가 상상한 모든 만약을 현실로 만드느라 신이 났다. 그야말로 모래놀이 삼매경이었다.

《창의력 육아의 힘》의 저자 김영훈 박사는 창의력이 발달하는 시기가 4세부터 13세까지라고 말했다. 즉 유아기와 초등학생 때가 창의력을 키우는 결정적 시기이다. 남매는 실컷 모래놀이를 하면서 사물을 제 뜻대로 해석했고, 상상을 현실로 옮겼다. 결코

동나지 않을 모래와 물, 우연히 발견한 보물 막대기와 조개껍데기 등 정형화되지 않은 사물은 다양한 궁리를 자극했다. 탁 트인 해변, 짭조름한 바다 향기, 고운 모래, 쏴아 파도 소리. 오감으로 전달되는 자연의 자극은 아이가 놀이에 집중하도록 한껏 격려했다. 모양과 크기, 높이, 위치도 모두 아이들 마음대로였다. 자연은 아이의 창의력과 상상력을 한껏 길렀다. 완벽한 자기 주도 프로젝트 학습이었다. 또 과업 완수를 위해 아이들은 기꺼이 협력했다. 혼자 놀고 있는 아이가 있으면 데려와 팀을 이루었다. 처음 만났지만, 어쩜 저리도 손발이 척척 맞을까? 이렇게 모래놀이는 창의력은 물론 협업과 공감력도 함께 길렀다. 그야말로 이 바다가 항간에서 말하는 창의적인 미래 인재를 여럿 만들고 있었다.

솔직히 말하면, 아이보다 엄마인 내가 더 행복했다. 두 시간이 넘도록 아이들은 나를 찾지도 부르지도 않았다. 말을 시켜도 대꾸조차 없었다. 육아맘에게 이게 웬 호사인가. 이 여유를 한껏 누렸다. 캠핑 의자에 누운 듯 앉아 커피를 홀짝였다. 눈앞에 펼쳐진 층층이 푸른 바다는 황홀하게 예뻤다. 가슴이 두근거렸다. 바다를 보다가 은결에 눈이 부시면 하늘을 봤고 그러다 눈을 감았다. 설핏 졸다가 깨면 책을 꺼내 읽었다. 어떤 걱정도 없이 그저 평화로웠다. 서우봉 해변에는 웨딩 포토를 찍는 커플이 자주 보였다. 석양에 빛나는 순백의 드레스는 정말이지 아름다웠다. 로맨틱한 풍경에 시선을 뺏긴 다솔이가 소리쳤다.

"와! 신부 정말 예쁘다. 나도 나중에 결혼할 때, 제주에서 사진 찍어야지!"

무료하던 차에 나는 장난기가 발동했다. 하여 동서고금을 막론하고 재미있고 식상한 이 질문을 아이에게 던졌다.

"다솔아, 엄마를 두고 결혼할거야? 그런데 누구랑? 마음에 드는 남자 친구라도 생겼어?"

그때 잠자코 있던 온유가 목청을 돋우며 말했다.

"누나는 나랑 결혼해야지! 그래야 엄마랑 우리가 오래오래 같이 살 수 있잖아."

"뭐? 온유야 난 너랑 결혼 안 해. 그리고 형제끼리는 결혼할 수 없단다."

"히잉, 엄마는 아빠랑 결혼했으니까 나랑은 안 되고, 누나는 싫다고 말하고, 그럼 난 어떻게 해야 해? 모르는 여자랑 결혼하면 엄마가 우리 집에 자주 올 수 없잖아. 엄마랑 계속 살고 싶단 말이야! 아앙!"

아! 저 순수와 모래성 그리고 파란 바다는 잊을 수 없는, 너와 나의 완벽한 윈윈이었다.

mom's tip

창의력은 '열심히'가 아닌 '다르게' 생각하는 힘입니다.

창의력 분야의 세계적인 권위자인 김경희 교수는 《틀 밖에서 놀게 하라》에서 창의력을 이렇게 말했어요.

"만약 아이가 땅을 파야 한다고 생각해보세요. 한국 아이들이 아주 열심히, 불안에 떨며 365일 삽질하는 법을 혹독하게 교육받아서 작은 구멍을 팝니다. 하지만 외국 아이들은 자유롭게 놀면서 남과 다르게 생각하는 힘을 길러요. 새로운 기계, 굴착기 같은 것을 만들어 한순간 땅 전체를 일구지요. 이렇게 혁신적인 것으로 가치 있는 결과물을 만드는 힘이 창의력이에요."

창의력은 시간의 힘을 초월하는 놀라운 능력이에요. 문제가 복잡하고 고도화될 미래 사회에서 창의력은 더욱 중요해져요. 또 창의적인 아이는 행복합니다. 마음에 여유가 있기 때문에 길가의 들풀, 곤충 한 마리를 보면서도 삶의 의미와 행복을 찾을 수 있죠. 그런 창의력을 길러주고 싶어서 제주에 왔어요. 아이가 좁은 공간에서 벗어나 맘껏 놀고 자유롭게 상상하고, 행복을 느끼길 바랐어요. 4차산업혁명 시대, 부모의 교육법도 달라져야 할 때입니다. 남과 똑같이 열심히만 사는 게 아니라, 다르게 생각하고 혁신을 이뤄낼 수 있도록 도와야 해요.

다양한 체험

따고 타고 다듬는
어린이 세상

제주는 아이들의 천국이다. 카페나 관광지마다 동물 먹이주기는 기본이고, 따고 타고 다듬는 갖가지 체험이 즐비하기 때문이다. 다양한 체험을 시키기 위해 전국 일주를 다닐 필요가 없다. 워낙 체험지가 많아서 예약 경쟁도 없다. 원하기만 하면 즉석으로 참여가 가능하다. 체험 비용도 제주도 외식 물가와 비교하면 육지보다 훨씬 저렴했다. 알뜰 주부인 난 가능한 외식을 줄이고, 그 비용을 아껴 아이가 원하는 체험을 하나라도 더 시키려고 노력했다. 그렇게 제주살이의 뽕을 뽑자며, 틈나는 대로 아이와 체험지로 달려갔다.

예전에는 제주에 오면 으레 귤을 땄었다. 하지만 도민은 귤을 마트에서 사지 않는 법이다. 알음알음 파지(상품 가치는 떨어지지만 맛있는 상품)로 귤과 천혜향을 얻어먹었다. 정작 귤밭에는 피크닉을 하러 갔다. 5월, '바령'에는 새하얀 귤꽃이 수없이 나폴거렸다. 이곳은 북촌 바닷물을 끌어다 쓰고, 농약과 비료를 뿌리지 않은 유기농 귤밭이다. 유아교육을 전공하신 사장님 덕분에 귤밭에는 아기자기한 포토존이 참 많다. 아이들을 부엌 놀이, 돌담 쌓기, 수레 기차를 좋아했다. 농약 걱정 없이 맘껏 아이들을 귤밭에서 놀렸다. 화창한 평일 오후, 사장님께 "저 놀러 가도 돼요?"라고 전화하면, 돗자리를 펴서 자리를 마련해 주셨다. 은은한 귤꽃 향기에 취해, 돌멩이로 만든 꼬들꼬들한 반찬과 흙으로 지은 흑미밥을 즐겼다. 하얀 귤꽃이 청귤이 되고 그것이 노랗게 물들 때까지 그렇게 우린 귤밭을 뒹굴었다.

귤 대신 바나나를 땄다. '유진팡'이라는 농장에선 한국에서 보기 힘든 열대식물이 많았다. 바나나는 물론 파인애플, 사탕수수, 야자수, 코코넛 등. 직접 만지고 시식도 할 수 있었다. 사탕수수 줄기를 쪽쪽 빨자 단물이 입 안에 고였다. 구운 바나나를 맛보고, 새끼 양도 안아보고 토끼와 뛰어놀았다. 아이들은 6미터 나무에 주렁주렁 열린 바나나 송이를 가위로 싹둑 잘랐다. 맑은 진액이 똑똑 떨어졌다. 끈적거리는 느낌마저 신기했다. 자줏빛의 거대한 바나나 꽃이 신기해서 보고 또 봤다. 세상에 저렇게 큰 꽃이 있다니, 환상 동화에 나온 거인 마을의 꽃 같았다. 외국에서는 저걸 샐러드로 만들어 먹는다고 하는데, 대체 무슨 맛일지 궁금했다. 직접 딴 바나나는 일주일쯤 숙성을 시켜야 한다. 인고의 시간이 지나자 정말 노랗게 익었다. 국산 바나나의 식감은 유달리 쫀득하고 꾸덕했다. 물렁한 수입 바나나와는 차원이 달랐다. 유진팡에서는 단호박, 천혜향, 귤청도 판매한다. 육지에서 제주가 그리우면 이곳 먹거리를 주문했다. 신기한 건 여기서 날아온 열매에선 짭조름한 바다 향기가 배어있었다.

처음 아이들은 말타기를 무서워했다. 하지만 승마 횟수가 늘수록 또각또각 말발굽 소리에 몸을 흔들어댔다. 여러 번 단거리 체험을 했지만, 뭔가 아쉬웠다. 도민은 반값으로 승마 체험이 가능했다. 아이는 단거리, 중거리, 목장 코스로 계속 거리를 늘려가며 말을 탔다. 나도 아이와 함께 나란히 말을 타고 초원을 달렸다. 배낚시를 하려고 작은 고깃배를 탔다. 낚시는 모두가 처음 하는 도전이었다. 새우를 낚싯줄에 끼운 후, 추를 힘껏 바다로 던졌다. 새우만 쏙 빼먹고 도망가는 영리한 물고기 때문에 줄을 계속 주시하다가 낚싯대가 조금만 움직여도 바로 치켜 올렸다. 줄을 던진 횟수에 비례해 통속 물고기는 늘어갔다. 멈춘 배가 꿀렁대자 자꾸 속이 울렁거렸다. 나와 남편은 흔들리는 배 위에서 사투를 벌여야 했다. 난 결국 참지 못하고 봉지를 펴고 말았다. 아, 점심을 안 먹길 잘했다. (뱃멀미를 피하려면 가능한 큰 배를 타세요.) 다행히 아이들은 멀미를 전혀 하지 않았다. 끝까지 낚싯줄을 던졌고, 물고기를 계속 잡았다. 배낚시의 성패는 힘과 스킬, 나이와는 전혀 상관이 없다. 멀미에 강한 자가 무조건 승리한다.

아이들은 유독 만들기를 좋아한다. 조물조물 만지고 다듬고 색칠하는 눈빛은 평소와 달리 유독 진지하다. 아이가 가장 좋아했던 체험은 단연 캔디원의 사탕 만들기였다. 준비된 재료를 늘리고 붙이고 잘라서 롤리팝, 막대와 장미꽃 사탕을 만들었다. 좋아하는 사탕을 갖고 놀면서 먹기도 하니 어찌 행복하지 않으랴. 그리 달지 않은 이 수제 사탕을 집에 가져와서 야금야금 먹어가는 재미도 쏠쏠하다. 그린페플에서 온 가족이 초콜릿 만들기 체험을 했다. 재료를 틀에 붓고 꾸미는 단순한 체험을 넘어 직접 템퍼링(초콜릿을 중탕하고 녹이고 안정화시키는 작업)부터 해 보았다. 견과류와 말린 과일칩을 넣은 바삭한 바크 초콜릿과 생크림을 넣어 부드러운 프랄린 초콜릿을 만들었다. 굳기를 기다리는 동안 카페 건물에서 석창포 티를 마시며 풍경을 감상했다. 붉은오름 자연휴양림에서 목재 체험도 했다. 건물 안팎이 나무향기로 가득해서 정말 행복했다. 나무를 사포로 다듬고, 못을 박고, 색을 칠했다. 목걸이부터 동물 자동차, 연필꽂이, 독서대를 만들었다. 이것들은 모두 잊지 못할 제주살이 기념품이 됐다.

아동기는 뇌가 활짝 열려있는 시기다. 아이들은 땀나게 뛰어 놀아야 오감이 자극된다. 즐거운 활동은 뇌세포 성장의 기폭제인 신경성장물질을 만들어 낸다. 그러니 활짝 웃을 때 아이의 뇌는 급격하게 자란다. 예전에 남매는 어딜 가도 내 옷자락만 붙들곤 했었다. 하지만 많은 체험을 통해 아이들이 변했다. 새로운 사물에 관심을 보이며, 뭐든지 궁금해했다. 낯선 곳을 두려워하기보다 용감하게 즐겼다. 폭넓은 경험은 풍부한 상상력이 됐다. 이제 아이들은 제 생각을 거침없이 표현한다. 하지만 부작용도 있다. 아이들은 어딜 가든 내 주머니 사정을 고려하지 않고 체험 의자에 앉았다. 꽤 난감했지만 그냥 이렇게 생각하기로 했다.

'뭐, 사교육 대신 제주살이 왔잖아. 체험비쯤이야. 고액 학원비에 비하면 이 정도는 얼마나 저렴한가!'

mom's tip

다양한 체험은 멋진 인생 그림을 그리게 만듭니다.

다양한 체험으로 세상을 폭넓게 경험할 수 있어요. 모든 경험은 창의성이 자라는 토양이고, 결국 미래와 연결됩니다. 세기의 혁신가인 스티브 잡스는 '점의 연결'이라는 말로 경험의 다양성을 강조했어요. 예측하기 힘든 진로가 결국은 어린 시절의 소소한 경험에서 비롯되었다는 사실을 수많은 위인이 삶으로 증언합니다. 작은 경험에서 파생된 호기심은 점을 왕성하게 연결해 점차 촘촘한 그물로 만들죠. 어떤 우연한 사건으로 아이의 인생이 변할지 몰라요. 하지만, 분명한 건 경험 그물이 촘촘하고 클수록 더 멋진 그림이 만들어지겠죠? 충분한 재료가 있어야 좋은 도자기를 빚을 수 있어요. 아이의 고유한 개성과 다양한 경험 위에 신의 은총이 더해지면 아이의 삶은 진짜 예술이 됩니다. 제주 속 다양한 체험거리를 소개할게요.

아이들이 좋아하는 따고, 타고, 다듬고

1. 맛있게 따고
봄에는 무농약 딸기, 여름에는 유기농 블루베리, 가을과 겨울에는 제주 어디든 귤 따기, 바나나 체험은 사계절 가능해요.
2. 신나게 타고
말, 카트, 집라인(제주라프), 제트보트, 투명카약(한담해변), 빅볼, 잠수함, 낚시용 테우, 낚싯배, 나룻배(쇠소깍), 돌고래요트, 증기기관차(에코랜드) 등이 있어요.

3. 손으로 다듬고

목재 체험(자연휴양림), 키즈쿠킹, 사탕과 초콜릿 만들기, 켄트지에 아크릴화 그리기(성수미술관), 유리공예(유리의 성), 조개 캐기(오조리 식산봉), 인형 만들기, 도자기, 금속 공예, 비누와 아로마 캔들 만들기 등이 있어요.

습관의 힘

우리, 할 일은 하고 마음껏 놀자

　제주에 사는 아이는 만날 바다와 카페에서 뛰어놀 거라고만 생각했었다. 하지만 그건 환상적인 자연풍경이 만든 여행자의 낭만적인 발상일 뿐이었다. 딸은 주말에도 학원에 다니는 친구가 많다고 말했다. '초등 2학년이 주말에도 학원에 간다고?' 내심 놀랐다. 하지만 살다보니 이해가 됐다. 관광지인 까닭에 식당이나 카페를 운영하는 부모가 많았다. 대부분 맞벌이였고 주말이 더 바빴다. 또 제주는 고교비평준 지역이라 중학교 내신이 중요하다. (상위 50퍼센트 내에 들어야 원하는 고교 진학이 가능하다.) 학업과 입시 경쟁은 육지와 다를 바 없었다. 아니 어쩌면 더 치열했다. 딸은 말했다. "엄마, 저처럼 육지에서 전학 온 애들만 주말마다 여행 다녀요. 제주 친구들은 어릴 때 이미 갈 곳을 다 다녀왔나 봐요."

나도 막상 도민이 되어 보니, 아이와 만날 여행만 다닐 순 없었다. 우선 비 내리는 날이 많았다. 또 마냥 놀러 다니기엔 내 체력도 달렸다. 하지만 본질적인 이유는 따로 있었다. 여섯 살인 둘째야 건강하게 잘 놀기만 해도 만고땡이지만, 첫째는 상황이 달랐다. 초등 저학년은 습관을 심어줄 적기였다. 아이가 단단하게 성장하려면 정서적인 안정감에 버금가게 규칙적인 습관도 필요하다. 체계적인 일과와 예측 가능한 환경은 아이에게 안정감을 준다. 이런 안정된 습관은 아이의 인생을 평생 단단하게 만드는 뿌리가 된다. 사실 어른도 즉흥적으로 행동하는 사람이 많다. 하물며 아이는 오죽할 것인가. 아이가 처음부터 제 할 일을 알아서 하는 건 불가능하다. 그러니 규칙을 몸에 익히도록 부모가 옆에서 차분하게 도와줘야 한다. 부모가 길잡이가 되어 자주 귀띔하고 격려하면 아이는 점점 성숙해진다.

제주에 왔다고 해서 아이를 마냥 방목하지 않았다. "만날 마음껏 놀아."라고 말하기보다 "할 일은 하고, 규칙을 지키면서 마음껏 놀자."라고 타일렀다. 하지만 습관 만든다고 잔소리를 늘리면 곤란하다. 그래서 필요한 게 생활점검표다. 아이와 함께 항목을 정해서 아이가 직접 점검표에 O, X를 체크하게 했다. 눈에 잘 보이는 곳에 점검표를 붙였다. 학습과 생활의 주도권 그리고 책임이 아이에게 넘어갔다. 이렇게 잔소리가 줄어야 관계도 부드러워진다. 점검표의 항목은 아이가 부담 갖지 않도록 최소화했다. 아이가 군말 없이 지키고, 제주살이를 좀 더 즐길 수 있도록 부모의 욕심을 많이 내려놓았다.

우선, 초등 저학년 때 기를 습관은 뭐가 있을까? 생활 습관에는 '하루 한 번 방 정리, 저녁 책가방 꾸리기, 차례 지키기, 인사 잘하기, 밥그릇 싱크대에 가져다 놓기' 등이 있다. 나는 여기에 신앙과 성품 훈련을 추가했다. '성경 하브루타, 하루 한 번 이웃사랑 실천, 정직하게 말하고 행동하기, 용기 내서 질문하기, 저녁 감사 일기 쓰기'였다. 순수한 마음으로 남을 배려하고, 정직하게 행동하는 아이로 기르는 건 엄마로서 내가 가장 바라는 부분이다. 이 항목들을 다 점검표에 넣지는 않았다. 실천하기 어려운 것만 넣었고, 대부분은 아이가 내 말에 순종할 거라 믿으면서 말로 부드럽게 타일렀다. 칭찬은 잔소리보다 훨씬 아이의 습관을 효과적으로 교정한다. 아주 작은 행동이라도 잘한 것이 있으면, 폭풍 칭찬을 하면서 점검표에 '사랑해 동그라미'를 그려 넣었다.

아이가 스스로 체크하는 생활 습관표는 학습에 관한 것이 주를 이뤘다. 학교 숙제와 한글 독서, 수학 연산 그리고 영어동화책 읽기였다. 독서는 동서고금을 막론하고 사람의 마음과 지혜를 기른다. 이처럼 중요한 평생 습관은 없다. 학교 숙제로 독서록 쓰기가 있어 아이는 꾸준히 책을 읽어야 했다. 비가 오면 우린 도서관으로 달려갔다. 조천도서관 입구의 자판기에서 백 원짜리 코코아를 뽑아 마시면 마음이 달달해졌다. 기분 좋아서 책 고르기가 더 즐거웠다. 책을 가져와 통창문으로 하늘과 바다를 감상하며 독서 삼매경에 빠졌다. 하얀 물보라와 솟구치는 파도, 베토벤의 장엄한 선율 그리고 책은 잘 어울리는 조합이었다. 수학 연산은 하루에 3장씩, 딱 10분만 풀었다. 감질맛이 나야 공부를 즐길 수 있다. 난 아이가 세상을 넓게 살 수 있도록 '언어'라는 무기를 주고 싶다. 워킹맘 시절, 딱 한 가지 아이 학습을 위해 노력한 건, 만화 대신 영어 영상을 꾸준히 보여준 것이었다. 공부의 핵심은 무엇보다 습관과 재미다. 아이는 온라인에서 읽고 싶은 영어 동화책을 골라서 꾸준히 읽었다. 영어를 읽고, 따라 말하고, 확인 문제를 풀었다. 숙제를 비롯한 모든 학습은 저녁밥 먹고 한 시간 반 정도면 충분했다.

창의적인 전문가가 되려면 배움을 즐기는 태도가 필요하다. 학기 초 학생 상담을 할 때였다. 중학교 신입생 중에는 과목마다 선생님이 달라져서 공부가 더 재미있다고 말하는 아이가 있었다. 학원은 최소로 다니고, 자기주도로 공부하는 아이였다. 배우기를 즐기고, 매사에 호기심을 가지려면 공부를 즐겁게 해야 한다. 본격적인 학습이 시작되는 중고등 시기를 잘 보내려면 초등 때까지는 공부 스트레스 없이 다양하게 체험하고 독서하면서 즐겁게 배우는 경험이 중요하다.

그런데 생활점검표를 하루도 빠짐없이 지켰느냐고? 그 질문에 대한 대답은 당연히 'NO'이다. 아이가 깜박 잊고 체크하지 않은 날도 있었고, 날이 너무 좋아서 내가 먼저 아이 손을 잡고 오름으로 출동한 날도 있었다. 습관에서 중요한 건 완벽함이 아닌 꾸준함이다. 왜 계속 놀 생각만 하냐고 아이를 들볶으며 실랑이를 벌여 달성하는 완벽함은 훈육에서 가장 중요한 '관계'를 망가뜨린다. 아이는 자신과 같은 편인 어른의 말에 순종한다. 부정적인 잔소리를 피하고, 아이와 더욱 친밀한 동지가 되기 위해서는 일탈도 필요하다. 일탈한 다음 날이면 이렇게 아이를 다독였다.

"애들아, 엄마는 너희가 좋은 습관을 갖길 바라. 세상에는 자연법칙이란 게 있어, 성실하게 노력한 사람은 다른 사람이 얻지 못한 성취의 기쁨을 맛보지. 어젠 신나게 놀았잖아. 오늘은 최선을 다해서 각자 할 일을 하자."

mom's tip

생활점검표로 자기주도력과 경제습관을 기를 수 있어요.

생활점검표는 아이와 함께 만들어야 해요. 지켜야 할 항목은 물론, 자고 일어나는 시간, 등교 시간, 밥 먹는 시간, 책상에 앉은 시간을 함께 정해보세요. 학원을 고를 때도 마찬가지고요. 아이도 자기 의견이 반영돼야 자발성이 성기고, 그것이 성취의 성패를 좌우합니다. 자기주도학습, 너무 중요해요. 하지만 엄마가 정한 시간에 무조건 앉아서 정해진 공부를 하는 건 자기주도학습이 아니에요. 아이 스스로 시간을 정하고, 공부량을 계획해서 직접 실천하는 연습이 필요하죠. 이때 부모는 깐깐한 공부 감독관이 아니라 아이와 친밀한 한 편이 돼야 해요. 자주 격려하고, 가끔 보상도 주고요. 뛰어노는 게 한창 좋을 나이잖아요.

저는 성취욕을 자극하기 위해 매월 말, 생활점검표의 달성도에 따라서 용돈을 차등적으로 줘요. 아이가 수고해서 돈을 벌어야(?) 부모의 노동을 고마워하고 돈의 가치도 깨닫거든요. 또 용돈을 받으면 저축(아이 통장이 필요해요)과 지출 범위를 정해서 소비하고, 용돈 기입장도 기록하게 하고요. 아이는 간식과 소소한 장난감, 친구의 생일 선물을 용돈으로 사고, 헌금과 식탁 위 이웃사랑 저금통에 기부도 해요. 생활점검표로 자기주도력을 기르고 경제교육까지 시킬 수 있더라고요. 블레즈 파스칼은 말했어요. 습관은 두 번째 천성으로 첫 번째 천성을 바꾼다고요. 엄마와 아이를 모두 살리는 생활점검표, 귀찮더라도 한 번 도전해보세요. 첫째 아이에게 건강한 습관을 만들어주면, 누나 따라쟁이인 작은 아이도 두 번째 천성으로 자연스레 변하겠죠?

호기심 여행

질문으로 생각이
쑤욱 자라다

 배움이란 아는 만큼 보이고, 공들인 만큼 내 것이 된다. 그러니 미리 공부해서 질문을 만들어 가면 여행은 호기심 가득한 모험이 된다. 질문은 배움을 즐기는 씨앗이 되어 경험을 의미 있게 만든다. 그렇다면 질문 여행은 어떻게 해야 할까? 딱 정해진 답은 없지만 나는 대체로 이렇게 진행했다. 먼저 아이에게 직접 여행지를 고르게 했다. 스스로 결정한 선택에는 힘이 있다. 그곳이 어디든(어떤 지루한 박물관일지라도) 기대감을 갖게 한다. 벽에 큼지막한 제주 지도를 걸었다. 우린 다녀온 곳마다 물방울 스티커를 붙이며 여행 과정을 체크했다. 아이는 수시로 지도 속 장소를 가리켰다. "여긴 어떤 곳이에요? 가면 뭘 볼 수 있어요?"라고 질문했다. 그러면 난, "궁금하지? 우리 같이 찾아볼까?"라고 응수했고, 그렇게 질문 여행은 시작됐다.

여행지를 정하고 나면 도서관에 갔다. 관련된 책을 찾아 읽으며 공부를 했다. 영상을 보면서 가볍게 흥미를 돋우기도 했다. 이렇게 조금만 알아도 여행지가 훨씬 더 궁금해진다. 모락모락 피어나는 궁금증을 질문형 문장으로 만들고 나면 여행 준비가 끝난다. 이제 여행지에 도착, 아이가 충분히 탐색하며 답을 스스로 찾길 기다렸다. 특별한 장소나 물건이 보이면 사진을 찍었다. 생각하는 힘을 기르기 위해 다양한 질문을 했다. 사실을 확인하고, 상상력을 돋우고, 가치관을 물었다. 체험이 끝나면 넓은 테이블이 있는 카페에 갔다. 간식을 먹으며 당 보충을 하고, 그림일기를 썼다. (이건 체험 당일이 아니어도 된다.) 인상적인 장면을 그리고, 질문과 답 또 소감을 글로 썼다. 마지막으로 일기장에 사진을 출력해서 붙이면 질문 여행이 끝난다.

아이에게 동굴은 신기하고 흥미진진한 체험지다. 온유가 만장굴(7.4㎞의 용암동굴로 유네스코 세계자연유산이자 세계 지질공원으로 지정됨)에 가고 싶어 했다. 우린 『거문오름의 동굴들』이라는 그림책을 읽었고, EBS Culture '제주 화산섬과 용암동굴'을 보면서 만장굴의 생성 과정에 대해 공부했다. 만장굴을 처음 발견한 부종휴 선생님과 꼬마 탐험대처럼 우리도 동굴 모험을 즐겨 보리라. 아이들은 이런 질문을 만들었다.

다솔: 예전에도 만장굴에 사람이 살았을까? 아직도 사람이 살았던 흔적이 남아 있을까?
온유: 지금도 만장굴에 박쥐가 살까? 동굴에서 박쥐는 뭘 먹고 살까?

드디어 만장굴에 도착, 엄청나게 넓었다. 대체 얼마나 많은 용암이 한꺼번에 분출된 걸까? 자연의 위력이 놀라웠다. 질문을 기억하며 우리는 박쥐와 사람의 흔적이 있는지 벽과 천장을 찬찬히 살폈다. 개방 구간 중간쯤 왔을 때 다솔이가 흥분하며 외쳤다.

"엄마, 아빠! 여기 보세요. 벽에 글자가 있어요. 구무루, 김선길! 사람 이름인가?"

"정말이네. 날카로운 도구로 벽에 글씨를 새겼네? 와, 신기하다. 대체 언제 쓴 거지?"

"선생님이 제주 4.3 사건 때, 사람들이 동굴에 숨어 살았다고 했어요. 그때 쓴 글자인가? 휴우, 동굴에서 얼마나 무섭고 답답했을까?"

질문에 대한 답을 찾은 아이가 대견했다. 한편 온유는 굴 입구에서 박쥐 사진이 박힌 안내문을 봤다. 읽어보니 박쥐는 지금도 만장굴의 개방되지 않은 구간에 많다고 했다. 박쥐가 사람을 피해서 안전한 곳으로 갔다. 온유는 박쥐를 직접 볼 수 없어 무척 아쉬워했다. (만약 실제로 봤다면 기겁하고 놀랐을 것이다.) 대신 박쥐의 먹이인 모기와 나방, 하루살이를 동굴 속에서 발견했다. 또 동굴 안에는 박쥐 말고도 지네, 거미와 같은 다양한 생물이 살고 있다는 것도 새로 알았다. 현대 경영학의 대가 피터 드러커는 노벨상을 탄 사람과 그렇지 않은 사람의 가장 큰 차이는 아이큐가 아니라, 더 큰 질문을 던지는가 아닌가에 달려있다고 말했다. 질문 여행은 아이의 호

기심과 사고력, 창의력을 쑥쑥 기르고 배움을 즐기는 평생의 태도를 갖게 만든다. 이 질문 여행으로 아이만 크는 건 아니었다. 나와 남편의 생각과 시야도 함께 넓어졌다. 사실 아이들 아니었으면, 용암동굴이 뭔지, 박쥐 먹이가 뭔지를 내가 어찌 알았으랴. 이렇게 보니 아이가 자라는 만큼, 엄마도 다시 큰다는 말이 꼭 맞다. 제주에서 내가 호기심 가득한 아줌마로 살았던 건, 아이들과 함께한 이 질문여행 덕분이었다.

> "아이는 즐겁거나 자기한테 필요하거나 당장의 이득이 눈앞에 보이지 않으면, 아무것도 배우지 못한다. 그러므로 아이가 현재 가진 관심은 배움의 가장 큰 동기이자, 끝까지 배우게 하는 유일한 동기이다."
>
> 장 자크 루소

mom's tip

질문이 어렵다고요? 쉽게 만드는 네 가지 방법을 활용하세요.

"질문을 대체 어떻게 만들죠? 너무 어려워요"라는 아우성이 들리는 듯해요. 저도 그랬어요. 질문을 만들고 여행 중 질문을 하는 게 처음엔 어색했어요. 우선 잘해야 한다는 두려움부터 던져버리세요. 질문을 만드는 데는 정답이 없거든요. '네, 아니오'의 단답형이 아닌 생각하게 만드는 열린 질문이라면 무엇이든 좋아요. 질문을 쉽게 만드는 네 가지 방법을 소개합니다.

첫째, 오감에 대해 질문하세요. 사물을 보면서 시각, 청각, 후각, 촉각, 미각이 어떤지 물어보세요. 이건 아이가 어릴수록 쉽고 효과적이에요. 답 찾기도 쉽고, 사물을 자세히 관찰하는 능력도 길러줍니다.

〈예시〉 "만장굴 벽은 무슨 색깔이야?"(시각)
"동굴 안에서 어떤 소리가 들리니?"(청각)
"벽을 만지면 어떤 느낌이 들어?"(촉각)
"굴속에서 어떤 냄새가 나니?"(후각)

둘째, 육하원칙을 활용해서 질문하세요. '누가, 언제, 어디서, 무엇을, 어떻게, 왜' 모두 아시죠? 학창 시절 국어 시간에 배운 걸 활용해야죠. 일반적으로 생각을 키우는 질문에는 '무엇, 어떻게, 왜'가 많이 활용돼요.

〈예시〉 "예전에 해녀들은 무엇을 입고 잠수를 했을까?"
"제주 해녀들이 왜 일본으로 갔을까?"
"해녀들은 어떻게 상군, 중군, 하군으로 나뉠까?"

셋째, '만약 ~라면'의 가정문을 활용해보세요. 이 질문은 상상력과 사고력을 길러주거든요.

〈예시〉 "만약, 내가 만장굴에서 살았다면, 뭘 하면서 시간을 보냈을까?"

넷째, 'A일까? B일까?'의 비교문을 활용해보세요. 질문 만들기가 쉽고, 창의성도 길러줘요.

〈예시〉 "제주 여인들은 물질과 농사 중에 뭐가 더 힘들었을까?"

해녀 박물관

비바람에도 끄떡없는
박물관 천국

　육지에서는 주말이면 어디를 갈까 고민했다. 수도권의 심각한 교통체증은 생각할수록 피곤했다. 또 이미 익숙해진 주변 관광지에는 별다른 매력을 못 느꼈다. 결국 동네 공원을 산책하거나 아웃렛에서 무료함을 달래곤 했다. 춥거나 눈비가 내리면 집에 갇혀있기 일쑤였다. 하지만 제주는 눈이 와도 즐거웠다. 사방이 천연 눈썰매장으로 변하는 까닭이다. 특히 썰매를 들고, 1,100고지나 마방목지, 한라생태숲에 가면(자동차 체인이 꼭 필요해요) 영화 러브레터를 연상시키는 설경에서 마음껏 뒹굴며, 썰매를 탈 수 있다. 무엇보다 제주가 사계절 내내 신나는 이유는 비바람에도 끄떡없는 실내 박물관이 많기 때문이다. 차를 조금만 타면, 30분 이내에 무궁무진한 볼거리가 널려있다. 도민 할인혜택을 십분 활용해서, 드넓은 실내를 자유롭게 활보했다. 무료할 틈이 없었다.

비 오는 토요일, 아이가 해녀박물관에 가자고 했다. 사실 녀석들의 관심은 마침 열리는 세화 오일장에 있었다. 시장 구경을 하며 간식을 사 먹을 속셈이었다. 어쨌든 장소를 정했으니, 후닥닥 도서관에 갔다. 해녀를 소재로 한 그림책, 『어멍 강옵서』, 『제주 해녀 간난이』, 『꼬마 해녀와 물할망』을 빌렸다. 아점을 즐기기 위해 김녕 삼다버거에 갔다. 카페보다 더 아기자기하고 예쁜 식당이다. 음식이 나오길 기다리면서 책을 읽었다. 신선한 수제 버거가 드디어 나왔다. 두툼한 소고기 패티, 먹음직스럽게 흐르는 육즙과 치즈까지 건강한 슬로우 햄버거였다. 음식을 다 먹고 나면 해녀에 대해 이야기했다. 각자 질문을 만들고, 관련 영상을 찾아 시청했다. 창밖을 보니 잠시 비가 그쳤다. 이 기회를 놓칠세라 식당의 알록달록한 계단을 따라 옥상에 갔다. 시원하고 상쾌한 바람이 불었다. 검은빛 현무암과 진갈색 논밭, 샛노란 유채 물결, 파란 바다가 환하게 펼쳐졌다. 제주에서는 먹고, 놀고, 공부하고 뭘 해도 마냥 행복할 뿐이다.

예약 시간에 맞춰 해녀박물관에 도착했다. 제1전시실은 해녀 집과 살림살이, 어촌 풍경이 모형으로 전시돼 있었다.

"엄마, 여기 갈치로 끓인 국이 있어요. 어 저건 뭐지? 성게인가? 미역국에 소고기 대신 다른 걸 넣었네? 실제 해녀가 살았다던데 집이 왜 이렇게 작지? 옛날 해녀들은 키가 작았나 봐요."

해녀의 집은 생각보다 훨씬 소박했다. 곡식과 야채가 귀한 섬 지역이라 반찬은 해녀가 따온 해조류가 주를 이뤘다. 도시에서는 보기 힘든 건강 밥상이었다. 아이들이 놀라며 말했다.

"어, 저 바구니 안에 아기가 있어요."

"저건 아기구덕이야. 해녀는 아기가 태어나서 삼 일이 지나면, 아기가 세 살이 될 때까지 이 대나무 구덕에 눕혀서 키웠대. 밭일과 물질을 나갈 땐, 바구니에 아이를 담아 가서 수시로 젖을 물렸고."

"아, 아기가 진짜 심심했겠다. 많이 울었겠네. 음, 난 지금도 혼자 있는 게 싫은데…."

아이들은 아기를 걱정했지만 난 육아와 생계를 오롯이 떠안았을 해녀의 고된 삶이 안쓰러워 코끝이 찡했다. 다른 전시실로 갔다. 아이들이 궁금해했던 불턱(해녀들의 해안 휴식 공간)과 소중이(1970년대 이전까지의 해녀복, 현재는 고무옷을 입고 물질한다)가 보였다. 예전 해녀들은 한겨울에도 무명을 홑겹으로 짠 저 소중이를 입고 얼음 바다로 뛰어들었다고 한다. 측은함이 밀려왔다. 해녀가 몸을 녹였을 불턱은 겨우 허리높이의 좁은 돌담터였다. 해녀의 삶은 고된 노동의 연속이었다. 남자들이 전쟁 때문에 대부분 군대로 끌려갔기에 생계는 모두 여성들 차지였다. 섬은 캐도 캐도 돌만 나오는 돌밭이라 농사짓기가 힘들었다. 곡식이 귀했기에 물질로 해산물을 건져야 간신히 입에 풀칠할 수 있었다. 제주에는 "쉐로 못나난 여자로 낫쥬"라는 말이 있다. 소로 태어나지 못해서 여자로 태어났다는 말이다. 그만큼 예전부터 제주 여자들은 일을 많이 했다. 투박하고 억센 제주도 말투는 고됐던 도민의 삶을 대변하는 게 아닐까?

해녀가 물질하는 영상이 나왔다. '호오이, 호오이' 숨비소리가 터져 나왔다.

"엄마, 이 소리는 사람이 아니라 꼭 돌고래가 내는 소리 같아요."

"숨비소리라는 거야. 잠수할 때, 참았던 숨을 물 밖에 나와서 한 번에 길게 터뜨리는 거지."

"해녀는 정말 힘들었겠어요. 물속에서 어떻게 이 분 동안이나 숨을 참고 전복을 땄을까?"

"진짜 대단하지? 15미터 바다 밑까지 내려가서 물질을 했대. 하루에 6, 7시간 동안… 정말 극한 직업이야. 해녀는 이명, 저체온증, 피부병(고무옷으로 인한)을 달고 살았어. 물질하다가 올라오면 갑자기 정신이 아득해진대. 그때 정신줄을 놓으면 바로 죽는 거야. 그러니 저 숨비소리는 매일 삶과 죽음을 넘나드는 해녀의 한 맺힌 울음소리가 아닐까? 어휴, 눈물 난다."

아이들은 자기도 숨을 참아 보겠다더니, 10초도 안 돼서 '훅'하고 숨을 내쉬었다. 전시실 한쪽에는 "저승에서 벌어 이승에서 쓴다."라는 글귀가 있었다. 해녀들은 거센 파도와 싸우며, 저승처럼 어둡고 추운 바다를 많게는 매일 200번씩 들어갔다 나와야 했다. 이들이 그 고통을 참아낸 힘은 무얼까? 전시관 영상 속 해녀는 말했다. "물질이 힘들고 삶이 고됐지만, 엄마로서 내 자식들 안 굶기고 공부까지 시킬 수 있어 다행이었지." 고된 세월을 묵묵히 견딘 건 모성애였다. 숭고한 사랑에 눈시울이 뜨거웠다. 집에 오는 길, 세화 오일장에서 큼지막한 갈치를 샀다. 고소한 갈치구이와 미역국으로 해녀식 건강 밥상을 차렸다. 생선살을 발라 아이들 숟가락 위에 놓았다. 아이들은 날름날름 맛있게도 받아먹었다. 참새처럼 입을 쩍쩍 벌려가면서… 그런 아이를 보니, 힘듦 속에서도 해녀 엄마가 지었을 순박한 미소가 내 입에도 머금어졌다. 그래, 삶은 당연히 고된 것. 호락호락하지 않은 자갈밭이라도 자식들이 건강하게 쑥쑥 자라는 모습을 위로삼아, 그저 감사하며 살아보자.

 mom's tip

다양한 문화 체험이 혁신을 만드는 아이로 만듭니다.

제주에는 한겨울 쇼핑센터를 대신할 체험형 실내 박물관이 무궁무진해요. 3D 게임 만들기, 마우스제작 체험이 가능한 넥슨컴퓨터박물관, 감귤체험은 물론 족욕과 쿠킹체험을 할 수 있는 감귤박물관, 광활한 유채밭이 펼쳐지는 조랑말박물관, 유럽감성 가득한 크리스마스박물관, 거대한 산갈치 표본이 있는 제주민속자연사박물관, 제주 역사와 문화를 한눈에 볼 수 있는 국립제주박물관, 제주 노블레스 오블리주의 상징 김만덕기념관, 육중한 비행체 수십 대가 천장에 매달려 있던 아시아 최대 규모의 우주항공박물관, 물 위에 있는 듯 신비한 제주도립미술관, 자연 친화적인 제주현대미술관(저지문화예술인마을 안에 있어요), 통창으로 한라산을 감상할 수 있는 기당미술관 등 지도만 언뜻 봐도 박물관(미술관을 포함한)이 100곳이 넘어요. 아이는 다양한 문화 체험을 통해 융합적인 사고를 배워요. 새로운 삶의 방식을 이해하고 그것을 녹여 자기 삶의 일부로 만들어내죠. 스티브 잡스는 미국인이지만 인도와 일본을 여러 차례 다니면서 동양사상에 심취했어요. 덕분에 간결하고 유용한 애플 제품이 탄생했고요. 장 자크 루소는 말했어요. 가장 잘 산 사람은 가장 오래 산 사람이 아니라, 가장 풍요로운 경험을 한 사람이라고요. 풍요로운 경험이 혁신을 만듭니다. 이번 주말 아이와 가까운 박물관, 미술관으로 떠나볼까요?

동물과 교감

잘 잤니?
서우봉 아기 흑염소

　서우봉 유채 물결이 바다를 향해 손짓했다. 아이들과 노란 봄을 만끽하려 서우봉에 자주 올랐다. 경사가 꽤 가팔랐지만 햇살을 무찌르고 힘차게 올랐다. 드디어 평지가 보였다. 남매는 날개를 단 듯 앞으로 내달렸다. 그런데 멀리 갔던 아이들이 겁먹은 표정으로 나에게 돌아왔다. 가만 보니 저 앞에 덩치가 큰 두 마리 흑염소가 길 중앙을 막고 서 있었다. 항상 긴 줄에 묶여 있던 놈들인데, 오늘따라 웬일인지 자유의 몸이었다. 말이 통하지 않는 짐승이라 저보다 작은 아이들에게 해코지라도 할까 봐 긴장됐다. 내 몸을 방패삼아 남매를 감싼 후 흑염소 옆을 조심조심 지나갔다. 그때 바로 눈앞에 새끼 흑염소 두 마리가 보였다. 새끼들은 낭떠러지 바위에서 '음메에에'하며 울고 있었다. 애타게 SOS를 외치는 듯했다. '그렇다면, 저 어미들은 제 새끼를 구해달라고 사람들에게 시위를 했던 걸까?' 안타깝긴 했지만 나도 내 새끼를 보호해야 해서 황급히 그 자리를 빠져나왔다.

바다를 끼고 도는 서우봉 둘레길은 환상적인 산책코스다. 여기서 보는 함덕 바다는 층층이 푸른 에메랄드다. 말은 초원에서 한가로이 풀을 뜯고, 유채꽃 향기로 정신은 온통 몽롱했다. 둘레길을 쭉 걸으면 숲길로 향하는 계단이 나온다. 숲속에서 남매는 피톤치드를 맡겠다며 나무 앞에 코를 박고 한참을 서 있었다. 광활한 바다에 감탄하며 둘레길 끝까지 갔다가 되돌아 나왔다. 길목에는 아까 울고 있던 아기 흑염소 두 마리가 풀을 뜯고 있었다. '저 가는 다리로 높은 바위를 용감하게 뛰어내렸구나.' 어린놈들이 대견했다. 남매는 눈앞의 작은 생명체에게서 눈을 떼지 못했다. 윤기가 좔좔 흐르는 보드랍고 까만 털, 부지런히 오물거리는 입, 까만 피부와 대비되는 노랗고 긴 눈동자, 막 자리를 잡은 봉긋한 뿔이 참 앙증맞았다. 어떤 짐승이든 아기들은 왜 이렇게 사랑스러울까? 남매는 이미 흑염소의 등을 쓰다듬고 있었다. 그리고 풀을 뜯어와 흑염소에게 내밀었다. 아기 흑염소는 남매가 주는 먹이를 넙죽넙죽 잘도 받아먹었다. 그러더니 남매를 졸졸 쫓아 다녔다. 강아지처럼 순순한 네 생명체는 그렇게 친구가 됐다. 남매는 풀을 잘 먹는 쪽은 먹순이, 시원찮게 먹는 쪽은 안순이라는 이름을 붙여 주었다.

하교한 아이들이 어서 흑염소를 만나러 가자고 졸랐다.
"주말 내내 비가 왔었는데, 혹시 감기에 걸린 건 아니겠죠?"
"얼마만큼 컸을까? 우리보다 더 커지면 안 되는데! 엄마, 흑염소가 좋아하는 콩깍지 이번엔 꼭 챙겨가요!"

　일주일 만에 만난 아기 흑염소는 그새 훌쩍 커 있었다. 일 년이면 성체가 된다는데, 좀 더디게 자라주었으면 했다. 오늘도 아이들은 흑염소 밥 먹이느라 바쁘다. 사람들이 귀엽다며 몰려들었다. 그 소란에도 아기 흑염소는 아랑곳없이 풀을 받아먹었다. 뭐 모르는 어린애처럼 귀여웠다. 온유가 안순이를 마치 제 새끼인양 품에 꼬옥 안았다. 예뻐서 어쩔 줄 몰라 했다. 오늘도 집에 일찍 들어가긴 틀렸다. 함덕 바다가 핑크빛으로 물들 때까지 우린 그렇게 흑염소 곁에 머물렀다.

　유년기는 자신만을 특별한 존재라고 생각하는 시기다. 하지만 지속적인 동물과의 교감은 자아 중심성을 서서히 벗겨낸다. 아이는 동물과 소통하고 애정을 주고받으면서 생명의 존엄성을 배운다. 모든 생명은 소중하다는 것, 동물도 사람처럼 욕구와 호

불호가 있음을 자연스레 깨닫는다. 도시 아이들인 남매는 제주 덕분에 아기 흑염소와 일 년 동안 특별한 우정을 나눴다. 애들아, 흑염소와 함께했던 평화롭고 따스한 시간들, 너희들 가슴 속에 여전히 남아 있지? 아기 흑염소에게 했던 남매의 인사가 지금도 내 귓가에 맴돈다.

"먹순아 안순아, 오늘도 잘 잤니?"

mom's tip

동물과의 교감은 밝고 따뜻한 정서를 갖도록 도와줍니다.

제주에는 아침미소목장, 아쿠아플라넷, 노루생태공원, 도치돌알파카목장 등 동물을 생생하게 만지면서, 먹이를 주는 체험지가 무궁무진해요. 파도가 잔잔한 만조 때, 대정읍 영락리와 신도리 노을해안로 바다에 가면 재롱부리는 돌고래 떼도 수시로 만날 수 있어요. 다양한 동물과 교감하면서 아이는 동물도 감정과 판단력을 갖고 있다는 사실을 깨달아요. 강아지도 아프면 소리를 지르고, 호감을 보이면 좋아서 꼬리를 흔들잖아요. 귀여운 강아지를 다루면서 타인의 감정을 이해하고 배려하는 공감력을 키운답니다. 또 동물과의 교감은 아이의 스트레스를 낮춘다는 연구 결과도 있어요. 영국의 링컨대 연구팀은 강아지와 주기적으로 논 아이와 그렇지 않은 아이들의 코르티솔(스트레스 호르몬)을 채취해서 분석했어요. 그 결과 강아지와 상호작용을 한 아이들의 스트레스 수준이 현저하게 낮았음을 밝혀냈죠. 결국 동물과의 교감은 아이가 밝고 따뜻한 정서를 갖도록 도와줍니다. (말, 강아지, 고양이, 앵무새, 곤충, 이름을 붙인 식물 등 모든 생물과 교감할 수 있어요.)

우주의 신비

한라산 순수의 별빛이 쏟아지다

고래도 가끔 수평선 위로 치솟아 올라 별을 바라본다.
나도 가끔 내 마음속의 고래를 위하여 밤하늘 별들을 바라본다.

정호승 시인의 '고래를 위하여'의 일부이다. 어릴 땐, 나도 바다를 유영하는 고래처럼 별을 자주 봤었다. 어둠이 내리면 동생과 망원경을 들고 주택 옥상으로 올라갔다. "달나라에 정말 토끼가 살고 있을까?", "저기, 북두칠성이야!" 밤하늘을 헤던 순간을 또렷이 기억한다. 까만 도화지 위 빛나는 보석을 보며, 두근두근 설레었다. 별은 '순수, 호기심, 열정, 희망, 신비'의 총체이다. 어른이 된 후에는 더 이상 별을 애달파하지 않았지만, 별은 가슴 한켠에 고이 남아 있었다. 알퐁스 도데《별》에 나오는 목동의 순결한 사랑, 별을 사랑하여 세상과 섞일 수 없었던 예술가 고흐, 어릴 적

별밤 추억이 없었다면 과연 그 순수를 공감할 수 있었을까? 유년의 별을 간직한 사람은 평생 가슴속에 순수를 품고 산다. 안타깝게도 내 아이들은 여태껏 별을 제대로 보지 못했다. 고층 건물에 가린 하늘은 답답했고, 도시의 가로등과 네온사인은 별빛보다 현란했으니까. 순수는 바쁘게 가는 걸음을 멈추고, 진짜 소중한 것을 분별할 수 있는 힘이다. 머물러 생각하는 힘은 상상력과 창의력의 원천이 된다. 오래 사랑을 받아온 음악이나 미술도 순수한 상상과 관찰에서 비롯됐다. 비발디의 사계, 베토벤의 월광 소나타, 슈베르트의 송어, 생상스의 백조, 모네의 수련 등. 세월이 흘러도 퇴색하지 않고, 여전히 마음을 출렁, 멈추게 만든다.

아이들에게 순수를 보여주고 싶었다. 제주에서 별을 관찰할 수 있는 곳은 제주별빛누리공원, 서귀포천문과학관, 우주항공박물관 이렇게 세 곳이다. 아이들은 제주별빛누리공원의 영상과 전시를 특히 좋아했다. 1층의 4D 영상관(3차원의 입체영상을 움직이는 의자에 탑승하여 시청함)은 마치 롤러코스터를 타며 우주여행을 하는 듯 박진감이 넘쳤다. 2층의 천체 투영실 천장에는 뱅뱅 돌아가는 돔 스크린이 있었다. 누워 있으면 사계절의 별자리가 그대로 쏟아져 내렸다. 정신이 번쩍 들 만큼 아름다웠다. 하지만 실외에서 하는 별자리 관측은 서귀포천문과학문화관이 더 좋았다. 예약제여서 소수의 사람들과 별을 좀 더 차분하고 자세히 볼 수 있었다. 한라산 밤공기가 무척 상쾌했다. 산속의 새카만 하늘 위에 수많은 별무리가 있었다. 자세히 보면, 별은 저마다 다른 빛깔을 갖고 있다. 가장 밝은 시리우스는 코발트 빛, 스피카는 레몬 빛, 아크투르스는 장밋빛으로 빛난다. 거대한 망원경 여러 대가 다양한 각도로 하늘을 비추고 있었다. 줄을 서서 그 망원경 렌즈 안을 하나씩 조심스레 들여다봤다. M44 프레세페성단(별들의 무리)의 고운 은하수, 세 개의 별이 하나로 합쳐 보이는 북두칠성 6번 별, 섬광처럼 떨어지는 별똥별까지 우주는 마냥 신비로웠다. 망원경 속 별을 감상하던 온유가 말했다.

"별빛이 정말 부드러워요. 별들이 하늘에서 피아노를 치는 것 같아."

밤중에 산속을 헤치고 여기 온 보람이 있었다. 아이가 별을 가슴 깊이 간직하길 바랐다.

서귀포천문과학문화관 옆에는 전파망원경이 있다. 접시 모양의 거대한 구조물은 마치 공상과학영화에서 튀어나온 듯 최첨단의 아우라를 풍겼다. 이것은 행성이나 천체에서 나오는 전파를 관측한다. 그래서 태양과 별의 생성과 소멸, 블랙홀의 비밀을 분석한다. 한국에 전파망원경은 남쪽 제주도, 북쪽 연세대, 동쪽 울산대에 있다. 이 세 구조물은 삼각편대를 이루며 하나의 시스템이 된다. 지름 500킬로미터의 거대 관측망을 형성한다. 이렇게 우주는 우리가 의식하지 못한 순간에도 계속 변하고 관측되고 있었다. 내 눈에 보이는 것을 세상의 전부라고 여기며 바쁘게 앞만 보고 달리는 인생은 얼마나 헛되고 애처로운가. 언젠가는 모두 별이 될 인생, 순수를 소망하며 천천히 걷길 다짐해 본다. 별빛에 취해, 집으로 가는 차 안에는 질문이 쏟아져 내렸다.

"아빠, 처녀자리 알파별인 스피카는 이름도 귀여워요. 별 이름을 어떻게 지을까요?"

"별똥별은 왜 떨어져요? 지구에 떨어지면 위험할 것 같은

데….”

"블랙홀이 뭐예요? 빨려 들어간 별은 어떻게 돼요?"

"여보, 10억 광년 거리(감히 상상도 안 간다)에 있는 별빛은 10억 년 전의 빛이고, 그 빛을 현재를 사는 우리가 본다는 말, 진짜야?"

우주는 정말 알면 알수록 신기하고 아리송하다.

우주에는 관측 가능한 은하계가 1,700억 개 있다. 우리가 사는 지구는 수많은 은하 중, 태양이라는 별이 포함된 하나의 은하에 불과하다. 아, 거대한 은하계 중 지구라는 별, 그중 한국이라는 나라에서 태어나 만난 우리, 서로 가족으로 친구로 이웃으로 얽힌 이 관계는 얼마나 특별하고 소중한가? 짧은 만남 속에서 서로를 진정 사랑하며 따스한 빛을 뿜어낼 수 있길… 순수를 노래하는 삶을 살길 기도한다. 돈 맥클린의 노래 'Vincent(빈센트)'가 한라산 밤공기를 타고 은은히 퍼져나갔다.

"Starry, starry night. Paint your palette blue and gray."

mom's tip

밤하늘에서 북두칠성과 카시오페이아, 북극성을 찾아보세요.

북반구 북쪽 하늘에는 북두칠성과 카시오페이아가 잘 보여요. 봄과 여름에는 북두칠성을, 가을과 겨울에는 카시오페이아를 쉽게 찾을 수 있죠. 이 별자리를 찾으면, 북극성도 찾아낼 수 있어요. 먼저, 북두칠성으로 북극성을 찾아볼까요? 일곱 별 중, 국자의 머리 쪽에 있는 두 별을 마음속으로 연결합니다. 그 거리의 5배만큼 직선으로 그리고 나가면 북극성이 보여요. 이젠 카시오페이아로 북극성을 찾아볼게요. W모양의 뾰족한 부분을 이어서 A모양을 만들고 A모양과 W모양의 뾰족한 부분을 마음속으로 이으세요. 그것의 5배만큼 직선을 그리면 북극성이 나옵니다. 밤하늘 별자리를 쉽게 찾을 수 있는 앱이 있어요. 앱을 스마트폰에서 켠 후, 밤하늘을 비추면 화면으로 별자리 이름과 모양을 보여준답니다. 언제나 우리 주위에서 빛나고 있는 별, 아이에게 순수의 세계를 선물해 주세요.

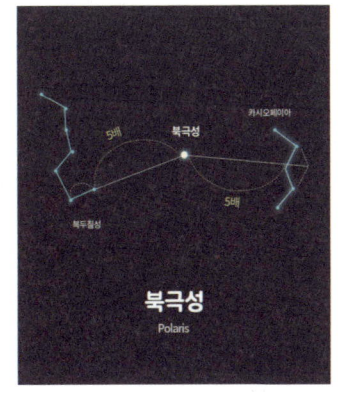

제주 4.3 사건

너무 모르고 살았습니다. 꼭 기억할게요

4월 3일, 다솔이는 내게 수업 시간에 만든 동백꽃 입체화 한 장을 내밀었다. 송이송이 박힌 꽃은 왠지 구슬펐다. 괜히 우울해져서 난 그것을 슬쩍 책 사이에 감춰놓았다. 함덕 옆에는 북촌이 있다. 아이와 함께 서우봉 올레길을 따라 그곳에 놀러 가곤 했다. 북촌은 평화로운 밭담과 포구가 있는 반농반어 마을이다. 한적한 포구에는 오전에 작업한 소라와 멍게, 해삼, 성게, 문어가 그득 쌓여 있었다. 한쪽에서 두 남자가 커다란 생선 한 마리를 손질했다. 사람이 떠난 후, 생선이 절단된 그 자리에는 선홍빛 내장만 덩그러니 남아 있었다. 그것은 결국 파도에 휩쓸려 바닷속으로 무심하게 빨려 들어갔다.

그날도 온유와 데이트 삼아 북촌에 놀러갔다. 늘 조용했던 마을인데, 웬일로 포구에 사람들이 많았다. 동네 사람이 모두 모인 듯했다. 그들은 뾰족한 가시를 피해서 성게를 갈랐다. 샛노란 알을 수저로 떠 모으는 솜씨가 아주 능숙했다. 성게 특유의 알싸한 향이 코끝을 찔렀다. 한참을 구경했지만, 아무도 우리에게 말을 걸지 않았다. 시선도 잘 마주치지 않았다. 투명 인간이 된 듯 어색했다. 다들 바빠서 그런가보다 했다. 북촌 입구 큰 길가에는 '너븐숭이4.3기념관'이 있다. 피할 길이 없어보였다. 비장하게 건물 안으로 들어갔다. 너븐숭이는 넓은 돌밭이라는 제주어이다. 알고 보니 이곳은 대량 학살이 있었던 장소였다. 북촌리는 노형리, 가시리와 함께 4.3 사건 때 가장 많은 인명 피해가 있었던 마을이다. 1949년 1월 17일, 정부군은 제주를 레드아일랜드(공산당을 뜻하는 빨갱이 섬)로 규정했다. 북촌리 주민을 학교 운동장에 모두 모은 후, 빨갱이 가족이라는 이유로 한 자리에서 400명을 총살했다. 그 당시 검붉은 핏물은 흐르고 흘러서 북촌과 함덕 바다를 핏빛으로 만들었다고 한다. 너븐숭이 기념관에는 어린이 돌무덤 10기가 있다. 미처 수습되지 못해 그 자리에서 그대로 별이 된 아이들. 4.3 사건 당시 영문도 모르고 학살당한 어린이는 북촌에서만 55명이고, 제주 전역에는 800명이 넘는다. 대체 이 아이들이 무슨 잘못을 했을까. 당시 비명소리가 들리는 듯 해 몸이 부르르 떨렸다.

결국 다음날 우린 봉개동 4·3평화공원을 찾았다. 4·3평화기념관은 국가의 자존을 위해, 분단을 반대하고 불의에 맞섰던 제주민을 처참하게 살육한 역사를 추모하고 있었다. 4.3 사건은 해방 공간에서 국가가 자행한 잔인한 폭력 사건이다. 고립된 섬에 이념적인 색을 입혔고 수많은 희생자를 냈다. 작가 현기영은 북촌리의 4.3 사건을 다룬 《순이 삼촌》을 1978년 발표했다. 이 때문에 심한 옥고를 치렀지만, 덕분에 제주 4.3 사건이 세상에 알려지게 됐다.

> "한 공동체가 멜싸지는데 가만히 있을 수 있는가 말이야. 이념적인 건 문제가 아니야. 거기에 왜 붉은색을 칠하려고 해? 공동체가 무너지고, 누이가 능욕당하고, 재산이 약탈당하고, 아버지가 살해당하고, 친구가 고문당하고, 씨멸족 하는데, 이런 상황에서 항쟁이란 당연한 거야. 이길 수 없는 상황이라고 해서 항복하고 굴복해야 하나? 이길 수 없는 싸움도 싸우는 게 인간이란 거지. 4.3의 슬픔은 눈물로도 필설로도 다 할 수가 없어. 그 사태를 겪은 사람들은 덜 서러워야 눈물이 나온다고."

북촌의 아픔을 조금은 알 것 같았다. 제주에서 이 끔찍한 사건은 지나간 역사가 아니다. 지금도 현재진행형이다. 당시에 부모와 조부모, 친구의 죽음을 목격한 수많은 사람이 아직도 제주 전역에 살고 있다. 지금도 제주 공항의 활주로 밑에는 발굴되지 못한 수많은 4.3의 백골이 잠들어 있다. 살아있는 역사를 지척에 두고도, 아프기 싫어 외면하려 했던 게 부끄럽고 죄송했다. 제주 4.3을 통해 평화가 얼마나 소중한지, 지금 이 행복한 일상이 우연이 아닌 수많은 희생 위에 세워진 핏값임을 다시 새겼다. 아이들과 난 새끼손가락을 걸었다. 작은 일에 불평하지 말고 매일 감사하며 살기, 외세에 휘둘리지 않는 강한 나라 만들기, 즐겁게 배우고 깊이 생각해서 실력 있는 후손되기. 기념관 출구에는 추모의 깃발이 나부끼고 있었다. 우리도 펜을 꾹꾹 눌러가며 추모 글을 썼다.

"너무 모르고 살아서 죄송합니다. 꼭 기억하며 살겠습니다."
"정말 많이 아프셨죠. 하늘에서 편히 쉬세요."

이 글을 쓰는 내내 가슴이 먹먹하다 못해 속이 울렁거린다. 며칠째 내리는 비는 마치 그날의 눈물인 양 서럽게 떨어지고 있었다. 다가오는 겨울에는 동백꽃 앞에서 마냥 웃지 못할 것 같다. 통꽃으로 떨어져 하얀 눈밭을 붉게 물들이는 동백꽃이 처절하게 스러져간 4.3의 주민들로 보일 것이 자명했기에.

함께 기억해요. 제주 4.3 사건

4.3 사건은 1947년부터 1954년, 7년간 제주 민간인 무장대와 정부군 토벌대(총으로 무장한 경찰과 군인) 간의 충돌과정에서 수많은 제주민이 희생당한 사건이다. 해방의 기쁨도 잠시, 분단이 시작됐다. 일장기 대신 성조기가 관청에 올랐고, 미군정은 일제 관리와 경찰을 적극 재등용했다. 나라가 분열되고, 친일파의 횡포는 여전했다. 반감을 가진 도민들은 분단을 막고, 자주독립 국가를 건설하고자 적극 나서기로 했다. 제주 청년 350명은 변변한 무기도 없이 무장대를 만들었다. 1948년 4월 3일, 새벽 경찰지서를 공격했다. 슬로건은 "외세의 탄압에 저항하고, 통일국가 건립을 가로막는 5.10 단독선거를 반대한다."였다. 그러나 1948년 8월 15일, 남한 단독 정부가 수립됐다. 그해 10월 미군과 당시 정부는 제주를 '레드아일랜드'로 지정했다. 제주는 거대한 감옥이

자 살육터로 변했다. 산속 무장대를 토벌하기 위해 중산간의 마을 전체를 초토화했다. 남녀노소 가리지 않은 대규모 총살이 자행됐다. 소, 말, 돼지도 빨갱이 폭도들의 양식이 된다하여 몰살시켰다. 가옥 4만 채가 토벌대의 방화로 불탔다. 제주 전체가 불바다였다. 당시 제주 전체 인구의 9분의 1인, 3만 명이 비참하게 죽었다. 제주 4.3은 6·25전쟁 다음으로 많은 인명피해를 낸 참사다. 여성과 노인, 어린이 희생자도 33퍼센트가 넘는다. 남녀노소 가리지 않는 이승만 정부의 과도한 진압 작전이었고, 잘못된 국가 권력에 의한 동족 간의 비극이었다.

독재정권 아래 4.3 사건은 반세기 동안 입 밖에 내놓지 못하는 일, 알고서도 몰라야 하는 일이었다. 공포에 질린 섬 주민들은 기억을 자살시켜야 했다. 2005년 노무현 대통령이 제주도를 방문하여 도민과 4.3 유족들에게 국가권력의 잘못을 인정하고 공식 사과를 했다. 2014년에는 '4·3 희생자 추념일'이 국가기념일로 선포됐다. 하지만 4.3은 여전히 많은 의문을 던진다. 한반도 분단과 냉전에서 비롯된 비극이라 해도 어떻게 그렇게 많은 사람이 희생되었는가 하는 것이다. 그것도 비무장 민간인, 특히 어린이와 노인, 여성들이 무참히 학살되었다는 점에서 더욱 그렇다. 결국 4.3은 특정 지역의 역사와 전통, 주민의 정서 등을 무시한 채 오로지 물리력만 앞세우고, 이분법적 이데올로기의 대립으로 몰고 갔을 때, 어떤 결과가 빚어지는지를 여실하게 보여주고 있다.

또 민심을 얻지 못하면 엄청난 물리력을 동원해도 쉽게 제압되지 않는다는 뼈아픈 교훈도 주고 있다.

화산쇄설층

엉앙길 베이커리 카페 창업, 도전해볼까?

제주는 단순한 힐링 관광지가 아니다. 유네스코 자연유산의 트리플 크라운을 달성한 세계 유일한 섬이다. 독특한 화산 지형과 수려한 자연경관, 오랜 역사와 문화적 가치는 세계인을 놀라게 했다. '효리네 민박'에 출연했던 탐험가 문경수 씨는 책 《제주 과학 탐험》과 강연을 통해 제주의 남다른 가치를 널리 알렸다. 나도 이 책을 읽고, 제주를 새롭게 봤다. 제주는 알면 알수록 신기한 곳이다. 특히 전 세계 화산학자들이 주목하는 수월봉 화산쇄설층이 무척 흥미로웠다. 원래 수월봉은 환상적인 일몰로, 그 옆 엉앙길(높은 절벽 아래 바닷가라는 뜻의 해변 길)은 바다를 낀 올레길로 유명하다. 노을이 얼마나 예쁜지 수월봉 옆 도로 이름도 노을해안로이다. (이곳은 태안반도, 순천만과 더불어 한국의 3대 노을 명소다.) 하지만 화산학자들이 이곳을 주목하는 이유는 해안 절벽의 화산쇄설층 때문이다. 얼핏 보면 일반 퇴적층 같지만 이곳은 바닷속에서 마그마가 폭발하며 순식간에 만들어진 화산퇴적구조다. 폭발 당시, 하늘로 치솟은 화산재와 분출물이 어떻게 흘러 층층이 쌓였는지를 알 수 있다. 지층 속에는 한 방향을 향하고 있는 화산탄과 탄낭구조(화산탄이 떨어지며 지층을 주머니 모양으로 뚫고 들어간 구조)가 생생히 박혀있다. 18,000년 동안 고이 보존된 이 화산지층을 세계 지질학자들은 직접 보고도 도무지 믿지 못하겠다는 반응을 보였다. (제주세계자연유산센터에서 제작한 지질탐사대행소 '수월봉 편' 유튜브 영상을 참고하세요.)

수월봉과 엉앙길에 다시 갔다. 이번엔 석양이 아닌 줄무늬 지층을 자세히 보기 위해서였다. 화산학 교과서답게 지층마다 무늬와 구성 물질이 달랐다. 돋보기로 지층을 관찰했다. 까칠한 모래층, 입자가 고운 이질층, 올록볼록한 자갈층이 평평하거나 물결무늬를 이루고 있었다. 종잇장처럼 포개진 화산재 속에는 많은 화산탄이 박혀 있었다. 거대한 암석이 떨어져 움푹 파인 탄낭구조도 보였다. 고온의 마그마가 차가운 바다를 만나면 반투명의 유리 조각 알갱이로 깨진다. 마치 뜨거운 유리컵을 찬물에 넣으면 폭발하는 것과 같다. 이 불안정한 알갱이들이 날아와 순식간에 굳어 단단한 암석층이 됐다. 수월봉은 파도에 의해 깎여나가고 남은 화산체의 마지막 일부이다. 그래서 분화구가 안 보인다. 그렇다면 진짜 분화구는 어디에 있을까? 아이가 손가락으로 바다 쪽을 가리켰다.

"어? 저기일까? 영상에서 봤던 분화구 모습이랑 비슷한데…"
"어, 차귀도랑 수월봉 중간쯤에 있다는 분화구가 맞네. 이야 잘 찾았다!"

삐쭉 보이는 저 돌무더기가 화산 꼭대기라는 사실은 좀처럼 믿기 어려웠다. 수성화산(해저에서 분출한 화산)의 분화구는 오랜 세월 동안 파도에 깎여나가고 평평해졌다. 폭발 당시에는 해수면의 높이가 지금보다 100미터쯤 낮았다. 많은 해녀들이 증언하길 바다에 잠겨 있는 저 봉우리의 분화구는 아주 깊다고 한다. 직접 물속에 들어가 확인할 수가 없으니 그저 믿는 수밖에.

화산쇄설층을 감상하며 엉앙길을 걸었다. 그런데 지층에 물이 흘러내리는 곳이 있었다. 아이들은 탐험가답게 말했다. "여긴 바다랑 떨어져 있는데 왜 물이 흐르지? 날씨 계속 맑았는데, 여기만 비가 내렸나?" 의문을 품고서 10미터쯤 계속 걸어갔다. 안내판이 보였다. 이것은 녹고의 눈물로 빗물이 화산지층을 통과하다가 아래쪽에 있는 진흙층을 투과하지 못하고 중간에 새 나와 흐른 것이었다. 관련된 전설도 있다. 녹고와 수월 남매는 병든 홀어머니를 모시고 살았다. 어머니를 위한 약초를 캐려다가 동생 수월이가 절벽에 떨어져 죽었다. 이때 오빠인 녹고가 흘린 눈물이 샘물이 됐다고 한다. 또 이 물은 옛날 주민들의 식수였다.

"엄마, 무슨 맛일까요? 궁금해요. 진짜 눈물 맛이 날까? "

"지금은 오염돼서, 마실 수가 없대."

이렇게 말하면서도 난 과감히 그 물을 손가락으로 찍어 살짝 맛을 봤다.

"어으 짜, 완전 바닷물인데?"

얼마나 원통했으면, 녹고는 이리 짜디짠 눈물을 흘렸을까? 내 반응을 보고선 맛보고 싶다던 말이 쏙 들어갔다.

엉알 해변은 올 때마다 정말 아름답다. 푸른 바다와 장엄한 절벽 산책로, 오목한 차귀도까지. 마음을 홀랑 빼앗는다. 이럴 땐, 제주에 계속 살고 싶다는 마음이 더 간절해진다. 진심이 하늘에 닿았을까? 신기한 일이 펼쳐졌다. 내 눈에 이 길고 거대한 화산쇄설층이 겹겹이 쌓인 카스텔라로 보였다. 아이디어가 섬광처럼 떠올랐다.

"우리 화산쇄설층 카스텔라를 개발해볼까? 베이커리 카페를 창업해 보자고. 어때?"

"와, 엄마! 좋은 생각이에요. 화산탄은 까만 쿠키 조각으로 만들고. 미숫가루, 초콜릿, 바나나를 섞은 빵을 겹겹이 쌓아 화산지층 카스텔라 완성하면 되겠어요. 생크림도 넣을까요? 더 맛있게요."

옆에서 남편이 거들었다.

"제주 지질 명소인 수월봉! 세계화산백과사전에 실린 화산쇄설층, 우리가 기억하고 아껴야 할 유산! 카페의 일부 수익금은 자연유산 보호에 사용됩니다. 아이디어 좋은데? 이거 어디 유출하지 말아요. 퇴직금 모아 창업하자고. 다솔아, 카운터를 부탁해!"

"헤헤 그럼, 온유는 뭐해요? 온유야, 넌 엄마랑 빵 구울래?"

"싫은데? 난 저 전기자전거 타고 쌩쌩 배달 다닐 거야!"

베이커리 카페라니, 과연 이루어질까? 바다를 보며 빵을 굽고, 커피를 내리고, 글 쓰는 삶이라니, 상상만으로 행복하다. 문제는 자본인데, 혹시 화산쇄설층 카페 창업에 관심 있으신 분 어디 없나요? 투자하실 분, 저에게 연락주세요.

── mom's tip

제주도는 어떻게 유네스코 트리플 크라운을 달성했을까요?

제주도는 세계에서 유일하게 3대 자연 유산 보호 제도에 모두 등재됐어요. 국제 연합 전문기관인 유네스코는 제주도를 2002년 생물권보전지역, 2007년 세계자연유산, 2010년 세계지질공원으로 지정했습니다. 제주는 난대, 온대, 아한대, 열대성 생물이 공존해요. 이 특이한 생태계를 보전하기 위해 생물권보존지역이 됐죠. 한라산과 쇠소깍, 효돈천, 문섬, 범섬, 섶섬은 대표적인 생물권보전구역이에요. 또 2007년 제주도는 우리나라 최초로 '화산섬과 용암동굴'이라는 이름으로 세계자연유산(원래 세계유산은 문화유산, 자연유산, 복합유산으로 구분되고 석굴암과 불국사, 해인사 장경판전, 창덕궁 등이 세계문화유산이에요)에 등재됐어요. 등재된 장소는 한라산, 성산일출봉, 거문오름 용암동굴계(만장굴, 김녕굴, 용천굴 등 총 10곳)로서 제주도 면적의 10퍼센트에 달합니다. 세계지질공원은 지질학적으로 가치 있는 자연유산을 보호하면서 교육과 관광 자원으로 활용하기 위해 지정합니다. 2010년, 한라산과 비양도, 수월봉, 산방산, 용머리해안, 주상절리, 천지연폭포, 서귀포층, 선흘곶자왈, 성산일출봉, 우도, 만장굴이 모두 세계지질공원으로 인증받았어요. 참 대단하죠? 이왕 제주에 왔다면, 신비한 자연을 구석구석 탐험하고, 특징을 공부하면서 평생의 추억을 남겨보면 어떨까요? 탐험가답게 챙 넓은 모자를 쓰고 말예요. 아참, 돋보기와 필기구, 나침반도 챙겨야겠죠?

세계자연유산

앞으로 전진!
흥미진진 거문오름 가족탐험대

　유네스코 세계자연유산인 거문오름을 탐방하기로 했다. 곶자왈과 오름은 많이 갔지만, 이번처럼 해설사를 동행하는 탐방은 처음이었다. 며칠 전, 예약 센터에 전화를 했었다. 관계자는 아이들이 해설사의 설명을 들으며, 단체 활동을 하는 것이 힘들겠다며 우릴 만류했었다. 걱정이 되어 아이들에게 단단히 주의를 주고 또 줬다.

　"얘들아, 긴 팔, 긴 바지 입었지? 단체 활동이니까 절대 위험한 장난치지 않기! 해설사 선생님 말씀을 잘 듣고 끝까지 따라다녀야 해. 엄마는 너희가 잘 해낼 거라 믿어!"

　"네, 알았어요. 제가 온유 손 꼭 잡고 다닐게요. 엄마, 돋보기는 챙겼는데, 숲에 가는 거니까 모기퇴치제랑 연고, 반창고도 가져가야겠죠? 다 제 가방에 넣을게요!"

남편을 닮아 준비성이 철저한 딸을 보니 피식 웃음이 나왔다. 남편 가방에는 혹시 모를 상황에 대비한 손톱깎이와 우산, 겉옷이 늘 들어있었다. 그걸 본 딸도 책가방에 우산과 겉옷을 넣고 다녔다. 어쩜 이런 것까지 닮았는지, 유전의 힘은 역시 세다. 어쨌든 걱정 반 설렘 반으로 탐험을 떠났다. 탐험이라고 말하니까 뭔가 거창해 보이지만, 그게 뭐 별거인가? 그저 자연과 사랑에 빠져 (심지어 벌레, 곤충까지도) 천천히 보고, 느끼고, 생각하면 되는 것이다.

드디어 거문오름에 도착했다. 이곳은 자연 보호를 위해 탐방 인원이 정해져 있다. 생수 외 어떤 음식물도 가져갈 수 없다. 일찍 도착해서 시간이 남았다. 입구 옆에 있는 세계자연유산센터에 갔다. 여긴 제주에 오면 꼭 한 번은 둘러보길 추천한다. (예약이 필요 없으니, 언제든 방문가능하다.) 세계자연유산인 제주도를 보다 생생하고 구체적으로 공부할 수 있기 때문이다. 지금은 개방되지 않은 그래서 더 가고 싶은 용천굴을 실감난 모형으로 볼 수 있었다. 동굴 호수는 신비했다. 용천굴, 언젠가는 꼭 직접 가보고 싶다. 출구 쪽에는 VR 체험용 미니 기차가 있다. 체험 안경을 쓰고 기차에 탔다. 불 뿜는 용을 타고 거문오름 용암동굴계를 탐험하는 스토리였다. 동굴 속을 얼마나 빠르게 달리는지 획획 바뀌는 영상에 정신이 어질어질했다. 어른과 달리 아이들은 또 타고 싶다고 졸랐다. 다행히 탐방 시간이 다 됐기에, 후닥닥 밖으로 나갔다.

해설사가 목걸이 명찰을 나눠주며 말했다.

"거문오름 트레킹은 세 코스가 있어요. 여기서 정상까지 왕복 1시간, 분화구까지 둘러보면 2시간 30분, 숲길을 더 걷다 오면 3시간 30분이에요. 코스가 끝날 때마다 안내할테니 형편껏 따라오시면 돼요."

우린 우선 분화구까지 다녀오자고 마음먹었다. 아이들과 2시간 30분 동안 단체 탐방을 다닐 수 있을까? 걱정을 하며 맨 뒷줄로 갔다. 하지만 근심은 바로 무색해졌다. 다솔과 온유가 우리에게 말도 없이 앞으로 획 가버렸다. 30명의 사람을 제치더니 선두에 섰다. 해설사 바로 뒤를 졸졸 따라갔다. 예상 밖으로 참 대견한 녀석들이었다. 해설사가 설명을 시작했다.

"여기 거문오름은 용암이 굳은 화산이에요. 현무암이 검은색이라 '검은오름'을 소리 나는 대로 거문오름이라고 불러요. 제주에는 지명도가 낮은 검은오름이 참 많죠."

설명을 듣고 나니, 갑자기 동네 개 이름으로 흔한 검둥이, 흰둥이가 떠올라 설핏 웃었다.

"오름 초입에 있는 이 삼나무는 70년 전, 정부가 오름을 활성화하려고 심었어요. 인공림이죠. 곧 도착할 분화구는 곶자왈이라는 자연림이고요. 자연림과 인공림의 식생이 어떻게 다른지 잘 봐 두세요."

오름 정상까지 올라가는 계단은 243개였다. 20분을 참고 올랐더니 정상이 나왔다. 9개의 봉우리가 있는 거문오름은 지금껏 본 오름 중에 가장 크고 웅장했다. 움푹 파인 분화구를 가리키며 해설사가 이어서 설명했다.

"거문오름의 분화구는 백록담의 2배 크기에요. 8개의 용암 동굴을 만들었으니 얼마나 많은 양의 용암이 분출됐겠어요? 만장굴 가보셨죠? 동굴 크기가 엄청나잖아요. 일 년에 한 번, 제주세계유산축제가 열려요. 그땐, 지금 개방되지 않은 동굴까지 모두 둘러볼 수 있죠. 아마 새로운 제주의 모습을 만날 수 있을 거예요. 그때 다시 제주에 오세요!"

드디어 분화구 속에 도착했다. 같은 숲이라도 곶자왈은 청량감부터 달랐다. 해설사가 말했다.

"자 여기부터는 곶자왈(나무와 넝쿨, 암석들이 마구 엉클어진 숲)이에요. 아까 봤던 숲이랑 다르죠? 여긴 한겨울에도 따뜻해서 풀이 잘 자라요. 지금 가을이 아닌데도 바닥에 낙엽이 수북하죠? 이 사철나무들은 3년에 한 번씩 봄에 해거리를 해요. 저 거대한 나무 좀 보세요. 500살은 족히 넘었을 거예요. 곶자왈은 습도가 높아서 뿌리를 저렇게 바위에 내려도 잘 자란답니다."

"이건 참식나무예요. 꼭 시든 것 같죠? 자세히 보면, 잎 주위에 털이 많아요. 벌레로부터 자신을 보호하기 위해 새잎인데도 이렇게 시든 느낌으로 돋아나죠."

아이들이 돋보기를 꺼내 나뭇잎을 관찰했다. 하얀 솜털이 무척 많아, 보송보송 강아지털 같다며 부산을 떨었다. 또 자기를 보호하는 똑똑한 나무란다. 생각해 보니, '참식'을 한자말로 풀면 진짜 안다는 뜻이다. 이름처럼 똑똑한 나무였다.

"아! 저기 보세요. 노루가 숨어 있어요. 제주에는 고라니가 아니라 노루가 많아요. 가끔 꿩이랑 도롱뇽도 보이고요. 저기는 숯가마터에요. 예전 사람들은 나무를 잘라서 구운 후 장에서 팔았어요. 바로 저 옆에 움막을 짓고 살았죠."

　제주 숲을 다니다 보면 숯 가마터가 종종 보였다. '아, 숯을 구워서 팔려고, 움막을 짓고 살았었구나.' 궁금증이 풀렸다. 한여름에도 시원한 바람이 나오는 풍혈, 아파트 10층 깊이의 아찔한 수직굴, 금새우난과 병꽃과 같이 쉽게 볼 수 없는 야생화도 자세히 관찰했다.

　탐방이 끝날 즈음, 선두로 잘 따라가던 온유가 울음을 터트렸다. 맨 앞자리를 놓고 남매가 다툰 것이었다.

"누나가 자기만 1등 하겠다고 해요. 나도 맨 앞에 서고 싶은데… 으앙."

"온유 너는 지난번에 1등으로 갔잖아. 이번에는 내 차례라고."

　역시나 아이들이었다. 어른에게 맨 앞자리는 부담일진대, 선두를 욕심내는 저 해맑음이라니, 귀여워서 웃음이 났다. 동심의 열정 덕분에 이번 탐험은 대성공!

제주도에 대해 제대로 알아볼까요?

제주도는 서울의 세 배 면적을 가진 한국 최대의 화산섬이에요. 많은 사람이 제주도는 한라산이 폭발해서 만들어졌다고 알고 있어요. 하지만 제주는 한라산 폭발이 있기 전인 180만 년에서 55만 년 전 사이 화산활동으로 서귀포 층과 수백 개의 오름이 먼저 형성됐어요. 한라산은 한참 뒤인 20만 년부터 2만 년 전 사이에 생겼고요. 그러니 제주에서 가장 오래된 땅은 용머리해안이고, 한라산은 가장 젊은 화산체입니다. 주민은 식수인 용천수가 솟아나는 바닷가에 모여 살았어요. 지금도 큰 마을은 대부분 바다 쪽에 있죠.

제주의 특징이라면 '삼다'가 있어요. 돌이 많아 돌담을 쌓았고, 바람이 많아서 일기예보를 볼 땐 온도만큼 풍속 체크가 중요하죠. (풍속이 높으면 해변 여행은 피하세요.) 그리고 많은 남자들이 전쟁에 끌려가고, 4.3 사건 때 많이 죽었어요. 남자가 귀한 섬이죠. 때문에 일하는 여성들이 참 많고 유난히 강인하고 성실해요. 하지만 없는 것도 세 개 있어요. 그건 '삼무'라고 하는 '거지, 도둑, 대문'이에요. 제주도민은 부지런해서 거지가 없고, 자연처럼 사람도 순수해서 도둑이 없어요. 도둑이 없으니 대문도 없고요. 다만 가축이 나가는 걸 막기 위해 정낭(나무 기둥 세 개)을 걸쳐놓고 살았죠.

마지막으로 제주도 대표 음식은 뭐가 있을까요? 물회(자리

돔, 한치), 고기국수, 돔베고기(돼지수육), 성게미역국, 갈치요리, 옥돔구이, 해장국, 오메기떡, 말고기, 보말죽 등이 있어요. 고추장이 귀해서 된장 베이스 요리가 많고, 멸치보다 훨씬 큰 멜이라는 생선으로 멜젓, 멜조림, 멜튀김을 만들어 먹지요. 고소하고 담백한 멜은 은근히 매력 있는 맛이에요. 제주도 제철 횟감은 봄에는 삼치와 돔, 여름에는 벤자리, 한치(오징어보다 맛이 더 좋음), 갈치(여름과 가을 사이에 맛이 좋음)가 있어요, 가을에는 고등어, 부시리(방어와 비슷하나 맛이 더 좋음), 옥돔이 좋고요. 겨울에는 방어(클수록 맛이 좋음)와 광어(자연산 광어는 배가 흰색으로 겨울 광어가 가장 맛있죠)가 제철 횟감입니다. 이왕 제주에 살러 왔다면, 자주 먹던 가공식품 대신 제주도 자연 음식을 먹어 보세요. 자연이 빚어낸 식탁은 몸과 마음을 동시에 힐링시킬 테니까요.

공감육아 팁3.

인공지능을 능가하는 창의인재, 부모의 노력으로 만들어집니다

2016년 세계경제포럼(WEF)에서 미래 전문가는 말했죠. 현재 전 세계 어린이 65%는 현존하지 않는 새로운 직업을 가질 거라고요. 코로나로 변화속도가 더 빨라졌죠. 수많은 정보를 즉시 얻을 수 있고, 이미 고도의 기술을 로봇과 기계가 대체하고 있어요. 급변하는 시대에서는 창의력이 생존능력이죠. 창의력은 기존의 지식이나 기술을 활용해서 가치 있는 색다른 것을 만드는 능력이에요. 창의 교육의 세계적인 권위자인 김경희 교수는 창의력이 유전자나 가문, 지능과 무관하게 후천적으로 계발할 수 있는 능력이라고 말했어요. 즉 부모의 환경 조성이 아이의 창의력을 기른다는 거죠. 배움을 즐기고, 과제에 몰두하여 혁신을 만드는 아이로 기르는 방법이 과연 뭘까요?

첫째, 무엇보다 창의력은 안정된 정서를 토대로 자랍니다. 뇌 속 전두엽은 정보를 조정하고 행동을 조절하는 역할을 해요. 그런데 스트레스를 받으면, 전두엽이 그 불안과 걱정을 처리하느라 많은 에너지를 써서 과제에 제대로 집중하지 못하게 되죠. 아이의 말을 잘 듣고, 깊이 공감하고, 사랑과 관심을 기울이는 게 가장 먼저 중요하겠죠?

둘째, 하루 한 시간, 딴짓할 여유를 주세요. 아이가 사교육을 일주일에 한 번씩 받을 때마다 창의성 점수가 0.56점씩 감소한다고 해요. 공부하느라 바쁜 아이는 논리적 사고는 하지만 사물을 연결하고 창조하는 연상 작업을 할 수 없어요. 게다가 TV나 인터넷, 게임처럼 강한 자극은 논리적 사고마저 억제하고 충동성을 자극하죠. 매체에서 벗어나 한가롭게 자연을 산책하고, 충분히 쉴 때 아이는 문제를 발견하고, 새로운 생각을 합니다. 즉 창의적인 생각은 심심하고 빈둥거릴 때 탄생해요. 에디슨, 윈스턴 처칠, 스티브 잡스 같은 인물들의 아이큐는 평범했어요. 하지만 그들은 주입식 교육을 벗어나 한 분야를 깊이 탐구하고, 도전했죠. 어릴 때 저능아 취급을 받았지만 이들의 부모는 공부하라고 다그치지 않았어요. 비범한 위인 뒤에는 비범한 부모의 소신이 있습니다.

셋째, 아이의 자율성과 독립심을 길러주세요. 창의성은 아이가 스스로 문제를 해결하기 위해 도전하고 실패하는 과정에서 길러집니다. 자녀의 의견을 자주 묻고, 선택권을 많이 주세요. 문제가 닥칠 때, 스스로 해결하도록 격려하고 기다려주세요. 초등학교 때부터 자기가 입을 옷을 직접 고르고, 알람시계를 맞춰서 혼자 일어나며, 학교 준비물도 직접 챙기게 하고요. 지혜로운 부모는 아이의 일에 관심을 갖고, 지원은 하되, 세세한 과정에는 간섭하지 않습니다. 아이가 도움을 요청하기 전까지는 무엇이든 혼자 해결하도록 내버려 두는 게 창의적 인재로 기르는 방법이에요.

넷째, 다양한 체험을 통해 개성 있는 시야를 갖게 해주세요. 박물관, 전시회, 공연장을 함께 다녀보세요. 다양하게 보고, 듣고, 체험하면 생각의 폭이 넓어집니다. 개성 있는 시야가 생기죠. 예술(음악과 미술 등)을 통해 아름다움에 관심을 갖고 자유롭게 표현할 기회를 주세요. 좋아하는 악기나 운동을 꾸준히 배우면 좋죠. 기회가 된다면 발명과 디자인, 창업을 일찍 경험시키는 것도 좋아요. 관심분야에 대한 폭넓은 경험을 쌓아주세요. 자동차를 좋아하는 온유는 블록과 과학 상자 놀이에 빠지면 두 시간을 혼자 거뜬히 놀아요. 과학체험 키트로 함께 실험하고, 조립 영상을 자주 보여줬어요. 고장 난 아이패드와 에어팟, 컴퓨터를 아빠와 함께 분해하고 조립하면서 기계의 종류와 구동법을 탐구했고요. 이렇게 관심을 유도하며 긍정 경험을 쌓게 하면 좋습니다.

다섯째, 관심 분야에 대해 깊이 독서하고 풍부한 지식을 쌓아야 해요. 창의적인 전문가가 되려면 다양한 지식 신경망이 연결돼야죠. 그 분야에 대한 새로운 지식을 계속 익히고 고도의 기술에 도전하며 끈기를 발휘하도록 환경 조성을 해주세요. 가족이 도서관을 함께 다니면서, 책 읽기가 유익한 취미라는 인식을 심어주고요. 부모와 아이가 같은 책을 읽고 토론하면, 대화거리가 생기고 친밀감도 다질 수 있어요. 텔레비전과 게임을 줄이고 아이를 심심하게 만들면, 어느 순간 자기가 직접 고른 책을 재미있게 읽고 있는 아이를 발견하게 될 거예요.

선물 넷

게임 중독을 예방하는 정서적 안정감

자존감, 세상을 살아가는 진짜 실력

감정 코칭

요리하느라 바쁜 엄마 꾀꼬리

우리는 살아있기 때문에 다양한 감정을 느낀다. 감정은 사람에게 축복이자 자연스러운 삶의 일부이다. 하지만 맑았다 흐렸다를 자꾸 반복하기 때문에 때론 버겁다. 행복만을 바라는 유아기적 감상에서 벗어나 의연하게 살고 싶지만, 그게 참 어렵다. 힘든 감정과도 꿋꿋하게 잘 지내려면 어떻게 해야 할까? 그러려면 어떤 감정이든 외면하지 않고, 자주 만나야 한다. 치유상담대학원의 김중호 교수님은 감정을 잘 만나는 과정을 3단계로 제시했다. 첫째는 머리로 알아차리는 단계이다. 마음이 힘들면 그 감정에서 잠시 떨어져 생각해야 한다. '아, 내가 지금 화나고 답답하구나.' 이렇게 자기감정을 객관화한다. 다음은 가슴으로 안아주는 단계이다. 감정은 내 마음의 아기와 같다. 아기가 울면 방치하지 않고, 달래주는 것이 순리다. 답답한 내 가슴을 두 팔로 감싸

안고(쿠션을 가슴에 대고 안아도 좋다) 따뜻하게 돌보는 것이다. 마지막은 입으로 표현하는 단계이다. 감정을 뜻하는 emotion은 e(out)+motion(move)의 합성어이다. 감정은 언어로 표출되려는 성질이 있다. 말과 글로 표현될 때, 해소되고 진정된다. 사실 적당한 두려움과 불안, 슬픔은 우릴 안전하게 지키고, 때론 용감하게 만드는 필요 감정들이다. 그러니 불편한 감정을 무조건 나쁘다고 무시하지 말고, 차분하게 알아차리고, 안아주고, 표현하자. 이것이야말로 매일 치유 받는 건강한 삶이다.

아이는 자기감정을 처리하는 법이 서툴다. 그러니 부모가 아이의 감정을 함께 인식하고 안아주고 건강하게 표출되도록 도와야 한다. 그것이 감정 코칭이다. 아이가 울고 있으면 "아, 네가 정말 슬펐겠다."라고 안아주며 공감해주면, 아이는 힘을 얻고 상황을 객관적으로 보고 해결하는 훈련을 할 수 있다. 하지만 부모가 "화내면 안 되지. 슬퍼도 울지 말고 참는 거야."라며 억압하면, 자신이 거부당했다고 생각한다. 자존감이 낮아져 감정이 올라올 때마다 억누르고 자책한다. 아이의 심리적 면역력을 길러주려면 다음 질문을 수시로 하고 공감해주면 된다.

"아까 그렇게 말한 이유가 뭐야?"
"엄마는 네 생각이 궁금해."
"무슨 일 있었어? 지금 네 마음을 색깔로 표현해 볼래?"

제주에선 모든 소리가 생생했다. 파도소리, 새소리, 나뭇잎의 바스락거림까지. 자연의 소리를 활용해 감정 코칭을 할 수 있었다. 그날도 하원한 온유와 동백동산으로 데이트를 갔다. (서문

입구에 주차하면 길이 넓고, 먼물깍까지 왕복 한 시간이면 다녀올 수 있어서 아이와 산책하기 딱 좋다.) 곶자왈에 들어서자마자 맑은 공기에 정신이 번쩍 났다. 우거진 숲 사이로 휘파람새가 '휘~~~리리릭'하고 울었다. 심장이 떨리도록 청아했다. 동시에 꾀꼬리도 야단스럽게 재잘댔다.

"와, 숲속 연주회가 따로 없네. 온유야, 걸음 멈추고 우리 잠시만 새소리 들어보자. (잠시 후) 새들이 뭐라고 말하는 것 같아?"

아이는 잠시 생각하더니 굳은 표정으로 이렇게 말했다.

"음…. '나 요리하고 있으니깐 말 시키지 마.'라고 말하는 것 같아." 어제 저녁에 내가 한 말이었다. 저녁까지 수영하고 노느라, 밥 때를 놓쳤었다. 모두 배가 무척 고팠다. 저녁상을 바쁘게 차리는데, 온유가 옆에서 계속 징징댔다. 난 짜증이 올라와 무섭게 쏘아붙였다. 잊고 있었는데, 아이는 많이 속상했나 보다.

"엄마가 말 시키지 말라고 무섭게 말해서 많이 속상했구나?"

"응. 엄마가 나를 싫어하는 것 같았어. 엄마가 갑자기 화내면, 저는 마음이 진짜 힘들어요."

"그래. 우리 온유 정말 힘들고 슬펐겠다. 짜증내서 미안해. 엄마가 너를 싫어한다니 그건 말도 안 돼. 우리 온유가 얼마나 귀하고 소중한데…."

진심으로 사과했고, 따뜻하게 안아줬다. 아이도 나를 꼭 안았다. 콩닥거리는 심장 박동조차 사랑스러웠다. 난 준비해 온 엄마표 생딸기라떼를 건넸다. 온유가 함박 웃었다.

"어제는 엄마가 너무 배고프고 정신없어서 그랬어. 앞으로는 더 친절하게 말하려고 노력할게. 엄마 용서해 줄 거지?"

"알겠어요. 이번만 용서해 줄게요."

아이한테 짜증 한 번 안 내고 육아하기는 참 어렵다. 그건 아이를 아무리 사랑해도 힘든 일이다. 그러니 아이가 서운하지 않은지 수시로 체크할 필요가 있다. 잘못을 했다면 부모라도 바로 사과해야 한다. 자꾸 어물쩍 넘어가면 그것이 아이 마음속 가시가 돼서 문제 행동을 만든다. 하지만 대화하면서 마음을 풀면, 관계는 오히려 돈독해진다. 고맙게도 아이는 사랑하는 부모의 실수쯤은 후하게 눈감아 준다. 또 어른의 겸손한 사과는 아이에게 사람은 누구나 실수한다는 것을 깨닫게 만든다. 덕분에 아이는 실수를 덜 두려워하는 어른으로 자랄 것이다.

먼물깍에 도착했다. 벤치에 앉아 습지를 봤다. 직박구리 무리가 목욕을 하고 개구리 형제가 점프를 해댔다. 참 오랜만에 본 청개구리였다. 장난기가 발동한 아이는 막대기로 물보라를 만들었다. 놀란 소금쟁이가 바쁘게 뛰었다. 기분 좋아진 아이에게 슬쩍 당부를 했다.

"배고프면 누구나 예민해져. 그럴 땐 빨리 밥 먹을 수 있게 온유가 엄마를 도와주면 좋겠어. 안 떼지는 레고 조각은 밥 다 먹고, 엄마가 꼭 떼 줄게."

"저도 그렇게 하고 싶은데, 잘 안 돼요."

"그래. 진짜 어렵지. 그러니까 노력하는 수밖에 없어. 엄마도, 온유도…. 우린 할 수 있다!"

"네, 알겠어요. 엄마! 그런데 이제 우리 달리기 시합해요!"

"좋아, 우리 손잡고 같이 달릴까?"

"좋아요! 시작!"

집으로 돌아가는 길, 우린 완전한 한 팀이 됐다. 까르륵 웃으며 거침없이 숲속을 달렸다. 새소리에 장단을 맞춰 마치 춤을 추는 듯, 발걸음도 경쾌하였다.

감정 코칭, 쉽고 간결하게 알아볼까요?

자기 감정을 잘 수용하고 조절할 수 있다면, 타인의 감정을 예측하면서 적절히 행동할 수가 있어요. 감정 코칭을 받고 자라면 대인관계 능력이 좋아요. 우선 감정 코칭은 아이의 감정을 하찮게 여기지 않고 존중하는 데서 출발해요. 경청하고 감정을 있는 그대로 받아들이는 거죠. 많은 엄마들이 "그랬구나"에서 그치는 경우가 많아요. 다음은 어떤 말과 행동을 해야 하는지 어려워하죠. 우리, 감정 코칭을 세 단계로 알아볼까요? (존 가트맨 박사의 감정 코칭은 다섯 단계지만, 쉬운 적용을 위해 3단계로 변형했어요.)

첫째, 경청 단계에요. 아이가 슬픈 듯 화를 내면, 당황하지 말고 숨을 깊이 쉬세요. 이때를 아이와 친해질 기회로 생각하면서 그 감정에 관심을 둡니다. "지금 기분이 안 좋구나! 그래서 그다음은 어떻게 됐어?, 그 일에 대해서 좀 더 말해줄래?, 넌 어떻게 하고 싶었는데?" 이때, 속단하지 말고 아이 생각을 먼저 충분히 들어주세요.

둘째, 공감 단계에요. 감정을 똑같이 따라 말하세요. 슬프다고 말하는 아이에게 "그래, 정말 슬펐겠네. 엄마라도 그랬을 거야." 마치 거울 반사를 하듯이요. 어떤 판단도 없이 모든 감정을 수용하면서 아이 감정에 '충분히' 머무르세요. 이때 부모가 경험담을 말하거나 적극적으로 편들어 주면 아이는 부모를 더 신뢰하고, 마음의 위로를 받습니다.

"그랬구나. 놀라고 당황했겠다. 내가 너라도 겁이 많이 났을 거야."

"화날 만하네. 엄마도 아끼는 물건을 누가 말없이 가져가면 진짜 성질나더라."

셋째, 행동의 한계를 정해 주세요. 감정은 받아주지만, 행동에는 명확한 한계를 정해줘야죠. 화난다고 막말을 하고, 물건을 마구 던지면 안 되잖아요. 이땐 '무엇, 어떻게'를 활용해서, 아이 스스로 해결책을 찾도록 유도하세요. "어떻게 하면 좋을까?, 네가 가장 원하는 결과는 뭐야? 그 결과를 얻으려면 어떻게 해 볼까?" 만약 아이가 어리다면 "엄마 생각에는 이런저런 방법이 있는데 넌 어떤 게 나은 것 같아?"라고 제안하면서 함께 해결책을 모색하고요. 앞 단계에서 '충분한 공감'이 이뤄졌다면, 아이는 스스로 답을 찾아갈 거예요. 좋은 해결책을 말하면 "야, 정말 좋은 생각인데?"라며 적극 격려하고, 응원해야겠죠.

친밀감 쌓기

데이트는 꼭 단둘이서

아이 마음에도 털어야 할 상처가 있다. 충분한 대화로 그것을 꺼내면 한결 후련하고, 관계도 돈독해진다. 단둘 데이트로 부모의 집중적인 사랑을 받은 아이는 자신을 한결 소중하게 느낀다. 또 단둘 데이트를 하고(또는 하면서) 부드럽게 훈육하면 효과도 직방이다. 특히 학습, 형제싸움, 방 정리처럼 늘 잔소리를 하는 부분은 아이 기분이 좋을 때, 슬쩍 지나가는 말처럼 당부하는 게 좋다. 그래야 아이는 사랑하는 부모를 위해 더 노력하겠다는 다짐을 한다. (단, 훈육이 데이트의 목적이 되면 안 된다.) 누군가 말했다. 두 아이와 하루 종일 함께 있는 건, 주파수가 다른 두 라디오를 온종일 듣고 있는 것과 같다고. 정말 그렇다. 너무 정신없어서 경청과 공감은커녕, 조용한 곳으로 도망가고만 싶다. 충분한 공감을 위해 일주일에 하루는 아이와 단둘이 데이트하기로 했다.

이것만큼 아이와 친해지는 방법은 없다. 둘만 아는 비밀 장소에서, 차분하게 대화하면 단단한 매듭도 어느새 쉽게 풀리고 만다. 어릴 때 쌓은 친밀감은 오래 기억된다. 아마 아이와 나를 평생 이어주는 단단한 끈이 될 것이다.

금요일 아침이 되면 온유는 명랑하게 말했다.
"오늘은 엄마랑 둘이서만 데이트하는 날 맞죠? 이따 2시까지 오세요. 늦으면 안 돼요."
"온유야, 알았어. 오늘따라 하늘이 정말 예쁘다. 그러니까 누나도 데려갈까? 그럼 더 멀리 가서 오랫동안 데이트할 수 있잖아."
"절대 안 돼요. 데이트는 둘이서만 하는 거잖아요!"
아이는 '단둘이서'의 마법을 잘 알았다. 잔소리가 사라진 엄마의 여유와 미소를 말이다. 평소에는 잘 안 주던 비싼 카페 음료도 척척 대령했기에 아이는 단둘 데이트를 손꼽아 기다렸다.

감사하게도 제주에는 아이와 데이트할 곳이 넘쳐났다. 대문만 나서면 눈부신 하늘과 바다가 펼쳐졌고, 동네 돌담길마저 감성돋았다. 아들과 딸의 데이트 장소는 달랐다. 딸과는 주로 카페나 미술관에 갔다. 볼이 발그레한 소녀와 나누는 수다는 마냥 즐거웠다. 데이트가 무르익을 때쯤, 딸은 비로소 제 속내를 털어놓았다.
"엄마, 사실 고민이 있어요. 나윤이가 윤소한테 나랑 놀지 말라고 말했대요. 이유를 물어봐도 말 안 해주고… 그때부터 윤소가 진짜 이상해졌어요. 친구들이 갑자기 왜 그러는 걸까요?"
"아니, 우리 딸이 뭘 잘못했다고, 놀지 말라고 한대? 나윤이,

엄마가 찾아가서 혼내줄까? 이유도 말 안 해주고 진짜 너무했네. 우리 딸, 얼마나 속상했을까?"

씩씩대는 나를 보며, 아이는 속상한 마음이 조금 풀어졌는지 말을 계속 이었다.

"그쵸! 진짜 나빠. 왜냐고 물어봐도 대답도 안 해주고. 그냥 무시하고 소율이랑 놀았어요."

"잘했어. 무심한 듯 대했다니, 대단한데? 엄마 생각에는 윤소가 전학생인 널 너무 좋아하니까, 나윤이가 질투를 한 것 같아. 지난번 우리 집에 놀러 왔을 때도 그런 느낌이 들었거든. 조금만 기다려 봐. 네 옆엔 엄마가 있잖아. 언제나 모든 순간에 엄마는 네 편이니까 힘내!"

아이가 활짝 웃었다. 엄마는 속내를 맘껏 말해도 되는, 믿을만한 사람이라는 뜻의 미소였다. 데이트는 성공했다. 아이를 데리고 마카롱 카페 '예쁘당'에 갔다. 솔티드 캐러멜을 손에 쥐고선 좋아서 폴짝 뛰었다. 그날 저녁, 딸이 말했다. "엄마, 이제부터 온유 감사 일기는 제가 쓸게요. 온유야, 일기장 누나한테 가져와." 독박육아가 수월했던 건, 단둘 데이트 덕분이었다.

아들과의 데이트는 훨씬 다이나믹했다. 정적인 카페를 피해 넓은 야외를 쏘다녔다. 아이와 올레길을 자주 걸었다. 숫자와 탈것을 좋아하는 아들은 어촌 풍경에는 별다른 관심이 없었다. 늘 고깃배의 수를 세었고, 어떤 배가 가장 큰지에 관심을 뒀다. 길가에 세워진 덤프트럭 바퀴와 제 키를 비교하며 누가 더 큰지를 궁금해했다. 가끔 난 진지하게 분위기를 잡으며 "온유야, 요즘 고민이나 힘든 일 있어?"라고 물었다. 아이는 내 말이 끝나기도 전에

"엄마! 저 갯강구 잡고 올게요!"라고 말하며 사라졌다. 갯강구가 드글드글한 바위틈을 맨손으로 텁석텁석 헤집고 다니느라 바빴다. 드디어 느림보 갯강구 하나가 걸렸다. 흐뭇한 표정으로 내게 그 바퀴벌레 사촌을 내밀었다.

"으윽, 갯강구 좀 저리 치워줄래?"

"엄마는 갯강구가 싫어요? 나는 귀여운데…."

까맣고 번들거리는 벌레가 귀엽다는 아들. 공감은 어렵지만, 같은 공간에서 함께 시간을 보냈다. 유난히 망고를 좋아해서 아들과의 데이트는 망고주스로 피날레를 장식했다. 하지만 그날 저녁, 기적은 동일하게 나타났다. 저녁상을 차리면서 아이에게 부탁했다.

"온유야, 식탁 위에 저 장난감들 좀 치워줄래?" 딱 한 번 말했을 뿐인데, 대답이 즉각 돌아왔다. "네~~~엄마." 참, 놀라웠다. 단둘 데이트의 결과는 아들딸 구별 없이 원더풀이다. 선물, 아니 뇌물의 힘인가?

— mom's tip

아이가 성인이 되면 부모 자식 간에 남는 것은 '관계' 뿐입니다.

자식과 친밀감을 쌓는 것은 평생의 복리 이자를 남기는 값진 투자예요. 많은 청소년들이 부모와의 소통 부족, 미래에 대한 불안, 성적 좌절감으로 마음의 병을 앓고 있어요. 일상어가 된 욕과 혐오 표현, 학교폭력과 왕따가 그 증거죠. 또 정서적 안정감이 부족하면 더 쉽게 게임과 이른 성관계에 중독되고 맙니다. 모두 애착을 엉뚱한 곳에 해소하려는 현상이에요. 자녀와 친밀하게 지내려면 어떻게 해야 할까요?

첫째, 양육의 목표를 '친밀한 관계'에 두세요. 부모가 불안과 욕심을 내려놓고 잔소리와 대화를 줄여야 합니다. 서로 진솔하게 마음을 나누는 대화가 필요해요. 소통 전문가 폴 스웨츠 박사는 《10대 자녀와 대화하는 방법》에서 '자녀가 부모에게 가장 듣고 싶은 말 다섯 가지'를 소개했어요. 그건 "네가 자랑스럽구나, 무슨 일이든 다 말하렴. 언제든지 잘 들어줄게, 널 알고 이해하고 싶구나, 엄마는 널 믿는다, 널 사랑해. 세상 그 누구보다도"예요. 아이는 부모가 따뜻한 관심과 고마움을 수시로 표현할 때, 마음을 열고 대화를 나누려고 합니다.

둘째, 함께 즐거운 활동을 하세요. 사랑하는 사람에게 주는 최고 선물은 시간이죠. 미네소타 대학 연구진은 가족 식사를 자주 할수록, 아이들의 중독과 우울증 발생률이 낮다고

했어요. 부모와 얼굴을 맞대며 밥만 먹어도 정서적인 안정감을 느낀대요. 또 뇌가 리모델링되는 청소년 시기에는 공사가 잘 되기 위해 좋은 재료가 필요해요. 독서, 영화감상, 봉사활동, 각종 캠프를 부모와 함께 다니면서 유익한 경험과 취미를 공유하면 좋습니다. 게임 중독에 빠진 아이들은 보편적으로 부모와 친하지 않아요. 때문에 사이버 공간에서 안정감과 자존감을 찾지요. 아이가 현실 세계에서 안정감을 갖도록 어릴 때부터 꾸준히 같이 운동하고, 캠핑과 여행을 즐기면 좋겠죠? 투자한 시간만큼 아이의 사춘기는 수월해질 거예요.

셋째, '서프라이즈 편지'로 마음을 전해보세요. 아이는 언제나 부모의 공감과 지지를 바라죠. 포스트잇 혹은 교환 편지 수첩에 격려나 응원, 고마운 마음을 담아서 아이 책상 위에 자주 뒀어요. 하교 후, 편지를 읽고 난 아이의 표정이 급 말랑해졌죠. 저를 껴안기도 하고요. 《쓰기의 쓸모》 양지영 작가는 워킹맘 시절, 매일 3분을 투자해 아이 필통에 짧은 편지를 써서 넣었대요. 이 필통 편지로 아이에게 자신감과 안정감을 선물한 거죠. 부모의 사랑을 받은 아이는 친구를 좋아하긴 해도, 과하게 집착하진 않아요. 부모가 가장 좋은 친구니까요. 사랑의 쪽지는 부모의 자리를 든든하게 지켜준답니다.

공감 훈육

만날 싸워도,
둘도 없는 남매랍니다

제주에서 남매는 둘도 없는 단짝이었다. 함께 탐험하고, 모래성을 쌓고, 초원을 달리고, 엄마 몰래 편의점 간식을 사 먹는 특별한 사이! 하지만 싸울 때도 그 절반이었다. 싸움 소리가 수시로 집 안을 울렸다.

"온유야, 네 블록들 여기 있잖아. 왜 내가 힘들게 만든 집을 부수려고 해? 야! 그리고 단비(다솔의 애착 인형) 좀 그만 물어! 봐봐, 코가 다 망가졌잖아!"

"난 저 파란색이 필요하다고! 근데 왜 꼬집어? 왜 때려? 아아 아앙!"

휴우, 시작됐다. 하루에도 몇 번씩 치러지는 이 전쟁은 육아 맘의 괴로운 현실이다. 형제 싸움이 자연스러운 성장 과정이라는 걸, 머리로는 잘 안다. 하지만 앙칼진 외침과 울음소리는 먼저 내 마음을 할퀴고 답답하게 만든다. 여유가 사라지고 화가 올라오려고 한다. 일단 난 숨을 깊게 쉬었다. 그리고 이 싸움에 개입할지 말지를 생각했다. 보통 형제간의 일상적인 말다툼은 금방 끝난다. 그러니 처음부터 싸움에 개입하는 건 불필요한 체력 소모이다. 아이가 중재를 요청할 땐, "엄마는 너희들끼리 잘 해결할 거라고 믿어."라고 말하며 책임을 아이에게로 돌린다. 소소한 싸움을 해결하면서 아이의 사회성과 문제해결력도 자란다. 오히려 모든 싸움을 부모가 해결할 때, 아이들은 더 마음 놓고 싸운다. 그러니 책임감을 갖고 덜 싸울 수 있도록 개입을 최소화할 필요가 있다.

하지만, 이번에는 본능적으로 개입이 필요해 보였다. 아이들의 분노지수가 높았고, 첫째의 꼬집기 습관도 짚고 넘어가야 했다. 폭력은 어떠한 상황에서도 허용하면 안 되니까. 보통 아이들이 싸우는 이유는 '하나의 그것' 때문이다. 장난감을 한 트럭을 사줘도, 정상적인 아이라면 하나의 그것을 차지하기 위해 싸운다. 먼저 문제의 블록을 회수했다. 또 감정이 가라앉아야 대화가 가능하니까 두 아이를 떨어뜨려 놓았다.

"너무 흥분해서, 너희 얘기를 들을 수가 없어. 각자 방에서 진정하고 있어. 울음이 멈추면 엄마랑 이야기하자."

먼저 차분해진 첫째 아이와 대화했다. 참, 누나 노릇도 엄마 노릇만큼이나 힘들다. 장난꾸러기 동생을 이해하고 챙기느라 고생 많은 딸을 다독이는 건, 내 중요한 과업이다.

"지금 마음이 어때? 어떤 기분이야?"

이때, "무슨 일이야?"라고 물으면 억울한 제 입장만 늘어놓으니, 삼가야 한다. 누가 잘못인지 굳이 가리기보다는 아이와 공감하고, 해결방법을 찾는데 초점을 맞추는 게 좋다.

"온유한테 분명히 블록을 많이 줬는데, 자꾸 내 블록을 달라고 해요. 단비도 망가뜨리고, 내가 얼마나 아끼는 인형인데! 화나서 더는 못 참겠어요!"

"다솔이 정말 화가 많이 났겠다. 아끼는 인형까지 망가졌으니… 진짜 얼마나 속상할까!"

"온유도 일곱 살 되면 철이 들까요? 무거운데 만날 내 등에 올라타고, 하지 말라고 말해도 계속하고. 온유는 제 말을 너무 안 들어요."

"온유가 누나한테 어리광을 진짜 심하게 부리지. 체중 차이도 많이 안 나는데, 얼마나 무겁고 귀찮았을까! 많이 힘들지? 정말 고생 많다, 우리 딸. 온유가 누나를 너무 좋아해서 단비를 질투하는 것 같아. 어떻게 하면 좋을까? 넌 온유가 어떻게 해줬으면 좋겠어?"

"온유가 블록 놀이할 때 떼쓰지 않고, 단비도 더 이상 못 물게 해야죠."

"그렇구나. 알았어. 단비 문제는 엄마가 따끔하게 혼낼게. 하지만 다솔아, 폭력은 아무리 속상해도 사용하면 절대 안 돼. 엄마 마음이 정말 아파. 온유한테 진심으로 사과하고, 다음에는 말로 해결하도록 노력하자. 어쨌든 우리 딸, 참으려고 노력해 줘서 고마워."

딸의 마음을 충분히 들으면서 공감했고, 할 말도 했다. 이렇게 1부가 끝났다. 둘째 아이와의 2부도 비슷했다. 온유와 공감하면서 꼬집힌 데 아팠겠다며 만져주고, 단비가 망가져서 속상한 누나 마음에 대해 같이 생각했다. 둘의 마음이 진정되면 아이들을 모았다. 서로 사과하며, 서운한 마음을 풀게 했다. 그 후 해결책을 물었다.

"자, 블록 가지고 안 싸우려면, 어떻게 하면 좋을까?"

다솔이가 대답했다.

"놀이를 시작하기 전에, 블록을 먼저 반으로 나눌까요?"

"그러면 누나가 갖고 싶은 것만 가져갈 거잖아. 나도 파란색 블록 많이 필요하단 말이야."

"그럼 파란색은 똑같이 나누면 되잖아. 너한테 먼저 블록을 고를 기회를 줄게! 됐지? 너 단비 코 또 물면 안 된다! 단비가 아프잖아."

"알겠어. 누나도 나 꼬집지 마. 나도 아프단 말이야."

"알았어. 아까 꼬집어서 미안해."

"너희들이 아주 좋은 해결책을 찾았네! 그래, 서로 노력하자. 약속 잘 지킬 거라고 믿는다!"

부모 노릇이 이처럼 힘들다. 싸움이 끝나자마자, 이 고생이 무색하도록 둘은 언제 싸웠냐는 듯 단짝처럼 놀기 시작했다.

"온유야, 인형들이랑 학교 놀이하자. 난 선생님, 넌 학생. 어때? 어서 넌 단비 옆에 앉아봐."

"누나, 난 인형 놀이 싫어. 난 자동차 가지고 놀 거야."

"같이 놀자. 좋아! 그럼 넌 체육 선생님 해. 인형들 자동차 태워주고, 싸움도 가르쳐주고."

"좋아. 슈우우웅. 난 지금 학생들 태우고 학교로 가는 중이야!"

매번 이렇게 훈육했냐고? 안다고 다 그렇게 살아지는 건 아니다. (솔직히 내 마음에 여유가 없을 땐, 이 교과서 같은 글을 깨끗이 삭제하고 싶다.) 공감 훈육에서 부모의 여유는 절대적인 요소다. 내 마음이 복잡하거나 몸이 아프면 싸움을 견디는 것도 힘들다. 그럼에도 불구하고, 공감 훈육은 중요하다. 아이를 명령과 처벌로 무조건 강압한다면 아이는 제 감정과 욕구를 숨기고 마음에 분노만 쌓는다. 혹 벌을 주더라도 아이 말을 우선 듣고 공감한 후에 해야 한다. 만약 벌을 먼저 줬다면, 나중에라도 아이 감정을 충분히 다독여야 한다. 그래야 아이는 부모의 신뢰를 저버리지 않기 위해 부모 말에 순종하려고 노력한다. 부모와 아이가 한 편이 돼야 한다. 한 편이 돼야 무슨 말이든 먹히는 법이니까. 그러니 모든 훈육의 성패는 충분한 '공감'에 있다. 또 존중받은 아이라야 자신은 물론, 타인을 배려할 줄 안다. 부모가 훈계자가 아닌 중립적인 중재자가 될 때, 아이는 다툼을 해결하며 협상 기술을 익힌다. 먼저 하교한 다솔이가 동생을 찾는다.

"엄마, 온유는 언제 와요?"

"쓰던 글을 마저 써야 해서, 1시간 후에 데리러 가려고."

"에이, 온유 없으면 심심한데, 조금 더 빨리 데리러 가면 안 돼요?"

만날 아웅다웅하면서도 안 보이면 서로를 그리워하는 남매, 못 말리는 한 쌍이다.

---

mom's tip

형제 싸움은 예방이 최선, 네 가지 예방법을 알아봐요.

형제 싸움은 부모 역량에 상관없이 하루에도 수십 번 일어나죠. 너무 자주 싸우니까 인내심이 바닥나 버럭 화가 튀어나와요. 부모는 육체는 물론 정신적으로도 극한 직업이 틀림없어요. 게다가 아이가 너무 어리면 훈육도 안 통하죠. 결국 육아는 시간을 견디는 일인가 봐요. 아이 문제의 가장 좋은 해결책은 역시 예방이에요. 형제 싸움을 예방하는 예방법을 소개할게요.

첫째, 아이의 감정과 욕구를 해소해 주세요. 아이는 자기감정을 부모가 잘 받아주지 못할 때, 형제에게 분노의 총대를 겨눕니다. 단둘 데이트, 사랑의 쪽지로 아이가 만족스럽고 긍정적인 감정을 갖게 해 주세요. 또 같은 물건을 두 개 사서 똑같이 나눠줘야 불만이 없어요.

둘째, 경쟁 관계가 아닌 한 팀이 되게 합니다. 비교하는 말로 경쟁을 부추기지 않아야 해요. 둘이 한 팀이 되는 상황을 자주 만드세요. "자, 보드게임 하자. 너희끼리 한 팀이야." 한 팀이 돼서 즐겁게 논 경험이 많으면 성인이 돼서도 우애를 나눌 수 있어요.

셋째, 서로를 자주 칭찬하게 합니다. 저는 유난히 자주 싸우는 날에는 저녁 감사 일기를 쓸 때, 서로를 칭찬하게 했어요. "누나가 아까 넘어졌는데 피가 나도 울지 않고 씩씩하게 일어나서 칭찬해." 예상 밖의 칭찬은 형제 관계를 훨씬 부드럽게 만들지요.

넷째, '양보의 날'을 정했어요. 이건 아이들이 먼저 제안했죠. 홀수일은 생일이 홀수 달인 다솔이가, 짝수일은 생일이 짝수 달인 온유가 양보하기로 했어요. 하루 세 번씩 기쁘게 양보하기! 자주 배려 받으면, 긍정 경험이 쌓여서 관계도 좋아집니다. 양보의 기쁨도 느끼고요.

공감 언어

아이를 수다쟁이로 만드는 마법의 일곱 글자 말

　병설 유치원 마당에는 커다란 미끄럼틀과 널따란 나무 정자가 있었다. 나무 놀이터, 인디언 텐트, 거대한 흙 동산, 모래 놀이터, 연못은 사시사철 아이들을 유혹했다. 해맑게 뛰노는 아이를 보며 감사가 차올랐다. 하교 후, 아이는 배롱나무에 호기롭게 올라앉았다. "엄마는 이렇게 나무 탈 수 있어요?" "온유야, 나무 힘드니까 이제 내려와." 나무타기가 그리도 좋을까. 여러 번 말한 후에야, 툭 내려왔다. 인디언 텐트 앞에는 매일 장이 섰다. 돌멩이, 솔방울, 도토리 등 다양한 열매가 좌판에 놓였다.

　"엄마는 공짜니까 원하는 식재료를 맘껏 골라가세요."
　"정말? 이 돌멩이 색깔이 먹음직스러워요."
　"이건 제가 비트로 물들인 거예요. 천연 색소니까 몸에도 좋아요."

마음껏 누렸다. 자연과 함께, 순수한 동심의 세계를.

타고난 수다쟁이들 덕분에 심심할 틈이 없었다. 끊임없이 재잘대면서 "저 잘하죠? 엄마는 이렇게 할 수 있어요? 이리 와 보세요. 제가 신기한 거 보여 줄게요."라며 관심과 인정을 구했다. 수다를 더 유익하게 만들기 위해 나도 이 두 가지 질문을 자주 했다. 그것은 **"오늘은 무슨 일이 있었어?"**와 **"너는 어떤 생각이 들어?"**였다. 첫 번째 질문이 익숙한 딸은 날 보자마자 먼저 물었다. "엄마, 오늘은 좋은 일과 나쁜 일이 있었어요. 뭐부터 말해줄까요?"

시시한 신변잡기가 대부분이었다. 선생님 칭찬, 짓궂은 짝꿍의 장난 등. 즐겁게 수다 떠는 아이에게 "기분 좋았겠네. 그래서 어떻게 됐어?"라며 적극 추임새를 넣었다. 이것이 귀여운 수다쟁이에 대한 예의니까. 하지만 아들은 말보다 몸이 더 앞섰다. 더 구체적으로 질문했다. "오늘 젤 맛있는 반찬이 뭐야?, 선생님이 읽어준 동화책 주인공은 누구야?, 친구랑 블록으로 뭘 만들었어?" 듣다가 원하는 질문이 나오면 그제서야 자랑 섞인 무용담을 늘어놓았다. 짐짓 놀라는 체하며 귀여운 영웅의 머리를 쓰다듬었다. 아들이 새로 배운 노래가 있다고 했다.

"엄마, 오늘 유치원에서 당근 할아버지 노래 들었어요. 그 노래 알려줄까요?"

아이와 함께 '당근 할아버지 동요' 영상을 검색했지만 도통 찾을 수 없었다.

"아, 무슨 노래지? 온유야, 당근 할아버지가 주인공으로 나와?"

관련 동영상을 죽 내리고 있는데, 아이가 갑자기 흥분하며 한 곳을 가리켰다.

"어? 이 노래에요! 엄마. 이거 틀어주세요."

헉! 그건…

"아름다운 이 땅에 금수강산에 단군 할아버지가 터 잡으시고…"

아, 단군 할아버지는 한국을 빛낸 첫 번째 위인이었다. 아이들은 이 어려운 노래를 유독 좋아한다. 첫째 아이도 가사를 줄줄 외었는데… 역시나 '역사는 흐른다'가 가장 우렁찼다.

하교한 다솔의 표정이 굳어 있었다. 한자 방과후 수업 때 무슨 일이 있었나 보다.

"다솔아, 무슨 일이 있었어?"

"선생님이 야단쳐도 오빠들이 계속 떠들어요. 선생님이 할아버지라고 말을 안 듣나?"

순진한 2학년에게 고학년의 당돌함은 낯설고 불편했을 터였다.

"그랬구나. 진짜 한 시간 내내 속상하고 마음 불편했겠네."

"엄마, 한자 선생님 불쌍해요. 시끄러워서 공부에 집중이 안 돼요."

"그래그래. 급수 시험도 얼마 안 남았는데, 왜 수업 시간에 떠드는 거야? 이 나쁜 놈들. 선생님 진짜 힘드셨겠다. 다 큰 오빠들이 왜 그런다니? 진짜."

"자기들은 공부하기도 싫고, 놀고 싶어서 맘대로 구는 거겠죠."

"으휴, 그래서 제멋대로 행동했구나. 오빠들이 마음대로 행동하는 걸 보면, 넌 어떤 생각이 들어?" (문제 상황을 아이의 사고력을 길러줄 찬스로 활용했다.)

"자기들만 즐겁고, 다른 사람은 힘들게 만들어요."

"정말 그러네. 다른 사람에게 피해를 주는구나. 그러면 안 되겠다. 그래도 한자 선생님은 다솔이 덕분에 힘이 나셨겠어. 엄마도 학교에서 그럴 때가 많거든."

"엄마 학생들도 말을 안 들어요?"

"그럼, 다 큰 언니오빠들이니까 더 말을 안 듣지. 무시하고, 반항도 하고."

"엄마, 진짜 힘들겠다."

"한자 선생님 대신 엄마가 고맙다고 말할게. 힘든 수업시간에 선생님 편이 돼 줘서."

"네, 엄마. 저라도 열심히 할게요."

"우리, 더운데 아이스크림 먹으러 갈까? 가장 먹고 싶은 걸로

골라봐!"

"정말로요? 신난다."

순수한 아동기는 부모가 쏟은 정성이 풍성한 열매로 돌아오는 시기다. 아마도 가장 가성비 좋은 시간이 아닐까? 저기 유치원 마당에서 아이들이 날 부르고 있다. 저 좀 어서 봐달라며 성화다. 난 손에 쥐고 있던 스마트폰을 주머니에 쏙 넣고 함박 웃으며 아이에게로 간다. 아이 말에 장단을 맞추다가, 좀 차분해지면 오늘도 이렇게 묻는다. "오늘은 무슨 일이 있었니?"

mom's tip

아이의 공감력을 기르는 엄마의 예쁜 말

갈수록 복잡해질 사회와 기술, 환경 문제를 해결하려면 서로 협업하고 머리를 맞대는 능력이 필요해요. 공감은 비난이나 질책이 아닌, 위로와 협력을 이끌죠. 일상 대화로 공감력을 기를 수 있어요. 다음은 엄마가 할 수 있는, 세 가지 예쁜 말이에요.

첫째, 생각을 묻는 엄마의 '관심말'이에요. 아이에게 질문할 때는 "왜(why)"가 아닌 "무엇(what)"을 사용해야 해요. "대체 왜 그래?", "왜 울고 그래?"처럼 "왜"를 사용하면 마치 범인을 추궁하는 조사가 돼 버리거든요. 하지만 "무엇"을 사용하면, 아이 내면의 욕구와 감정, 생각을 표현하게 만들죠.

예를 들면, "학교 가기 싫은 무슨(what) 이유가 있구나?, 그러면 지금 뭘(what) 하고 싶니?, 뭔가(what) 하고 싶은 말이 있는 것 같아 보이네?" 이렇게요.

둘째, 주도권을 주는 '존중말'이에요. 주도권을 넘기면 책임감이 생겨 아이 스스로 노력합니다. 예를 들면 이런 말이에요. "뭐가 좋아? 네가 결정해봐, 몇 시에 출발할까?, 정리할 시간 몇 분 필요하니?, 숙제는 몇 시에 할래?" 아이가 놀이에 한창 빠져 있다면, "충분히 놀았네. 10분 후에 갈까? 15분 후에 갈까? 네가 골라봐."라며 제한된 선택지를 주면 좋겠죠?

셋째 아이를 움직이게 만드는 '격려말'이에요. "함께 ~해볼까?, ~하면 좋겠어, ~해줘서 엄마가 고마워, 과연 ○○가 할 수 있을까?, 와 정말 잘하네!"라고 말해 보세요. 즉 명령하지 말고, "방안이 지저분하네. 엄마랑 같이 치워보자.", "온유가 블록을 상자에 담으면 좋겠어.", "블록을 말끔하게 정리해서 고마워.", "과연 인형도 제자리에 갖다 놓을 수 있을까?" 이렇게 부모의 친절한 말은 아이 스스로 잘해보고 싶다는 의욕을 갖게 만든답니다.

집밥의 힘

얘들아, 주방놀이 하자

오랫동안 내게 주방일은 낯설고 버거운 존재였다. '음식은 한 번 먹고 나면 끝인데, 준비하고 조리하는 시간은 왜 그리도 길까? 저 가득한 설거짓감은 또 어쩔 거야?' 요리처럼 가성비 낮은 일은 없어 보였다. 지금껏 대충 먹고 살았는데, 제주살이를 하면서 여유가 생겼다. 먹거리와 집밥에 관심을 갖게 됐다. 조엘 펄먼의 《아이를 변화시키는 두뇌 음식》을 읽으면서 난 정말 깜짝 놀랐다. 그는 아이의 잘못된 식습관이 부모의 책임이라고 꼬집었다. 아이 입에 들어가는 음식이 뇌를 만드는 원료가 되는데, 특히 설탕과 화학조미료가 뇌에 치명적인 악영향을 준다고 한다. 초콜릿, 사탕, 음료수, 아이스크림 속 설탕은 순간적으로 에너지를 주고, 기분을 좋게 만들지만 그 효과가 금방 사라진다. 아이는 더 피곤해하고, 작은 일에도 짜증을 내게 된다. 특히 키 성장과 집중력, 온화한 성격을 만드는 중심 재료는 칼슘인데, 백설탕은 칼슘 결핍을 일으킨다. 각종 소스와 가공식품 속 화학첨가물을 먹으면 몸이 나른해지고 심장이 두근거린다. 바로 이것이 뇌세포가 손상되고 있다는 증거다. 또 암 발생 원인의 35퍼센트가 잘못된 식습관에서 비롯된다고 한다. 우리 몸은 원래 이런 화학 성분을 알지 못한다. 소화할 능력이 없으니 배출하긴 하지만, 이것이 매일 쌓이면, 자정능력이 떨어져 큰 문제가 된다.

'아, 정체도 모르는 물질을 계속 먹으면서 몸을 혹사시켰구나!'

원래 아이의 아토피 때문에 사탕과 과자류를 제한하긴 했다. 하지만 가공식품과 패스트푸드에 입맛은 많이 길들여졌었다. 우리의 자가면역질환을 뿌리 뽑으려고 식습관을 바꿨다. 먼저, 설탕과 첨가물 가득한 간식 대신 고구마, 옥수수, 밤, 단호박, 과일을 잘 보이는 곳에 뒀다. 자주 먹는 음식에 입맛은 서서히 길들여지게 마련이다. 내 예상은 빗나가지 않았다. 아이들은 배가 고프면, 주변에 있는 음식을 찾아 먹기 시작했다. 다음으로 서양식에 길든 입맛을 담백한 한식으로 바꿨다. 기름지고 자극적인 외식을 삼가고, 슴슴한 집밥을 먹었다. 다행히 제주는 배달 음식이 제한적이고, 외식 물가도 비싸다. 집밥을 먹으면서 생활비도 절약하고, 건강도 챙길 수 있으니 일석이조였다. 오일장에서 제주 햇살과 바람이 키운 채소와 싱싱한 해산물을 샀다. 봄에는 서우봉에서 쑥과 나물을 캤다. 한라산 고사리를 꺾어 잘 말린 후, 구워 먹으면 쇠고기보다 쫄깃하고 향기로웠다. 청정 자연 속에 살 수 있어 감사했다. 아이와 함께 자연스럽게 몸을 돌보고 좋은 음식을 골라 먹는 분별력과 절제력을 기를 수 있었다.

솔직히 요리 잘하는 엄마가 될 자신은 없었다. 그저 요리를 자주 하는 엄마가 되기로 했다. 하루 한 시간을 '엄마의 주방 놀이 시간'으로 정했다. 요리 동영상을 보면서, 부엌과 친해지려 노력했다. 내가 주방에 있으면 아이들이 더 즐거워했다. "와, 좋은 냄새가 나요." 옆에서 야채와 고기를 조몰락거렸다. 아이는 계란을 저었고, 채소를 다듬었다. 자연스레 아이와 함께하는 주방 놀이 시간이 됐다. 옆집 아주머니가 호박잎을 뜯어다 주셨다. 창문을 활짝 열고, 파도 소리를 들으며 그것을 아이와 함께 다듬었다. 짭조름한 바다 향과 잎사귀의 푸른 향내가 온방을 메웠다.

"엄마 어릴 땐, 외할머니랑 호박잎이며 고구마 줄기, 어린 깻잎, 고춧잎을 저녁마다 다듬었어. 그 채소들이 반찬으로 뚝딱 변하면 어찌나 신기하던지…"

"엄마, 우리도 이렇게 요리하는 거 좋아해요. 자주 시켜주세요. 네?"

"저 너무 잘하지요? 보세요. 제가 누나보다 더 빨라요. 슈우웅!"

그날 저녁, 우린 큼지막한 호박잎을 입 안 가득 넣고 오물오물 맛있게 먹었다. 어떤 진수성찬보다 즐겁고 감칠맛이 났다. 금요일 늦은 저녁, 남편이 집에 왔다. 그의 노곤한 몸을 위로해 줄 떡만둣국을 만들었다. 진한 멸치 육수에 볶은 표고버섯, 불린 현미 가래떡과 무항생제 고기만두를 넣고 보글보글 끓였다. 국물을 후루룩 마시던 남편이 엄지를 치켜 올렸다. "최근 먹은 음식 중에서 이게 최고네. 역시 집밥이야." 낮에 먹었다던 남편의 최애 음식인 탕수육을 이기는 순간이었다.

집밥은 쌈박하고 화려하진 않지만 먹으면 속이 편하다. 유대인 속담에 "내가 먹은 것이 바로 나다."라는 말이 있다. 지금 먹은 음식은 삼 일 후, 내 몸 구석구석을 구성하는 새로운 세포 조직이 된다. 그렇게 생각하면 조미료 가득한 찌개 국물이 마냥 달갑지 않다. 게다가 음식은 몸뿐 아니라 사람의 마음과 생각까지 좌우지한다. 내가 직접 만들고 조리한 음식을 먹으면 만족감과 안도감이 생긴다. 이때 부교감신경이 크게 작용해서 행복 호르몬인 세로토닌 분비가 많아진다. 나와 내 가족의 몸을 돌보고 있다는 만족감은 성취감도 돋운다. 삶 전반에 균형과 질서를 만든다. 내가 주방을 사랑하게 되자 집안 공기가 포근해졌다. 요리를 하고 있으면 한 명씩 다가와서 "오늘 저녁은 무슨 요리에요?"라고 물었다. 가족이 음식을 맛있게 먹는 모습은 지금껏 잘 몰랐던 벅찬 기쁨이었다. 제주살이 덕분에 중요한 사실을 알았다. 그것은 집밥이야말로 엄마가 매일 줄 수 있는 '가장 건강한 사랑'이라는 것이다.

아이와의 주방놀이는 맛있는 공감육아입니다.

주방놀이는 매일 할 수 있고, 아이도 무척 좋아해요. 맛있는 공감 육아, 과연 어떻게 하면 좋을까요? 주방에서 저는 아이와 이렇게 놀았어요.

첫째, 같이 요리를 하면서 감각을 묻는 질문을 했어요. 맛을 보이면서, 어떤 맛이야?(미각), 재료를 만지게 하면서 어떤 느낌이야?(촉각), 조리 중 변화를 보면서 모양과 색깔이 어떻게 변했어?(시각), 채소를 자르거나 지글지글 구우면서 무슨 소리가 들려?(청각), 무슨 냄새가 나?(후각) 이렇게 질문을 던지면, 다양한 감각능력을 키울 수 있어요.

둘째, 요리의 기본을 가르쳤어요. 요리는 세상을 살아가는 기본 실력이죠. 굽고, 찌고, 끓이고, 볶는 기본 요리법과 재료 손질, 소금과 후추, 간장 등의 기본양념으로 맛내는 법을 알려줬어요. 그랬더니 딸이 동생과 계란 프라이를 해 먹겠다며, 엄마에게 자유시간을 주겠대요. 와우! 원더풀!

셋째, 소소한 재료 준비와 요리를 아이에게 직접 맡겼더니 무척 뿌듯해 하더라고요. "네가 계란 저어줄래?, 오이 좀 씻어줘. 버섯 작게 다듬어줘. 소스 저어줄래?, 시금치를 한 번 무쳐봐." 이렇게 다양한 시도는 아이에게 자신감과 성취감을 갖게 하겠죠?

넷째, 레시피 동영상을 함께 시청하며 놀았어요. 요리 과정을 보면, 조리의 수고와 소중함에 대해 느끼게 되죠. 또 요리에 대한 흥미가 생겨요. 재료의 화학 반응을 관찰하면서 '왜'라는 질문을 하고 답하면서 자연스럽게 생각하는 힘도 기를 수 있지요.

헬퍼스 하이

수눌음 덕분에 솟은
천사 날개

    제주에는 예부터 내려오는 '수눌음'이라는 풍습이 있다. 그것은 마을에 힘든 사람이 있으면, 모두 마치 자기 일처럼 농사는 물론 집안일까지 힘껏 돕는 문화다. 제주민은 이처럼 나누고 돕고 사는 문화에 익숙하다. 아이와 김만덕 기념관에 갔다. 김만덕 할머니는 '제주의 어머니'라 불리는 조선시대 거상이다. 1794년 정조 때, 계속된 흉년으로 많은 사람이 굶어 죽었다. 이때 김만덕은 자신이 평생 모은 돈을 들여 육지에서 쌀 오백 석을 사들였다. 쌀 오백 석은 당시 제주민 전체가 10일 동안 먹을 만큼의 어마어마한 양이었다. 덕분에 많은 제주민이 죽지 않고 살 수 있었다. 우린 기념관에 들어가기 전 객주터로 먼저 갔다. 이곳은 김만덕이 육지상인의 장사를 주선하고, 숙박과 금융거래를 도운 곳이다. 만덕 고가(古家)는 제주 전통 가옥의 특징인 안거리와 밖거리를 볼 수 있었다. 집 안에는 옛날 그릇과 탁자, 물레도 보였다. 건물 한쪽에 진짜 음식을 파는 주막이 있어, 고소한 파전 냄새가 코끝을 찔렀다.

조금 걸어서, 김만덕 기념관에 도착했다. 그녀의 유품을 보며, 행적을 구체적으로 알 수 있었다. 그녀처럼 아낌없이 나누며 살았던 마더 테레사, 록펠러, 슈바이처, 역대 김만덕 상(전국에서 헌신적으로 나눔과 봉사를 실천한 여성에게 주는 상) 수상자에 대한 전시도 봤다. 자신을 비움(돈, 시간, 재능을)으로 자신을 채우는 삶의 비결이라니, 실제로 행복한 사람일수록, 또는 그런 국가일수록 기부를 많이 한다. 《선행의 치유력》의 저자이자 미국 의사인 앨런 룩스는 말했다. 남을 도울 때 사람들은 정서적으로 충만한 기분을 느끼고, 또 그 사람의 신체에도 긍정적 변화가 일어난다고 말이다. 이 행복한 기분을 그는 '헬퍼스 하이(Helper's High)'라 칭했다. 선행 후, 신뢰와 감사가 담긴 상대의 눈빛은 그것을 보는 사람에게 충만한 기쁨을 준다. 그 따스한 에너지야말로 타인이 주는 치유이자 선물인 셈이다. 아무리 많이 가져도, 만족이란 없다. 적게 가져도 움켜쥐지 않고 나눌 수 있다면 얼마나 행복한 인생인가?

"얘들아, 우리는 언제나 맛있는 음식을 마음껏 먹을 수 있지? 이렇게 많은 걸 가진 사람은 어떻게 살아야 할까? 그래, 나누며 살아야 하는 거야. 엄마는 너희가 김만덕 할머니처럼 누군가 힘들 때, 고민하지 않고 힘껏 도와주는 행복한 삶을 살면 좋겠어."

"음…. 전 아프리카 어린이 100명을 후원할 거예요."

"누나! 나는 1,000명 아니 2,000명을 도울 거야, 너무 많나?"

"이야, 너희들 대단하다. 그렇게 많이 기부하려면, 돈 많이 벌어야겠네."

"김만덕 할머니 진짜 대단해요. 그렇게 많은 사람을 살렸다니…. 아, 오늘 '이웃사랑 저금통'에 돈 넣어야겠다. 좀 아깝긴 해도 막상 동전을 넣으면 갑자기 행복해져요. 참 신기해!"

제주민은 순수한 자연을 닮은 걸까? 겨울에는 당근, 콜라비, 무, 감자가 어디나 널려 있다. 봉지를 들고 가서 좀 주워가도 되냐고 물으면 대부분 흔쾌히 허락하신다. (일 년에 3작이 가능해서 계절마다 수확을 한다. 수확이 끝나고 밭을 갈아엎기 전 남은 농작물을 줍는 것이 '이삭줍기'다.) 또 이사 직후, 집 앞 교회에 갔다. 잠깐 살러 왔기에 조용히 예배만 드릴 생각이었다. 하지만 방문 첫날, 안내하시던 집사님이 환하게 웃으시며 이렇게 말씀하셨다.

"아, 일년살이 오셨다고요? 여기에 그런 분들 많아요. 괜찮으니 어서 등록하세요. 이왕 오시는 거, 내 교회다 생각하면서 편히 다니셔야죠."

예상치 못했던, 적극적인 권유에 못 이기는 척 등록을 했다. 그 후 아이들은 주일마다 선물과 간식, 사랑을 한아름 받아왔다. 곧 떠날 것을 알면서도 이분들은 힘든 일이 생길 때마다 날 진심으로 걱정하고 도와주셨다. 하늘이 보낸 천사들 덕분에 제주살이는 전혀 외롭지 않았다. 두부 가게를 운영하시던 조 권사님은 초면인 나를 일 년간 살뜰히 챙겨주셨다. 몸이 아픈 날에는 아플수록 잘 먹어야 한다며 밥을 사 먹이셨고, 아이들의 옷과 신발, 장난감도 한 보따리 갖다주셨다. 무엇보다 퇴근길에 우리 집에 들러 맛있는 두부를 한아름 안겨주셨다. 제주 천사가 만든 두부는 세상 어디서도 맛볼 수 없을 만큼 담백하고 고소했다.

우연히 만난 도민들도 마찬가지로 인심이 좋았다. 낯선 동네에 가면 어르신을 볼 때마다 아이들은 힘차게 인사를 했다. 덕분에 귤밭에 서성이면 귤 한 봉지가 손에 들렸다. 당근밭을 걸으면 당근 보따리가 생겼다. 어느 날, 선흘 람사르 마을 부근에서 담장에 핀 접시꽃을 구경하며 사진을 찍고 있었다. 주인 할머니가 나오셨다. "들어와서 정원의 다른 꽃도 구경하고 가." 황금빛 하귤이 가로수를 이룬 비밀의 화원에 이끌리듯 들어갔다. 이름도 생소한 꽃이 가득했다. 자상하게 꽃 이름을 알려 주시더니, 잠깐만 기다리라며 텃밭으로 가셨다. 상추와 깻잎, 고추, 파 등을 순식간에 뜯어서 한아름 안겨 주셨다. 인심 좋은 한마디까지, "마당에 있는 작물은 언제든 봉지 가져와서 따 가요."

제주에서 쌓은 인연은 유난히 특별했다. 애월에 사는 순임 언니, 대전에서 온 영희 언니, 윗집의 도영 엄마. 육아와 여행, 신앙은 우리의 끈끈한 연결고리가 됐다. 아이를 등교시키고 자유의 몸으로 함께 오름과 카페를 누볐다. 꾀꼬리가 재잘대는 숲속 카페에서 함께 마시던 비엔나커피는 얼마나 향긋했던가! 주말이면 서로의 집을 오가며 시끌벅적한 밤을 보냈다. 남편이 안 오면, 우린 서로의 든든한 가족이 돼 주었다. 우리도 제주를 떠나기 전, 수눌음을 실천하기로 했다. 식탁 위 '이웃사랑 저금통'을 몽땅 털어 생필품을 샀다. 인근 복지 시설에 연락해서 아이들과 함께 물품을 전달하고 왔다. 아, 말로 표현할 수 없는 헬퍼스 하이, 충만한 기쁨으로 날아오를 것 같았다. 제주 수눌음 덕분에 우리 어깨에도 투명한 천사 날개가 돋아났나 보다.

"행복하지 않은 사람은 채움으로 채우려고 하지만, 행복한 사람은 비움으로 채우려고 한다. 시간과 돈의 여유가 없어서 나누어줄 수 없다고 행복하지 않은 사람이 하소연할 때, 행복한 사람은 나누지 않으면 시간과 돈의 여유는 갈수록 없어진다는 믿음으로 나눔을 실천한다."

최인철, 《굿 라이프》 중에서

 mom's tip

나누는 삶이 행복한 인생을 사는 비결입니다.

프란치스코 교황은 말했어요. "나무는 제가 맺은 과일을 먹지 않고, 태양은 자신에게 빛을 비추지 않아요. 꽃은 자신을 향해 향기를 발하지 않습니다. 타인을 위해 사는 것, 이것이 우주의 법칙입니다. 우리는 서로 도우며 살도록 설계되었어요." 나누는 삶이야말로 가장 행복한 인생 비결이죠. 행복한 미래를 꿈꾸며, 아이와 작은 나눔을 이렇게 실천했어요.

첫째, 이웃에게 먼저 다가가 인사했어요. 가장 손쉽게 마음을 나누는 방법이죠. 아무리 힘들어도 누군가가 건네는 밝은 미소와 친절한 말은 큰 위로가 돼요. 먼저 인사하는 사람도 덩달아 행복해지겠죠?

둘째, 가족과 플로킹을 했어요. 플로킹은 걸으며 쓰레기를 줍는 활동이에요. 집게와 비닐을 챙겨 함덕 바다로 갔죠. 환경 정화 활동을 하면서 쓰레기를 함부로 버리면 안 된다는 걸 수없이 깨달았어요. 쓰레기를 주울 때마다 내 마음까지 깨끗해지는 건, 덤으로 얻는 행복이랍니다.

셋째, 안 쓰는 장난감과 옷가지를 이웃에게 줬어요. 중고 거래가 활발하지만 대가를 바라지 않고 나누면 돈으로 살 수 없는 헬퍼스 하이를 얻을 수 있죠. 그 기쁨을 아는 아이는 직업을 정할 때, 생계를 위한 돈벌이를 넘어서, 더 가치 있는 소명을 찾아갈 거예요. 나눌 때 채워지는 우주의 법칙을 경험하는 의미 있는 인생을 살게 되겠죠?

넷째, 식탁에 '이웃사랑 저금통'을 두고, 감사거리가 있거나 동전이 생길 때마다 저금통에 돈을 넣었어요. 어릴 때부터 기부를 해봐야 제 것만 챙기지 않고 더불어 잘 사는 어른으로 자라게 됩니다. 연말에 간식 또는 생필품을 사서 기관에 전달하면 특별한 추억도 쌓입니다. (시설에 전화해서 물어보면, 필요한 물품을 알려주세요.)

다섯째, 아이에게 타인을 돕고 섬기는 훈련을 시켰어요. 매일 또는 일주일에 한 번씩, 가족과 친구, 공동체의 필요를 채우게 하는 거예요. 꼭 물질적 도움이 아니더라도 청소와 설거지하기, 운동장 휴지 줍기, 선생님 심부름 적극적으로 하기, 친구 위로하기 등 삶 속에서 자주 실천할 수 있는 일을 스스로 찾게 했어요. 돕는 게 습관이 된 사람, 분명 특별한 인생을 살 거예요.

건강한 가족

고마운
우도 밤바다

"여보, 일 년만 제주에 더 살면 좋겠어요. 아이들도 학교랑 유치원을 좋아하고, 프로그램도 정말 좋잖아요. 쓰던 책도 여기서 마무리하면 좋은데… 마침 권사님이 복층 주택을 일 년 전세로 저렴하게 주신대요."

"텅 빈 집, 정말 외롭단 말이야. 딱 일 년만 있기로 했잖아. 나중에 꼭 다시 제주에 와요."

제주집 계약 만료를 3개월 앞두고, 부부의 의견은 팽팽히 맞섰다. 그의 외로움과 체력을 생각하면 육지에 가는 게 맞았다. 하지만, 막상 여길 떠난다고 생각하면 눈물부터 났다. 물리적인 기한이 끝났다고, 신발에 먼지 털 듯 훌쩍 떠나기에 제주는 너무 특별했다. '에이, 경기도에 있는 집이 공항 근처에만 있었어도 남편이 여기 오고가기 훨씬 수월할 텐데…' 괜한 것이 다 원망스러웠다. 다른 집 남편들은 부인이 제주에 살면, 평일엔 아이들 없이 쉴 수 있으니까 좋고, 주말에는 매주 제주 여행 오는 기분이 든다던데, 그는 왜 저렇게 싫다고만 할까?

이견을 좁히지 못하고 우도로 여행을 갔다. 밤바다가 보고 싶어 숙박을 예약했다. 도민 찬스로 차를 배에 실었다. 거대한 선박이 남매의 땅콩 아이스크림 염원을 담은 채 힘차게 물살을 갈랐다. 15분쯤 지났다. 소가 엎드려 있는 모습의 우도섬이 나타났다. 예전엔 자전거 페달을 밟느라 덥고 힘들었는데, 이번엔 차를 타고 다니니까 섬 구석구석을 마음껏 둘러볼 수 있었다. 돌칸이 해안에 갔다. 우도봉의 깎아지른 듯한 장엄한 옆구리가 감탄을 자아냈다. 해안 절벽 위에는 요염한 정자 하나가 있었다. 그곳에서 아저씨들이 반주를 즐기고 있었다. 절경을 병풍 삼고 누리는 완벽한 신선놀음이었다.

그런데 운전하던 남편 얼굴에 피곤한 기색이 역력했다. 이번에야말로 우도봉 정상에 올라가려고 했지만, 그는 힘들다며 자꾸 하산을 재촉했다. 네 식구가 함께 보트 타고 검멀레 해안 동굴에 가고 싶었다. 하지만 그는 뱃멀미가 날 것 같다며 거듭 거절했다. 할 수 없이 셋이서만 보트를 탔다. 바람은 짜릿했고, 바다에서 보는 우도봉과 동굴은 더욱 웅장했다. 남편이 계속 마음 쓰였다. 하고수동 해변에서도 그는 피곤하다며 캠핑 의자에 누워 계속 잠을 잤다. 바닷물이 어찌나 맑은지, 깊은 물 속에서 발이 하얗게 다 보였다. 스노클링 안경 속으로 보이는 알록달록 물고기 떼는 정말 혼자 보기 아쉬웠다. 4시간 이상 차와 비행기를 타고 제주에 오는 그의 고생을 머리로는 알았다. 하지만 여행까지 와서 축 처져있는 남편이 원망스러웠다. 나도 모르게 무뚝뚝하게 그를 대했다.

도착한 민박집은 허름했지만 예약한 저녁 식사는 진수성찬이었다. 무늬 오징어회, 흑돼지구이, 싱싱한 야채 절임, 껍질째 볶은 우도 땅콩 국수까지 정성이 가득했다. 부부는 막 태어난 아기와 네 살짜리 꼬마를 키우며 민박집을 운영했다. 젊은 사람이 작은 섬에서 이렇게 성실하게 사는 게 참 대단했다. 저녁을 먹고, 밤바다로 산책을 갔다. 항구에만 밝은 가로등이 있을 뿐, 섬 속의 섬은 칠흑같이 어두웠다. 자연스레 항구로 갔다. 민박집 주인이 아이를 데리고 오징어를 잡고 있었다. 그는 낮에는 텃밭에서 야채를 키우고, 오후에는 민박집을 청소하고 식사를 준비한다고 했다. 설거지를 마치고 밤이 되면 네 살짜리를 돌보면서 늦은 밤까지 오징어를 잡았다. 젊은 사장은 이게 보통 힘든 일이 아니라며 고개를 절레절레 저었다. 생계를 책임지는 가장의 고단한 어깨에 마음이 저릿했다. 남편도 평일은 늦게까지 일하고, 주말에는 가족을 보겠다며 장거리 퇴근을 하고 있었다. 그의 지친 어깨를 봤다. 가족을 위해 연일 고생하는 그를 더 이해해주지 못했던 사실이 무척 미안했다.

다음 날, 남편은 기력을 찾았다. 자진해서 아이의 튜브가 됐다. 아들을 배 위에 올려놓고 바다를 둥둥 떠다녔다. 아이는 아빠 배를 무척 즐거워했다. 남편은 온유를 사랑스럽게 바라보며 웃고 있었다. 가족과 늘 함께 있고 싶은 그의 마음을 또렷이 봤다. '그의 바람대로 육지로 갈까? 남편이 저리도 원하는데….' 이렇게 생각하던 찰나, 난 이끼에 발이 미끄러져서 사정없이 넘어지고 말았다. 손에 쥐고 있던 휴대폰 액정이 와장창 깨졌다. 아파서 주저앉아 있는 내게, 남편이 급히 달려왔다. 다친 데 없냐며 걱정스럽게 물었다. 깨진 휴대폰에 대해선 어떤 질책도 없었다.

"내 이럴 줄 알고, 새로 출시된 휴대폰, 예약 주문해 뒀어요. 자기 휴대폰 오래 썼잖아요."

매번 자신보다 날 배려해주는 그에게 고마웠다. 눈물로 걷는 험한 인생길에서 가장 오래 함께할 사람은 배우자다. 돌아오는 배 위에서 난 가장 소중한 내 편을 위해 육지로 가겠다고 결정했다. 제주가 아무리 좋아도 남편만큼은 아니다. 난 일 년간 제주에서 충분히 행복했으니, 이젠 그에게 일상의 행복과 아빠의 자리를 찾아줘야 했다. 아빠는 가족의 든든한 지지대다. 아이와 온몸으로 놀아주고, 집안일의 빈틈을 채우고, 남매의 다툼을 이성적으로 중재한다. 아이를 안아주는 품도 하나보다는 둘이 낫다. (물론 잔소리도 두 배가 되겠지만.) 아이들이 제 몸의 뿌리인 아빠를 존중하고 좋아하는 것은 아이의 자존감 형성에도 큰 영향을 미친다. 그러므로 자녀를 위해 엄마가 해야 할 중요한 일은 남편을 사랑하는 것, 그에게 가장의 권위를 주는 것이다. (하지만 그것은 육아보다 더 어려운 광야다.) 마음 변할까 봐 집에 오자마자 바로 집주인에게 뜻을 전했다.

"여보, 집주인한테 정한 날짜에 이사 나가겠다고 말씀드렸어요."

내 말을 듣던 남편의 표정이 급 밝아졌다. 그러더니 이렇게 너스레를 떨었다.

"저 바다가 너무 예뻐서 탈이야. 제주도 오고 싶으면 휴가 보내줄 테니 언제든 와요."

 월요일 새벽, 남편은 여느 때처럼 비행기를 타고 육지로 돌아갔다. 다솔이가 아빠의 땀 냄새 밴 수건을 들고 나와 말했다. "아, 그리운 아빠 냄새." 딸은 아빠가 벌써부터 그리운지 수건을 꼭 껴안았다. 난 비행기에서 곤히 잠들었을 그에게 문자를 보냈다.
 "이제 우리 주말마다 이별하지 않아도 되겠다. 휴우, 그건 참 좋네. 그나저나 고마워요. 나와 아이들에게 평생 잊지 못할 큰 선물을 줘서. 행복한 제주살이는 모두 당신 덕분이었어요."

한 마디의 공감이 '건강한 가족'을 만듭니다.

세상의 가족을 진찰해보면 아프지 않은 가족은 없습니다. 살다 보면 시간은 늘 부족하고, 지치고 아프고, 뜻하지 않은 큰 어려움을 만나기도 해요. 이렇게 힘든 시간이 오래 지속되면 아무리 가족이라도 서로에게 원망과 화를 퍼붓고 말죠. 건강한 가족을 만드는 뾰족한 방법은 없어요. 본인의 몸과 마음을 관리하고, 상대를 존중하려고 '노력'하는 게 최선이죠. 그렇지 않으면 자꾸 부정적인 말(비난 "만날 게임만 하니까 그 모양이지", 비교 "누나 반만 닮아라", 탓하기 "너 때문에 내가 이 고생이야", 위협 "숙제 안 하면 용돈 깎는다", 짜증 "정말 내가 너 때문에 못살아", 명령 "잔말 말고 하라는 대로 해", 건너짚기 "너 또 그랬지? 안 봐도 뻔해" 등)로 서로를 할퀴는 상황에 치달아요.

말에는 사람의 마음을 좌우지하는 힘이 있어요. 말이 상황과 분위기를 주도하죠. 짜증의 말은 원망과 비난을 부르고, 존중의 말은 감사와 기쁨을 데려옵니다. 상황은 바꾸기 힘들어도, 분위기를 선택할 수는 있어요. 바로 공감의 말을 통해서죠. 같은 상황이라면, 불평과 원망을 말하기보다, 작은 것에도 감사하고 칭찬하려 노력하는 게 중요해요. 아이들에게 말할 때, '공감'과 '잔소리'의 비율을 3:1로 유지하려 노력하고 있어요. 제어하지 않으면, 잔소리가 폭발하니까요. 마음이 힘들 땐 단점만 보이니까, 잠시 물러나서 먼저 제 마음을 다스려요. 이어폰을 귀에 꽂고 음악을 들으면서 집안일을 하죠. 쓰레기를 들고 나가 잠시 찬바람을 쐬고 들어옵니다. 카페에서 차라도 한 잔 마시고 들어오면, 기분이 훨씬 나아져요. 잠시 자리를 비우더라도 차라리 그게 낫더라고요.

창의성을 발휘해서 가족과 대화하면 효과적이에요. 비난하는 사람에게 무거운 벽돌책을 가져와서 당신의 비난이 내게는 이렇게 아픈 벽돌같이 충격적이라고 말할 수 있어요. 서로의 감정을 그림으로 표현하거나, 감정카드를 활용해서 대화하면, 집중하기도 쉽고 이해도 잘 돼요. 비난이 튀어나오려는 순간에는 잠깐 멈추고 내 앞에 있는 그 사람(남편, 아내, 아이)은 존중받아야 할 귀하고 소중한 사람이라고 생각해요. 그 후, 숨을 깊게 쉬면서 비난을 꼴깍 참곤 하죠. 기분 좋을 땐, 마음껏 애정을 표현하려고 해요. "당신 참 힘들죠? 우리 때문에 고생이 많아요. 당신이 있어서 참 든든해요. 참 고마워요." 한 마디의 공감이 비로소 건강한 가족을 만듭니다.

자연 속 휴식

아르떼 제주는 최고의 선물이었다

집 앞 바다에는 초겨울부터 수백 마리 철새 떼가 장관을 이루었다. 아이와 아침마다 철새 떼를 구경했다.

"얘들아, 새는 지구상에서 가장 스트레스가 없는 생물이래. 누가 자기를 위협하면 즉시 날아가거든. 그런데 사람은 달라. 혼자서는 다 이기지도 못할 괴로움을 끝까지 버티다가 결국 녹다운 되고 말지. 몸과 마음의 소리를 전혀 듣지 않아. 왜 그렇게 살았을까?"

"누가요?"

"예전에 엄마 말이야. 앞만 보고 달렸어. 이제 용기를 내려고. 다른 사람이 뭐라 하든 내가 생각한 옳은 길로, 내 속도대로 살 거야. 잘 쉬고, 많이 웃고, 좋은 사람과 추억도 많이 만들면서. 다 잘하려고 하지 않고, 할 수 있는 것과 할 수 없는 것을 구별하면서. 자신의 한계를 아는 저 새들처럼, 지혜롭고 살고 싶어."

"네 엄마, 힘들 때마다 함덕에 오면 되겠네요. 히힛. 그때마다 저도 엄마 따라올래요. 그런데 우리도 새처럼 날개가 있으면 좋겠어요."

"엄마! 저기 갑자기 새가 날아가요. 스트레스를 받았나? 누나 우리도 날아보자! 이렇게!"

아이는 두 팔을 벌려 파닥파닥 거렸다. 아이고 귀여운 녀석들, 초등 삼 학년이나 일곱 살이나 매한가지다.

왜 우린 늘 쉬지 않고 달려야만 할까? 앞뒤 가리지 않고 쌓은 돈과 명예, 성공도 심신의 균형을 잃으면 모두 물거품인데… 잘 쉬면서 나답게 살 용기가 지금 우리에겐 필요하다. 수천 점의 회화, 조각, 판화를 남긴 파블로 피카소는 말했다. "열 가지 일을 할 수 있으면, 다섯 가지만 하라. 그래야 더 확실하고 훌륭하게 일할 수 있고, 계속 일할 힘이 남아 있다는 기분을 유지할 수 있다." 쉬는 것은 낭비하는 시간이 아니다. 행복을 느끼고, 사고를 유연하게 만들고, 상상력을 북돋는 의미 있는 시간이다. 지금까지 나는 휴식과 자연의 가치를 전혀 모르고 살았다. 그렇게 쉼 없이 분주한 삶은 나와 가정을 바삭바삭 겨울 낙엽처럼 메마르게 만들었다. 제주는 그런 나에게 큰 물음표를 던졌다. "대체 왜? 언제까지 이렇게 숨 가쁘게 살 거야?" 그 파동 덕분에 이제 난 변했다.

바쁘게 운전하다가도 억새밭이 보이면 길가에 차를 세우고 오래 보며 감탄을 했다. 청소를 하다가도 창밖 풍경에 홀리면, 밖으로 뛰쳐나가 해변을 걸었다. 오후에 알람이 울리면 하던 일을 멈추고 눈에 마사지기를 붙였다. 뇌의 긴장을 멈추려고 눈앞 사물(노트북과 책, 휴대폰이 아닌)을 빤히 바라보는, 일종의 멍때리기도 즐길 수 있게 됐다. 디지털 디톡스를 위해 SNS 하는 시간을 정해서 했다. 때로는 휴대전화를 비행기 모드로 전환해서 진짜 해야 할 것에 집중했다. 아이와 하릴없이 숲과 들판을 걸었고, 구름에 이름을 붙이며 느긋하게 놀았다. 밤에는 해변에서 별처럼 반짝이는 고깃배의 수를 셌다. 여유가 생기니까 내면이 단단해졌다. 그 힘으로 난 자신과 가족을 더 존중하고, 진심으로 공감할 수 있게 됐다. 모두 제주살이 덕분이었다.

사람은 식물에게 산소와 식량을 얻고 식물은 사람이 내뿜는 이산화탄소를 흡수하며 산다. 이렇게 사람과 자연은 서로 교감하며 공생하도록 설계됐다. 그러니 사람에게 가장 좋은 휴식은 자연 속에서의 쉼이다. 우린 원래부터 네모난 컴퓨터에 종일 앉아 있도록 설계되지 않았다. 짐승을 쫓아다니면서 나무와 풀냄새를 맡고, 햇볕을 쬐도록 창조됐다. 하지만 우리는 온통 네모난 것에 둘러싸여 경직된 삶을 산다. 끝없는 두통과 어깨 결림을 참으며, 인생이 원래 다 그런 거라고 체념하듯 버틴다. 자연과 동떨어진 삶이 훨씬 익숙한 상황을 미국 작가인 리처드 루브는 '자연결핍장애(Nature Deficit Disorder)'라고 명명했다. 과도한 도시화가 자연을 파괴했고, 사람들은 자연과 멀어졌다. 그 때문에 행복을 내면의 만족과 여유가 아닌, 외적인 소비와 소유에서만 찾게 됐다. 감사하는 마음과 자연에 대한 경외심을 잃었기에 끝없이 욕구 불만에 허덕이며 살아간다. 심한 비교와 경쟁은 우울증과 스트레스를 부추기고, 원인도 이름도 모르는 다양한 질병이 무수하게 생겼다.

심각한 건, 자연을 전혀 경험해보지 못한 도시 아이들이다. 만연한 공격성과 생명 경시 풍조, 일상화된 욕과 혐오 표현, 산만함과 잦은 짜증, 온라인 중독, 이기주의와 개인주의 등 이 모든 것들이 자연과 멀어져 생긴 문제는 아닐까? 제주에 살면서 자연이 주는 안정감이 이토록 크다는 사실에 매번 놀랐다. 아이는 이렇게 말했다.

"엄마, 숲에 가고 싶어요. 숲속에 가면 마음이 편안하고, 기분이 갑자기 좋아지거든요."

우리를 괜찮다고 다독이는 자연, 누구든 편안하게 품어주는 자연, 그렇게 욕심부리지 않아도 행복할 수 있다고 말하는, 착한 자연이 난 정말 좋다. 자연에 등급을 매길 순 없지만, 제주의 숲과 바다는 그 어떤 곳보다 우월하다. 어쩌면 제주는 휴식을 꿈꾸는 이에게, 신이 내려 준 최고의 선물이 아닐까?

mom's tip

잠시 멈추고, 몸과 마음의 소리에 귀 기울여 보세요.

늘 시간을 쪼개 사는 우리, 미국 기자인 브리짓 슐트는 현대인의 가장 큰 고통 중 하나가 중요한 일에 충분한 시간을 낼 수 없는 시간 빈곤 문제라고 말했어요. 생업은 물론 일상에 자잘한 문제에 시간을 쪼개 쓰다 보니, 시간 파편(confetti, 공중에 뿌리는 종이 꽃가루)만 넘쳐서 행복과 직결된 '건강, 가족, 사랑'에 쓸 수 있는 시간이 턱없이 부족한 거죠. 성격은 자꾸 급해지고 마음도 불안해요. 한 신문 기사에 외국인이 본 '성격 급한 한국인의 다섯 가지 모습'이 소개됐어요.

하나, 자판기 컵이 나오는 곳에 손을 넣고 기다린다.
둘, 엘리베이터 문이 닫힐 때까지 닫힘 버튼을 계속 누른다.
셋, 3분이 되기 전에 컵라면 뚜껑을 열고 먹는다.
넷, 극장에서 영화의 엔딩 크레디트가 끝나기 전에 이미 자리에서 일어난다.
다섯, 마우스를 클릭하고 웹사이트가 3초 안에 안 열리면 급히 닫는다.

여러분은 몇 가지나 해당하나요? 세계보건기구(WHO)는 "건강이란 신체적, 정신적, 사회적 그리고 영적으로 정상인 상태"라고 정의했어요. 건강하고 균형 잡힌 삶을 위해선 휴식이 필수에요. 내 몸과 마음의 소리에 귀 기울이며 자신을 다독이고 가끔은 자연스러운 흐름에 나를 맡길 수 있는 게으른 시간도 주고요. 혹시 지금 잘해야 한다는 압박감과 뒤처질 것 같은 스트레스로 힘든가요? 여기에서 벗어날 수 있는 가장 좋은 방법은 당장 '멈추는 것' 뿐입니다.

스킨십의 힘

바람 부는 날에는 코알라 포옹

방금 학교에서 돌아온 딸의 얼굴이 슬퍼 보였다. 바로 이유를 물었다.

"친구랑 헤어지기 싫어요. 엄마, 우리 제주에 더 살면 안 돼요? 오늘 해솔이가 이사 가지 말라면서 엉엉 울었어요. 가더라도 꼭 미리 말해주라며…. 내가 가 버리면 걔는 어떡해."

친구랑 논다고 여행을 마다하고, 놀이터로 뛰어가던 아이였다. 여름엔 바닷가에서 하루종일 친구들과 물장구를 치며 놀았었다. 곧 다가올 성탄절에는 파자마 파티를 한다며 내내 들떠있던 차였다. 제주살이의 끝자락, 친구와 정이 듬뿍 든 아이는 이별을 말할 때마다 눈물을 글썽였다. 예견된 상황이었지만 막상 닥쳐보니 마음이 더 아렸다. 내가 할 수 있는 건 그저 아이 이야기를 계속 듣고, 충분히 공감하고, 품어주는 것뿐이었다. 아이는 맘껏 슬퍼한 후 자신을 스스로 다독일 테니까…. 슬퍼하는 딸을 마치 엄마 코알라가 아기를 안 듯 두 팔로 감싸 안았다. 쿵쾅대는 내 심장이 말하는 이 소리를 아이가 듣기를 바라면서.

"너의 모든 슬픔과 기쁨을 함께해 줄게. 엄마는 너를 머리부터 발끝까지 사랑해."

지금껏 난 아프고 바쁜 날이 많은 엄마였지만, 그나마 아이와 친밀할 수 있었던 건 이 코알라 포옹 덕분이었다. 따뜻한 스킨십은 양적으로 부족한 아이와의 시간을 밀도 있게 채워주었다. 매일 아침 출근 전, 아이를 품에 꼭 안은 채 20초를 맘속으로 세며 말했다.

"너처럼 사랑스런 아이가 세상에 또 어디 있을까? 너무너무 사랑해."

"네 존재 자체만으로도 엄마는 행복해. 엄마 딸(아들)로 태어나줘서 고마워."

"엄마가 하루 종일 너를 응원하고 있으니, 힘내."

제주에서도 등교 준비에 늑장을 부리는 아이들에게 이렇게 외쳤다.

"빨리 세수하고 온 사람은 엄마가 오랫동안 꼬옥 안아준다!"

그러면 바닥에 뒹굴거리던 아이들이 고양이 세수를 하고서 득달같이 달려왔다. 아이가 힘들 때도 이 코알라 포옹은 명약이었다. 태중에서 듣던 엄마 심장 소리를 떠올리며 안정감을 찾아서일까? "힘들지? 이리와, 엄마가 안아줄게." 충분히 안아주고 토닥이면 아이는 어떤 상황에서도 힘을 냈다. 일본 심리상담사인 야마구치 하지메는 엄마와의 스킨십은 아이의 자신감과 자존감을 기르고, 아빠와의 스킨십은 아이의 사회성을 건강하게 기른다고 말했다. 그러니 엄마 아빠가 함께 아이를 고루 안아주면 더욱 좋다. 아이를 가운데 두고 부모가 양쪽에서 안아주는 샌드위치 포옹은 아이의 애정욕구를 단번에 충족시킨다. 보호받고 있다는 정서적 안정감을 확실하게 줄 수 있다. 또 스킨십은 긴장과 불안을 낮춰서 정서 지능(자신의 감정을 파악하고 해결하는 능력)을 높인다. 스킨십은 아이가 자기감정을 알고, 조절하며, 문제를 객관적으로 볼 수 있는 내면의 힘을 기른다. 정서 지능이 낮은 아이는 스트레스를 관리하지 못해, 게임과 폭식, 또래 관계 중독에 빠지기 쉽다. 중독은 여러 가지 이유가 있지만, 주로 자존감이 낮고, 부모와 소통이 안 되는 경우에 더 빈번하다. 충분히 채움 받지 못한 공허한 마음을 엉뚱한 곳에서 찾기 때문이다. (과몰입과 중독은 다르다. 중독은 일상생활이 어려운 상태를 말한다.)

아이가 부모의 손을 쉽게 놓지 않도록, 어릴 적부터 공감어린 스킨십을 계속하면 좋다. 영국 의사인 볼비는 피부 자극이 두뇌 발달에도 영향을 준다고 말했다. 스킨십 자극은 뇌에 전달되어 뇌 발달에 필요한 여러 신경전달 물질을 분비시킨다. 이것이 아이의 언어능력, 기억력, 호기심과 관련된 뇌세포를 발달시킨다. 피부는 '제2의 뇌'라고 말할 정도로 뇌와도 긴밀히 연결돼 있다. 아이가 영리하고, 똑똑하길 바란다면 어릴 적부터 부지런히 안아주고 볼 일이다.

피부에 닿는 자극은 그대로 아이의 인격이 된다. 코알라 포옹 덕분에 딸은 속 깊은 아이로 자랐다. 저녁 설거지가 끝나자마자 딸이 말했다.

"엄마 오늘 저녁에 안마 예약하셨죠? 어서 엎드리세요!"

딸은 내 몸 위로 올라가 기어가는 자세를 취했다. 손과 발을 동시에 움직이며 뭉친 근육을 꾹꾹 눌렀다. 어깨와 종아리를 한꺼번에 주무르며, 뭉친 곳을 살살 푸는 스킬이 놀라웠다. 안마 전문가 저리 가라할 정도였다. 구슬땀을 흘리는 모습이 고맙기도 하고 안쓰럽기도 했다.

"엄마, 제가 왜 안마하는 걸 좋아하는지 아세요?"

"이렇게 땀나고 힘들 텐데… 왜 그럴까?"

"안마하면서 엄마랑 이야기도 하고, 무엇보다 엄마가 행복해하면 저도 기분이 정말 좋아요."

딸내미 덕분에 제주살이가 훨씬 더 행복했다. 딸은 잠시 뜸 들이더니 말을 이었다.

"생각해보니까… 경기도에 가는 게 좋겠어요. 아빠랑 같이 살 수 있잖아요. 친구들이랑 헤어지는 건 슬프지만… 카톡으로 계속 연락하면 되죠. 서로 잊지 말자고 애들이랑 약속했어요."

역시 아이는 제 마음을 스스로 다독였다. 아이는 우리가 생각하는 것보다 훨씬 더 단단하다. 부모의 역할은 아이가 스스로 생각하고 움직이도록 테두리를 넓게 잡아주는 것뿐이다. 혹 내 기대에서 벗어나더라도 끝까지 아이를 믿고, 따뜻하게 안아주며, 기다리는 것이다. 그러면 결국 아이는 그 믿음만큼 부모가 생각하는 옳은 방향으로 자란다. 실수와 시련이 우리를 지금껏 성장시켰듯, 아이 삶에도 좌절하고 실패하는 경험이 필요하다. 시행착오는 아이를 더 단단하게 만들 것이다. 부모는 어디까지나 아이 인생 무대의 조연일 뿐이다. 결국 아이 인생의 주인공은 아이 자신이다.

mom's tip

따뜻한 스킨십은 부모와 아이 모두에게 안정감을 줍니다.

따뜻하고 부드러운 피부 자극은 부모와 아이 모두에게 안정감을 줍니다. 어른도 아이처럼 접촉에 대한 욕구가 있지요. 충분한 접촉은 스트레스를 줄이고, 옥시토신이라는 애정 호르몬을 분비해서 따뜻한 정서를 북돋아요. 또 애정 욕구를 충족시켜서 숙면을 취하게 만들죠. 아이와 좀 더 적극적으로 스킨십을 나누면 좋겠죠? 어깨동무하고, 아이 머리도 부드럽게 쓰다듬을 수 있어요. 아이와 걸을 땐, 손잡고 다니고, 생각이 통하면 바로 짠하고 하이파이브를 하고요. '엄마 손은 약손'이라는 노래처럼 손에는 치유하는 힘이 있대요. 저는 수시로 아이 뺨을 제 뺨으로 어루만지기도 하고, 그러다가 팔다리를 쭉쭉 주무릅니다. "키야 쑥쑥 자라라." 속삭이면서요. 저희 아이들은 간지럼 태우기를 가장 좋아해요. 가장 좋아하는 스킨십이죠. 제 손길에 긴장을 풀고 맘껏 웃으면 스트레스가 날아가는지, 수시로 간지럼을 태워 달래요. 심리학자들은 말해요. 다리를 꼬고 앉아 팔짱 끼고 있는 남편, 폭식으로 공허함을 달래는 아내, 수시로 등이 가려운 부모님, 콧구멍을 후비고 있는 큰아이는 모두 스킨십에 목마른 사람이래요. 그러니 코를 신나게 후비는 저 아이에게 핀잔 대신 얼른 다가가서 꼭 안아주면 어떨까요?

제주 일년살이

아이구, 제주살이 안 했으면 어쩔 뻔 했어?

　일 년은 일장춘몽인 듯 짧았다. 제주를 떠나던 날, 평생 살았던 고향을 떠나는 것처럼 가슴이 먹먹했다. 새벽 일찍, 아이들을 깨워 함덕 에이바우트에서 일 년의 추억을 다독였다. 너무 그리울 바다와 작별 인사를 했다. 집 열쇠를 반납하고, 야속한 공항버스에 몸을 실었다. 정든 동네를 떠날 때의 텅 빈 가슴을 또렷이 기억한다. 매정한 이별, 제주는 한 번 떠나면 쉽게 갈 수 없는 곳이었다. 육지에서도 반년 넘게 제주를 앓았다. 광활한 바다와 하늘이, 오름의 탁 트인 풍경이 너무 그리웠다. 층간소음에 민감했던 아랫집 눈치를 보느라, 집에서도 아이들은 꽁지발로 걸었다. 활동량이 부족한지 아이는 자주 체했다. 심한 미세먼지를 무시하고 놀이터에서 놀다가 오랜만에 고열을 앓기도 했다. 나도 사회 초년생 때 앓았던 위염이 생겼다. 탁한 공기, 회색 시멘트, 건물에 가린 반쪽짜리 하늘, 지친 사람들의 표정에 연일 우울했다. 곶자왈을 그리워하며 앞산에 올랐지만, 가슴이 정화되는 감동이 없었다. 자연이라고 모두 같은 자연이 아니었다.

"엄마, 제주도 다시 가고 싶어요. 동백동산 걷고 싶어요. 제주에 살 땐 주말마다 신나게 놀러 다녔는데… 왜 이제 여행 안가요? 만날 공원만 가고."

"지난번 갔던 박물관 다시 갈까? 지금 나가면 고속도로가 꽉 막혀서 고생만 해. 조금만 참자. 다음 달, 휴양림 예약에 성공했으니 우리 곧 숲속에 놀러 가자."

하지만 시간은 역시 약이었다. 도시 생활에 익숙해지면서 감사거리도 점차 늘어갔다. 걸어서 병원과 마트를 다니고, 식재료와 반찬, 샐러드는 주문한 바로 다음 날 새벽에 배송 받았다. 단지 내 피트니스 센터에서 손쉽게 운동을 했다. 남매는 넓은 아파트 단지를 자전거와 킥보드로 누비고 다녔다. 덕분에 킥보드는 세 발에서 두 발로, 자전거도 네 발에서 두 발로 업그레이드가 됐다. 아이들은 매일 걸어서 태권도장을 다녔고, 인라인스케이트 강습을 받은 덕분에 실력도 부쩍 늘었다. 마침 집과 멀지 않은 곳에 대안학교가 있었다. 토끼와 닭, 칠면조, 고양이, 강아지를 수십 마리 키우는 곳이었다. 아이들은 평일에도 선생님, 친구들과 함께 강아지를 데리고 공원 산책을 다녔다. 흙먼지 풀풀 날리며 학교 뒷산을 쏘다녔다. 여전히 자연과 가까이 지낼 수 있어 감사했다. 하지만 가장 좋은 건, 평일 저녁 아빠와 함께 나가는 공원 산책이었다. 아이들은 석양으로 물든 하늘을 보면서 "우와, 진짜 예쁘다"며 감탄했고, 고가의 장난감이나 스마트폰을 사달라고 조르지도 않았다. 여전히 길가에 핀 들꽃을 예뻐하고, 곤충을 관찰하면서 풀밭에서 시간 가는 줄 모르고 놀았다. 아파트 화단에서 막대기와 나뭇잎을 모아 장난감을 만들고, 아지트를 꾸몄다. 곤충(각종 풍뎅이는 물론 심지어 사마귀도 손으로 잡아 온다.)을 데려와 나무집을 짓고, 먹이를 줬다. 하지만 제주살이의 후유증도 컸다. 담벼락과 큰 나무만 보이면 기어올랐다. "왜 여기 나무는 올라가면 안 돼요?"라는 아이의 말에, 딱히 할 말이 없었다. 길가의 먼지 가득한 돌과 막대기를 거리낌 없이 주워 노는 아이들에게 여러 번 주의를 주기도 했다.

자연을 좋아하고, 소박하게 노는 아이를 보면 감사가 차오른다. 마치 함덕 바다가, 서우봉이, 동백동산이 튀어나와 "봐, 난 여전히 여기 있잖아."라고 말하는 듯했다. 제주를 떠났지만 곱디고운 제주는 지금도 우리 가슴속에 여전히 살아있었다. 제주살이는 가족 모두에게 귀한 선물을 주었다. 특별한 추억으로 가족을 단단하게 묶어주었고, 행복한 엄마로서 아이와 공감할 수 있는 여유와 건강을 돌려줬다. 다양한 체험과 놀이를 통해 배움을 좋아하고 즐거워하는 태도를 길러줬다. 여전히 아이들은 호기심이 참 많다. 사소한 현상과 사물을 건성으로 넘기지 않고, 자주 질문한다. 마음을 나누며 공감하고, 가족이 함께 웃었기에 정서가 훨씬 안정됐다. 오스트리아 심리학자 아들러는 이렇게 말했다. "행복한 유년은 일생을 치유하지만 불행한 유년은 일생 동안 치유가 필요하다." 내게도 행복한 유년의 기억이 있다. 그것은 힘든 순간마다 결정적인 힘이 됐다. 일곱 살쯤, 산타할아버지가 우리 집에도 오시면 좋겠다고, 엄마에게 말했었다. 그 해 성탄 아침, 머리맡

에 사탕 지팡이가 놓여 있었다. 좋아하는 나를 보며 흐뭇하게 웃으시던 부모님의 표정을 지금도 또렷이 기억한다. 그 기억은 내가 슬플 때마다, 수시로 날 위로하고 치유했다. 내 아이들도 힘들 때마다 제주살이 추억을 떠올리며 힘을 낼 거라 확신한다. 또 그것은 비교와 경쟁에 매몰되려 할 때, 자기 본연의 빛깔대로 소신껏 살게 하는 응원이 될 것이다. 돈과 명예, 타인의 인정보다 눈에 잘 보이지는 않지만 진짜 소중한 '사랑과 순수'를 꿈꾸며, 무엇이든 감사하는 사람이 되도록 도울 것이다.

아이들이 다시 제주에 가자는 말을 할 때마다 이렇게 말했다.
"제주살이는 아빠, 엄마가 너희에게 준 선물이야. 이 추억이 평생 너희에게 힘이 되길 바라면서 큰맘 먹고 준 보물이지. 제주가 그립지? 우리 방학하면, 꼭 여행가자."
아무리 생각해도 아이와 제주에 살아본 건 정말 잘한 일이었다. 부모들은 종종 막내 아이를 낳을까 말까 고민하곤 한다. 하지만 막상 태어난 아이를 보면 사랑스러워서 이렇게 말한다.
"아이구, 요 녀석 안 낳았으면 정말 어쩔 뻔했어."
같은 맥락에서, 난 진심으로 이렇게 말하고 싶다.
"아이구, 제주살이 안 했으면 정말 어쩔 뻔했어."

mom's tip

행복한 사람은 의도적으로 좋은 경험을 하려고 노력하는 사람입니다

행복하기 위해서는 좋은 마음을 유지하는 기술도 중요하지만, 좋은 경험을 많이 하는 것도 필요해요. 병을 얻고 긍정하는 맘으로 극복하는 것도 좋지만, 그 전에 건강한 음식을 먹고, 꾸준히 운동하는 것이 더 중요하듯요. 그렇다면 사람을 행복하게 만드는 좋은 경험은 뭘까요? 서울대 행복연구센터에 따르면 여행과 운동, 종교 활동, 봉사, 명상, 데이트와 대화, 산책, 취미, 요리 순으로 의미 있고 재미있는 활동이라고 합니다. 역시, 여행이 보편적으로 가장 행복한 활동이네요. 자유롭게 여행하면 좋은 사람과 걷고, 먹고, 대화 나누며 행복한 경험을 한꺼번에 하게 되니까요. 행복하려면 짧은 여행이라도 자주 해야겠어요. 또 좋은 경험에는 종교 활동과 봉사, 명상처럼 영적이고 타인을 돕는 일도 포함돼 있어요. 즉 행복한 사람은 자기를 내어줄수록 채워지는 삶의 비결을 알고 실천하는 사람이죠. 그래서 행복한 국가일수록 기부를 많이 하나 봐요. 마지막으로 행복한 사람은 강한 자극을 한 번 경험하는 것보다 소소한 즐거움을 자주 경험하는 사람이에요. 작은 것을 소중히 여기고 현재의 즐거움을 자주 만끽하려는 행동 습관이 필요하죠. 무라카미 하루키의 수필 《랑게르한스섬의 오후》에서 말하는 '소확행'처럼요. 갓 구운 크루아상을 향긋한 아메리카노와 함께 먹는 것, 욕실장에서 보드라운 수건을 꺼내서 몸을 닦는 것, 잘

마른 빨래에서 향긋한 섬유향기를 맡는 것, 겨울밤 따끈따끈한 군고구마를 입을 호호 불어가며 먹는 것 등 이렇게 소소한 즐거움을 더 자주 경험하며, 의미를 부여하는 지혜가 필요합니다.

※ 이 글은 서울대학교 최인철 교수님의 《굿 라이프》를 참고해 썼어요. 행복을 넘어 굿 라이프로 인생의 프레임을 바꾸길 원한다면, 꼭 한 번 읽어보길 권합니다.

공감육아 팁4.

행복한 엄마, 단단한 아이, 건강한 가족을 만드는 '153공감일기'

모나미 153 볼펜을 아시나요? 1963년부터 지금까지 팔리는 필기구계의 스테디셀러예요. 여기서 153은 좀 특별한 숫자예요. 성경에는 "예수께서 이르시되, 지금 잡은 생선을 좀 가져오라 하시니 시몬 베드로가 올라가서 그물을 육지에 끌어올리니 가득히 찬 큰 물고기가 153마리라. 이같이 많으나 그물이 찢어지지 아니하였더라"라는 구절이 있어요. 여기서 충만한 물고기인 153은 완전수를 뜻하죠. 또 153은 각 숫자를 세제곱해서 더했을 때, 본래 숫자가 되는 마법 같은 숫자예요. 저는 '행복한 엄마, 단단한 아이, 건강한 가족'을 소망해요. 그 완전한, 마법 같은 행복이 지속되길 바라며 '153공감일기'를 쓰고 있어요. 꾸준하게 한 줄 필사, 다섯 개 공감, 세 개의 감사를 적죠. 이것은 세상과 나 자신, 가족과 공감하면서, 감사와 긍정 에너지를 채우기 위한 최선의 노력이에

요. 이제 공감과 칭찬, 감사를 습관으로 만드는 '153공감일기'에 대해 더 자세히 알아볼까요?

1. 세상과 소통, 한 문장 필사

소설, 시집, 강연, 영화 뭐든 상관없어요. 오늘 내 마음을 출렁이게 하는 한 문장이면 다 좋아요. 특히 필사는 아침에 하면 좋죠. 필사한 한 문장이 오늘 하루를 잘 살게 하는 지적, 정신적 대들보 역할을 하거든요. 전, 새벽마다 성경을 읽어요. 성경에는 인생의 의미와 목적, 지혜가 오롯이 담겨 있죠. 매일 마음에 와 닿은 한 구절을 필사하고, 깨달음을 덧붙여요. 자, 이제 반짝반짝 빛나는 문장이 넘치는, 필사하고 싶은 책을 찾으러 서점에 가 볼까요?

2. 나 그리고 가족과 소통, 다섯 문장 공감

첫째 문장은 비움의 한 줄이에요. 자신과 공감하는 한 문장을 씁니다. 슬프고, 힘들고, 속상했던 내 감정을 비우는 감정 쓰레기통 역할을 하죠. 마치 내 아이를 위로하듯 상냥하게 자신의 마음을 달래고 서러움을 안아줍니다. 바로 '내가 듣고 싶었던 그 한마디'를 자신에게 해 주는 거예요. 감정을 언어로 표현하고 알아주면, 마음이 한결 편안해져요. 쓰레기는 곧장 버려야 썩지 않고, 악취도 없겠죠? 취침 전, 마음을 다독이고 나면, 단잠을 잘 수 있답니다.

〈예〉 그래, 너 진짜 속상했겠다. 그 사람이 정말 너무했네. 입장 바꿔 생각하면 될 것을!

그런 일이 있으니까 네가 화가 난 거야. 그건 진짜 화날 일이지. 네 맘 충분히 이해해!

둘째 문장은 채움의 한 줄이에요. 하루를 잘 살아낸 자신을 칭찬합니다. 칭찬은 자기 긍정감을 높여서 자신감을 갖게 하고, 잠재된 힘을 발휘하게 만들거든요. (우리에겐 발휘되지 못한 잠재 능력이 약 90% 있어요.) 뇌에 스트레스를 주는 '자책 회로' 대신 '칭찬 회로'가 강화되면 '오늘'을 즐기며 성실하게 살 테니 꿈도 이뤄내겠죠? 또 칭찬을 생활화하면, 긍정 시선이 생겨서 인간관계도 좋아져요. 뇌는 칭찬을 받으면 행복 호르몬을 분비해요. 주어가 누구든 뇌는 반응하죠. 뇌는 주어를 판단하지 않거든요. 자신이 칭찬해도 타인에게 칭찬받았을 때와 같은 효과를 냅니다. 이제 내 성격과 깨달음, 변한 마음과 행동, 감성, 노력 과정, 강점, 긍정 변화, 외모를 칭찬해 봐요. 주어를 '나'로 하고, 칭찬의 말도 꼭 넣어야 해요.

〈예〉 아이들이 싸울 때 깊게 호흡하면서 화를 잘 참았어. 난 참 좋은 엄마야.

시간을 쪼개서 실내 자전거를 타고, 독서 인증을 하다니, 난 참 훌륭하고 성실해.

칭찬의 말 예시 목록

정말 잘했어, 자랑스러워, 끈기 있고 멋져, 참 대단해, 친절해, 사랑스럽구나, 똑똑해, 최고야, 정말 장하다, 역시 센스가 있어, 너그러운 사람이야, 포스가 있고 당당해, 감성이 풍부하네, 장래가 유망해, 참 매력적이야, 용기가 있는걸!, 공감을 참 잘하네, 지혜로워, 사랑스러워, 상냥하고 다정다감해, 활기차고 생기 넘쳐, 장점이 많아, 유머러스해, 똑똑하고 이해력이 좋아, 내가 참 좋아, ○○

> 야, 잘하고 있어! 등

셋째 문장은 소망의 한 줄이에요. 내일의 나와 공감하며, 꼭 해야 할 일을 적습니다. 아이젠하워의 '시간 매트릭스'에서 착안했어요. 사람들은 시간을 네 가지 활동에 나눠 씁니다. 긴급하고 중요한 일(결재 업무, 아이 병원가기, 보고서 작성), 긴급하고 중요하지 않은 일(스팸 전화벨, 자잘한 집안일), 긴급하지 않고 중요하지도 않은 일(뉴스 검색, 게임, 텔레비전 시청), 긴급하지는 않지만 중요한 일(가족, 건강, 성장, 꿈)이 그것이죠. 시간 관리의 중요한 목적은 이 마지막 '긴급하지는 않지만, 중요한 일'의 영역을 넓히고 집중하는 데 있어요. 바로 이 내용을 적고 뇌에 한 번 더 각인시키는 거죠.

〈예〉 남편에게 격려 문자를 보내자, 내일은 밀가루를 먹지 않겠어, 아이와 꼭 데이트를 하자.

넷째와 다섯째 문장은 노력의 한 줄이에요. 아이, 배우자와 공감한 일을 각각 한 줄씩 적습니다. 시간을 내서 경청했거나 바람을 들어줬거나, 장점을 찾아 격려한 일 즉 친절하고 배려했던 행동을 적는 거죠. 쓰려면 행동을 해야 하니까, 절로 노력하게 돼요. 왕이건 농부이건 가정에서 행복을 찾을 수 있는 사람이 가장 행복한 사람이라고 위대한 철학자 괴테는 말했어요. '건강한 가족'이 되려면 존중하고 공감하고 배려해야 해요. 가족은 서로 영향을 주고받죠. 내가 노력하면, 배우자와 아이도 변하더라고요. 일주일에 한 번, 주말이라도 가족에게 1일 1선행을 실천하는 건 어떨까요?

〈예〉 저녁 설거지를 하고, 피곤한 남편의 어깨와 목을 5분간 주물렀다.

아이가 나와 말하고 싶어 할 때, 하던 일을 바로 멈추고 차분하게 들어주었다.

3. 긍정의 소통, 세 문장 감사

하루를 성찰하면서, 감사거리를 세 문장 적습니다. 상황은 언제나 불만족스럽죠. 하지만 습관적으로 감사거리를 찾으면 매순간 긍정할 수 있어요. 감사가 행복의 마스터키죠. 말은 생각을 만들고, 행동을 선택하게 합니다. 그렇게 나라는 사람이 만들어져요. 예일대 사회심리학자인 존 바그 교수는 보이지 않는 언어의 힘은 너무도 강력하대요. 즉 우리가 어떤 단어에 노출되면 뇌의 한 부분이 바로 행동할 준비를 한다는 거죠. 감사일기 속에는 아름답고 긍정적인 말이 가득해요. 이 긍정의 힘은 자연스레 행복한 사고와 행동을 끌어당기겠죠? 우리는 부모님, 배우자, 자녀, 자연, 풀꽃과 나무, 식물과 동물, 직장, 학교, 예술, 시간, 나라, 이웃, 생활 도구, 집, 옷, 음식, 책, 사회시설, 건강, 변화, 깨달음, 꿈에 대해 감사할 수 있어요. 효과적으로 감사일기를 쓰려면 매일 또는 자주 쓰고, 구체적인 긍정문으로 쓰고, '때문에'가 아닌 '덕분에'를 사용하며, 모든 문장은 '감사해요 혹은 감사합니다'로 마무리하는 게 좋아요. (양경윤의《한 줄의 기적, 감사일기》를 참고했어요.)

〈예〉 이틀간 미세먼지가 많아 답답했는데 오늘은 대기가 맑아져서 감사합니다.

온 가족이 집에서 저녁밥을 먹는 지금, 오늘도 안전하게 지켜주셔서 감사합니다.

당근을 썰다가 칼에 베이었지만, 많이 다치지 않아서 감사합니다.

《대학(大學)》에 "심성구지, 수부중불원의(心誠求之, 雖不中不遠矣)"라는 말이 있어요. 마음으로 간절히 원하고, 계속 노력하면 비록 적중하지는 못해도 크게 벗어나지는 않는다는 뜻이죠. 153공감일기를 쓰면 '행복한 엄마, 단단한 아이, 건강한 가족'의 모습에 점차 가까워집니다. 확 바뀌는 일은 없어요. 다만 노력하는 게 중요하죠. 매일이 어렵다면, 일주일에 한 번이라도 좋아요. 저도 필사와 감사 일기는 매일 쓰지만, 공감일기는 간헐적으로 쓰고 있어요. 돌아오는 휴일 저녁, 온 가족이 모여 아로마 무드 등을 밝히고, 잔잔한 피아노 음악을 들으면서 '153공감일기'를 쓰면 어떨까요?

epilogue

지금, 우리에겐 행복을 선택할 용기가 필요합니다.

행복은 환경에 영향을 받기도 하지만, 선택의 몫도 있어요. 선택이론과 현실요법의 창시자인 윌리암 글래서 박사는 말했죠.

"행복은 선택하는 것이다. 그리고 불행도 선택하는 것이다. 우리는 기쁨을 선택하기도 하고 고통을 선택하기도 한다. 무엇을 선택하든 생각하는 습관 차이다."

부정적 감정이 저를 압도하기 전에 스스로에게 이렇게 질문합니다.

"은하수! 이 순간, 기쁨과 슬픔, 감사와 원망 중 무엇을 선택할래?" 예를 들면 이렇게요. 배고파서 짜증이 불쑥 올라오려고 할 때, 생각을 이렇게 전환해요. '공복 상태에서 걸으면, 지방 연소가 빨라지겠지?' 짜증 대신 기대를 선택했죠. 빨리 걸으면서 성취감을 느껴요. 물이 반쯤 담긴 컵에 관한 일화는 너무 유명하죠. '과연 나는 물이 없는, 컵의 윗부분을 볼 것인가? 물이 있는, 컵의 아랫부분을 볼 것인가?' 시선을 어디에 둘지, 어떤 감정을 선택할지를 결정하는 것은 바로 나예요. 그러니 행복한 삶을 사는 비결은 자연스레 올라오는 불평과 원망, 걱정 대신에 감사와 기쁨, 기대를 선택하고, 지금 내가 할 수 있는 일 중 최선의 것을 선택하려는 노력에 있습니다.

번아웃으로 절망했었어요. 하지만 희망을 택했고, 용기를 냈어요. 불안했던 유년기와 왕따 트라우마를 극복하기 위해 상담을 공부했고요. 치유는 과거에서 벗어나 지금 이 순간을 누릴 수 있게 만들었지요. '행복한 오늘'이 분명한 현실이 됐습니다. 병명도 치료제도 없는 자가면역질환에서 벗어나길 선택했어요. 행복과 건강을 포기하지 않았고, 연구와 실천을 거듭했죠. 건강을 회복했습니다. 큰 용기를 냈던 제주살이는 인생 전반부와 후반부를 극명하게 나누는 기준이 됐어요. 지금 저는 더 이상 병과 상처, 통증이 아닌 감사와 긍정 에너지가 넘치는 삶을 살아요. '행복한 엄마, 단단한 아이, 건강한 가족'을 위해 적극 노력하고, 이웃의 회복과 성장까지 돕는 은하수반짝이 됐습니다.

'행복한 엄마'는 소중한 이들을 더 소중하게 지키기 위한 제 사명과 같아요. 그렇기 때문에 게으르고 싶은 순간을 이겨내고, 건강한 몸과 마음, 영혼을 위해 날마다 옳은 선택을 합니다. 새벽을 깨워 스트레칭과 필사를 하고 출근합니다. 좋아하는 독서와 글쓰기를 꾸준히 하죠. 밀가루와 설탕, 가공식품을 절제하며 건강한 식습관을 실천하려 노력합니다. 저녁에는 무지개 해독주스를 마시고, 가족과 운동하며 대화를 나눠요. 취침 전, 153공감일기를 쓰며 하루를 갈무리하고요. 주말에는 아이, 남편과 단둘 데이트를 하고, 정서 환기를 위해 가족 여행을 갑니다. 도서관을 드나들며 책과 친한 가족이 되려고 노력하고요. 이 모든 건 제주에 살면서 만든 루틴 덕분이에요. 루틴은 행복한 삶을 위한 고마운 장치죠. 불안과 우울이 밀려올 때, 루틴을 지속하면 부정적 감정에 쉽게 휩쓸리지 않고, 심신의 균형을 빨리 찾을 수 있거든요. 이렇게 저는 매순간 행복을 위한 용기를 내고 노력을 지속합니다. 덕분에 가정에 한결 웃음이 많아졌어요. 이제 저는 충분히 건강하고, 자유롭고, 행복합니다.

남매의 그림에는 언제나 제주 바다와 곶자왈, 오름, 석양이 등장해요. 제주살이가 아이에게도 마법을 부렸나 봐요. 자연을 좋아하는 아이를 위해 부부는 함께 용기를 냈어요. 소박한 캠핑카를 마련했죠. 피곤함과 수도권의 교통체증은 주말여행을 자주 망설이게 만들거든요. 금요일 밤 부리나케 목적지로 이동한 후, 캠핑카에서 토요일 아침을 맞으면, 하루를 오롯이 휴식할 수 있겠더라고요. 이 소박한 캠핑카는 우리에게 있어 '현실에 안주하지 않고 다르게 살 용기, 행복을 선택할 용기, 공감육아를 지속할 용기'를 의미해요. 육지에 와서도 사랑하는 아이들에게 계속 '특별한 추억, 행복한 엄마, 즐거운 배움, 정서적 안정감'을 선물하고 싶거든요.

돈으로 못하는 것이 없는 세상이지만, 부모가 아이에게 세워줄 가장 중요한 것은 화려한 집이 아니에요. 평생 아이에게 힘이 될 행복한 유년이고, 단단한 자존감과 배움을 즐기는 태도가 가장 중요한 자산입니다. 방학이면 아이와 잠깐씩 제주를 다녀왔어요. 서우봉 아래 함덕 바다는 늘 아름다웠죠. 곶자왈은 갈 때마다 마음을 맑게 만들었고요. 표선 해수욕장 방파제에서 일출을 보며 새해 소원을 빌었습니다. 우리 가족 몸과 마음, 영혼이 건강하길, 유한한 인생길에서 서로가 든든한 버팀목이 돼 주길, 또 그렇게 행복을 위해 용기를 내는 가족이 많아지길 말이죠. 수평선 위로 붉게 타오르는 태양처럼 우리도 매일 희망의 불씨를 밝히며 살아요. 마지막으로 이 책이 세상에 나오기까지 지원과 배려를 아끼지 않은 사랑하는 남편 호준씨, 그리고 늘 저희 부부를 믿고 응원해주시는 양가 부모님께 깊은 감사의 마음을 전합니다.

<부록>

Q&A로 알아보는
제주 일년살이 알짜 정보

> Q1. 집 위치를 어디로 어떻게 정할까요?

　제주도는 북쪽 제주시와 남쪽 서귀포시로 나눠요. 제주시는 공항과 가깝죠. 서귀포시는 국제학교가 있고, 한라산 덕분에 겨울이 따뜻해요. 먼저 북쪽과 남쪽 중, 지역을 정하세요. 전 비행기로 출퇴근할 남편을 위해 제주시를 택했지만, 온 가족이 함께라면, 따뜻하고 집값 저렴한 서귀포시도 좋겠어요. 다음은 읍면동을 고르세요. 제주시는 공항을 기준으로 오른쪽은 구제주, 왼쪽은 신제주로 나뉩니다. 삼양동, 노형동처럼 '동'으로 끝나는 곳은 제주 시내와 가까운 곳이에요. 시내 가까운 외곽에는 서쪽 애월읍, 한림읍이 있고 동쪽은 조천읍, 구좌읍이 있어요. 특히 애월읍과 조천읍은 시내와 공항에 가깝고, 자연환경도 좋죠. 단기로 살기에 적합해서 인기도 많아요. 애월읍은 평지라 도로와 관광지 인프라가 발달해 있고, 동쪽은 숲과 오름이 많아서 더 제주의 여유를 느낄 수가 있어요.

> Q2. 전세와 연세 중 뭐가 나을까요, 또 이사 비용은 얼마나 들어요?

전세는 저렴하지만 가구나 가전 옵션이 없고, 이 년 계약을 해야 하니(서귀포엔 일 년 전세가 가능한 집도 있었어요) 일년살기로는 힘들죠. 연세 금액은 거실과 방 한두 개 딸린 집을 기준으로 할 때 700만원부터 3,000만원까지 다양해요. 집의 형태와 위치, 상태, 면적, 옵션 정도에 따라 금액이 달라요. 옵션은 기본적으로 에어컨, 세탁기, 냉장고가 있고, TV, 옷장, 침대, 건조기까지 구비된 곳도 있어요. 당근마켓을 활용하면 대부분의 살림을 갖출 수 있죠. 육지와 제주도 간 이사비용은 1톤 트럭 한 대당 100만원이 넘고, 이삿짐 5톤이면 가장 저렴한 업체가 300만원 초반이에요. 저도 처음에는 건조기를 제주로 가져갈까 했다가 이동 비용만 40만원 나왔어요. 그냥 건조기를 샀죠. 완전 이사가 아니라면 결국은 풀옵션 연세집이 낫습니다. 또 가벼운 짐들은 우체국 택배 서비스도 활용해 보세요.

> Q3. 주택과 연립(아파트)의 장단점 알려주세요.

전 아파트형 오피스텔에서 안전하고 편하게 살았어요. 신축이라 깨끗하고 벌레도 없었어요. 하지만 아이가 있고 남편과 함께라면 마당 있는 전원주택이 좋겠죠. 언제든 마당에서 캠핑과 수영, 바비큐 파티를 하고, 층간소음 걱정도 없으니까요. 단 임대 금액이 비싸고, 습하고 벌레가 출몰하는 건 각오해야 해요. (지네, 돈벌레, 바퀴벌레, 가끔 뱀도 나와요. 퇴치용 약을 실내외에 뿌려야 해요.) 잔디 관리(기계를 사서 직접 해도 되지만, 대부분 업체에 맡겨요. 잔디 깎기, 제초제, 해충약 관리를 업체에서 하는데 1회에 최소 15만원이에요)는 공동주택 관리비로 치면 되고요. 불편함도 시간이 지나면 다 적응하게 되더라고요. 시내 아파트를 제외하고는, 제주에는 도시가스 시설이 없어요. 대부분 LPG 가스를 개인적으로 사서 난방합니다. 구축일수록, 아파트가 아닌 주택일수록 난방비용이 올라가요. 저희 집의 경우 방 2개와 거실을 다 덥히려면 한 달에 대략 30만원의 난방비가 들었어요. 방 하나에 대략 10만원 정도죠. 난방비 절약을 위해 라디에이터, 온수매트 등 보조 난방 기구와 내복, 보온 양말은 제주살이의 필수템이랍니다.

Q4. 집 구하는 방법과 관련된 팁이 또 뭐가 있을까요?

제주오일장신문(www.jejuall.com)에 매물이 가장 많고, 제주교차로(www.jejukcr.com)에도 정보가 있어요. 연세 매물은 '제사모, 제주도 한 달 살기'와 같은 네이버 카페, 블로그, 공인중개사 카페에서 정보를 얻을 수 있죠. 만약 살고 싶은 곳이 시골 농가라면 마을 이장이나 개발위원장, 청년 회장 등 마을 사람의 도움을 받으면 좋아요. 전 온라인 오일장신문을 여러 달 정독했지만, 결과적으로는 '풀옵션 함덕 연세'라는 키워드로 검색해 나온 카페

게시글을 통해 집을 구했어요. 이때, 광고 사진만 보지 말고 직접 방문 후에 결정하시길 권합니다.

보통 바닷가에 큰 마을이 있고 마트, 병원, 우체국, 은행 등 편의 시설이 있어요. 바닷가는 편리하지만 여름 한 달은 습해서 제습기가 필수에요. 중산간 지역은 쾌청하지만 밤 산책이 캄캄해서 힘들어요. 제주에는 쓰레기를 버리는 클린하우스가 길가에 있어요. 종량제봉투는 매일 버릴 수 있고, 재활용은 종류에 따라 버리는 요일이 다릅니다. 이 클린하우스와 집과의 거리도 체크하세요. 또 집 근처에 축사나 마방목지가 있는지 감안하세요. 특정 시간대에 악취가 풍깁니다. 냄새에 민감하시다면 이런 곳도 피하세요. 혹시 집이 큰 도로에서 너무 떨어져 있다면, 눈 올 때 고립될 확률이 높아요. 제주도 제설 작업은 큰 도로만 이뤄지니까 매일 출퇴근을 해야 한다면 이것도 중요하겠죠. 마지막으로 제주는 신구간(1월 25일부터 2월 1일)이 있어요. 이때 이사를 많이 하고, 매물도 많고, 또 이사비도 비싸요. 어디든 완벽한 만족은 없어요. 우선순위가 충족되면, 불편함은 감수하겠다는 여유가 필요해요. 아름다운 제주를 일상으로 누리는 특권은 모두에게 오는 기회가 아니니까요.

Q5. 배로 자동차를 어떻게 가져올까요?

세 가지 방법이 있어요. 먼저 서울 경기 거주자의 경우 인천항을 이용하면, 짐을 실은 자동차만 제주도 배에 실어 보낼 수 있어요. 사람은 편하게 비행기를 타고요. 오후에 차를 항구로 직접 입고한 후, 다음날 아침에 제주항에서 차를 인계받으면 됩니다. 자세한 내용은 하이덱스 스토리지에 문의하세요. 또 집에서 자동차를 가져가서 제주도 숙소나 공항까지 배달해주는 탁송서비스(door to door)가 있어요. 많은 시간과 노력을 줄일 수 있다는 장점이 있죠. 비용은 차량을 선박까지 운송하는 거리에 따라 10만 원이상 가산돼요. 짐을 차에 실어놓으면 기사님이 차량을 픽업해 가세요. 배에 차를 싣고 이동 후에 제주도 숙소로 갖다주고요. 일반적으로 제주고속 (www.jejuexpress.co.kr)이 유명하지만, 검색하시면 굉장히 많은 탁송 업체가 있어요. 가격과 후기를 비교하시고 결정하세요.

마지막으로 사람과 자동차가 함께 배를 타고 제주로 가는 방법이 있어요. 인천에서도 제주행 배편이 있지만 운항 시간이 무려 14시간이에요. 금액도 두 배 이상 비싸고요. 남해안에서 출발하는 배는 소요시간이 1시간 20분~5시간 정도에요. 일반 중형 자동차의 경우 편도 금액은 15만원 전후에요. 저희는 지금도 완도에서 출발하는 배를 애용해요. 소요시간(2시간 30분)과 출도착 시간이 양호하거든요. 제주도 배편을 선택할 때 고려할 사항은 작고 빠른 배일수록 멀미가 심하고, 트렁크에 짐을 너무 많이 실으면 승선이 안 된다는 것이에요. 제주행 여객선 업체 홈피에 들어가셔서 출발지, 소요와 출도착 시간, 비용을 고려해 결정해보세요. 또 여행사를 통하는 것보다 해당 업체의 홈페이지에서 직접 제주도 배편을 예매하는 것이 저렴합니다.

〈제주도행 여객선 업체〉
- 하이덱스 스토리지 www.ihydex.com(인천 출발)

- 씨월드고속훼리 www.seaferry.co.kr(목포, 해남 우수영 출발)
- 한일고속 www.hanilexpress.co.kr(여수, 완도 출발)
- 에이치해운 www.hferry.co.kr(고흥 출발 후 성산항 도착)
- 남해고속 www.namhaegosok.co.kr(고흥 출발)

Q6. 초등학교와 유치원은 어디로 결정하는 게 좋을까요?

제주 초등학교의 방과후 수업은 다양하고, 경쟁률이 낮아서 좋았어요. 아이는 일 년간 바이올린, 피아노, 우쿨렐레를 방과후 활동으로 꾸준히 배웠죠. 요즘 제주에 혁신 초등학교가 많이 생겼어요. 토론과 프로젝트 중심 수업은 아이의 사고력과 창의성을 길러주죠. 바닷가 쪽보다 중산간에 있는 학교는 학생 수가 적어서 더 가족적이고, 교육 혜택도 많아요. (각 초등학교 홈페이지에서 학급수, 학생 수, 특색활동, 교육 중점목표 등을 꼭 확인하세요.) 둘째 아이를 보낸 초등학교 병설 유치원은 모든 비용이 무료였어요. 교육비, 방과후 활동비(주중과 방학기간)는 물론 급식과 가방, 체육복, 우유 및 간식 심지어 졸업앨범 제작비까지도요. 방과후 활동이 끝나면 5시까지 하원 가능하고, 방학 기간은 여름과 겨울 각각 1주일 정도에요. 또 사립 어린이집(유치원)도 국가 지원이 넉넉해서 부모 부담이 거의 없거나 10만원도 안 되는 방과후 활동비를 내더라고요. 제주도는 아이 키우기 참 좋은 곳이에요.

Q7. 아이와 놀기 좋은 해수욕장이 어디죠?

제주 바다는 대부분 물이 얕고 파도가 잔잔해서 아이와 놀기 좋아요. (단, 중문해수욕장은 파도가 높아요.) 협재와 금능, 함덕과 곽지과물 같은 대표 해변은 여름엔 너무 복잡하죠. 물때를 맞춰서 메인 해수욕장 옆 바다에서 노는 걸 추천합니다. 또 도민 해변도 잘 활용해보세요.

1. 서우봉 바로 옆 해변(제주시 조천읍 함덕리 산4-4)
   함덕 서우봉 입구에 있고, 캠핑장이 딸려 있죠.
2. 신흥 해수욕장(제주시 조천읍 조함해안로 273-35)
   동쪽의 시크릿 해변, 최근 신축한 돌벽 탈의실과 샤워 시설이 있고, 주차장도 넉넉해요.
3. 하도 해수욕장(제주시 구좌읍 하도리 53-1)
   물이 얕아서 유아가 놀기 좋고, 조개 캐기와 철새 체험도 할 수 있어요.
4. 월령리 산책로 시작점에 있는 해변(제주시 한경면 판포리 1416)
   작지만 고운 모래와 넓은 잔디밭이 있어서 아이와 놀기 좋아요.
5. 협재와 금능 해수욕장 사이의 해변(제주시 한림읍 한림로 301-7)
   풍광이 좋고, 여름에는 주차장에 샤워시설도 운영해요.
6. 화순 금모래 해수욕장과 담수풀장(서귀포시 안덕면 화순리 776-8)
   나름 한산하고, 시원하고 깨끗한 용천수 수영장을 동시에 이용할 수 있어 좋아요.

> Q8. 아이와 함께 한라산을 등정할 때 참고할 팁 알려주세요.

아침 일찍 출발한다면, 아이도 백록담까지 등정이 가능합니다. 다음은 팁 일곱 개에요.

1. 전 등산의 난도를 점점 높여가며 꾸준히 연습했어요. 다양한 오름부터 어승생악, 사라오름, 윗세오름, 백록담 순으로 등산 난도를 점차 높여갔죠. 한라산에서 최소한 한 곳이라도 먼저 등산을 다녀온 후에 백록담 등정에 도전하는 게 좋아요.
2. 아이의 책임감과 독립심을 기르기 위해, 물병과 간식은 자기 배낭에 넣고 등산하도록 격려했어요. 쓰레기를 담을 비닐봉지도 넣어서, 환경보호도 실천하도록 노력했죠.
3. 백록담은 최소한 왕복 열 시간의 산행입니다. 푹신한 등산화는 필수이고, 스틱은 어른들에게 참 유용했어요. 미리 스틱을 사용하는 연습을 해보고, 필요하다고 하면 아이 것도 구매하시는 것을 추천합니다.
4. 백록담 정상에서는 국물 있는 음식이 좋아요. 딱딱한 김밥은 정말 먹기 힘들어요. 오히려 빵과 우유가 목 넘기기 수월합니다. 대부분 보온병에 뜨거운 물을 담아가서 컵라면을 먹지요. 단, 성능 좋은 보온병을 사용해야 해요. 저흰 오래된 보온병에 물을 담아갔더니 다 식어서 딱딱한 면발을 씹어야 했거든요.
5. 한라산은 11월부터는 눈이 내리고, 해도 짧아져요. 오후 다섯 시만 넘어도 금방 어두워졌어요. 아이와 함께라면 11월 전에 한라산을 등정하는 게 좋습니다.
6. 백록담에 올라가는 코스는 두 곳이에요. 관음사 코스는 어른 기준으로 다섯 시간, 성판악 코스는 네 시간이 걸립니다. 장단점이 있죠. 관음사 코스는 삼각봉부터 전망이 정말 멋있고, 성판악 코스는 정상 전까지는 길이 평탄해서 아이와 함께 걷기 정말 좋아요. 두 곳 모두 입산 인원이 정해져 있으니 미리 예약을 해야 해요. 특히 인기 많은 성판악 코스로 가려면 최소 2주 전에는 예약을 꼭 하세요.
7. 아이와 쉬엄쉬엄 올라가려면 시간이 넉넉해야 해요. 그러니 최소 6시

30분에는 등산을 시작해야 합니다. 그래야 백록담에서 컵라면도 먹고 사진도 충분히 찍을 수가 있으니까요. 전날 일찍 자고, 다음 날 일찍 서둘러 출발하는 게 아이와 한라산 등산에서 가장 중요해요.

> Q9. 제주에서 엄마가 도전할 만한 활동은 뭐가 있을까요?

우선 제주는 독립책방과 도서관이 많아요. 작가초청 강연과 그림과 악기 등을 전문 예술인에게 배울 기회가 아주 많죠. 예술가가 될 수 있는 최적의 환경이에요. 그 밖에도 엄마가 해볼 만한 다양한 활동이 있습니다.

1. 승마 배우기: 승마는 다이어트와 허리 근육을 강화하는 데 좋아요. 초원을 누비며 말과 교감하면 심신도 안정됩니다. 말과 친해지면, 승마지도사 자격증 취득에도 도전해보세요
2. 플리마켓에 물건 팔기: 한라수목원 야시장, 함덕 멘도롱장, 성산 골목시장, 세화 벨롱장, 탑동광장 등 30여 곳에서 플리마켓이 열려요. 수제품을 아이와 함께 만들어 팔면 어떨까요?
3. 오름 정복하기: 368개의 오름을 '일주일에 하나씩' 목표를 정해 올라가 보세요. 가이드북으로 박선정 작가님의 《오름 오름 트레킹 맵》을 추천합니다. 60개의 오름 정보가 일러스트와 함께 세세하게 담겨 있어서 무척 유용하실 거예요.
4. 올레길 걸으며 근심 없애기: 26코스, 426㎞의 올레길을 걸으면 근심과 뱃살도 함께 사라지겠죠? 간세라운지(관덕정 분식)에서 올레 패스포트를 구입한 후 시작하면 됩니다.
5. 서핑과 스킨스쿠버 배우기: 바다에서 사계절 놀 수 있는 서핑과 스킨스

쿠버는 생각만 해도 멋진 스포츠예요. 해변마다 서핑 스쿨 샵이 있으니, 체력이 따라준다면 도전해보세요.
6. 해녀학교 등록 후 물질하기: 해녀는 유네스코 세계문화유산 중 하나예요. 제주에는 '한수풀'과 '법환좀녀마을' 해녀학교가 있어요. 매년 4월에 소수의 수강생을 모아 해녀 문화를 전수하고 있답니다. 싱싱한 전복과 문어가 가득 담긴 망태기, 생각만 해도 군침이 착 도네요.

Q10. 한달살이와 일년살이는 어떻게 다를까요?

확연히 다릅니다. 일년살이는 '엄마와 아이' 모두에게 만족을 줍니다. 반면에 한달살이는 '언제나 아이와 함께'이기에 엄마가 충분히 쉴 수 없어요. 배경만 바뀐 육아, 아이만을 위한 제주가 되곤 하죠. 하지만 일년살이는 달라요. 아이를 기관에 보내고 엄마는 오롯이 쉽니다. 자연이 주는 회복과 여유를 누리며 점점 행복한 엄마로 변하지요. 쉬면서 자신을 돌아볼 수 있어요. '나는 누구인가?', '내가 원하는 것은 무엇인가?' 제주는 그런 곳이에요. 나 자신을 발가벗겨, '진짜의 나'에 가닿게 하는 놀라운 곳입니다. 또 도민이 되면, 사계절을 모두 누리고 숨은 여행지와 맛집을 맘껏 다닐 수 있겠죠. 많은 사람이 제주살이는 일 년이 가장 좋고, 이 년까지가 좋다고 말해요. 삼 년이 되면 육지앓이를 한다죠? 전 딱 일 년, 가장 아쉬울 때 제주를 떠났기에 더욱 그립고 특별했을까요?

Q11. 후회 없는 제주살이를 위해 꼭 해주고 싶은 조언이 있다면?

우선 제주 날씨에 적응해야 해요. 제주는 일 년 중 삼분의 일인 135일이 비나 눈이 오는 흐린 날씨예요. 여름 장마 외에도 봄 장마(이 비를 맞고 고사리가 통통하게 자란다는 고사리 장마가 일주일쯤 있어요)와 가을장마(9월쯤 태풍과 함께 비가 많이 와요)가 있어요. 섬 지역의 특성상 일기예보가 안 맞을 때가 많아요. 당일의 일기 예보도 갑자기 달라지죠. 또 햇빛이 강해서 집에서도 선크림을 항상 발라야 해요. 그래도 기미와 주근깨가 생기고 피부는 까매집니다. 자연의 훈장이라 여기며 속 편히 넘겨야 해요. 날씨가 좋으면 지체 말고 무조건 밖으로 나가세요. 귀찮거나 돈 쓰는 게 싫다고 집에만 머물러 있으면 육지와 별반 다름이 없어요. 제주의 묘미는 밖에 나가는 즉시 리얼 다큐가 낭만 다큐로 전환된다는 거예요. 예쁜 카페와 자연을 쏘다니면 활력이 솟아요. 힘든 중에도 웃을 수 있는 여유가 생기죠. 그러니 생활비는 좀 넉넉하게! 씀씀이도 더 여유롭게! 이왕 제주에 왔으니까 잠시만 그렇게 살면 좋겠어요. 또 여행은 체력전이에요. 건강을 챙기면서 놀아야 오랫동안 즐겁게 놀 수 있습니다. 올레길, 둘레길, 오름, 숲길 등 아름다운 길이 많아서 만보걷기에 딱 좋은 곳이죠. 많이 걸으며 단순하게 생각하고, 자연처럼 순수하고 느리게 사는 법을 배울 수 있답니다.